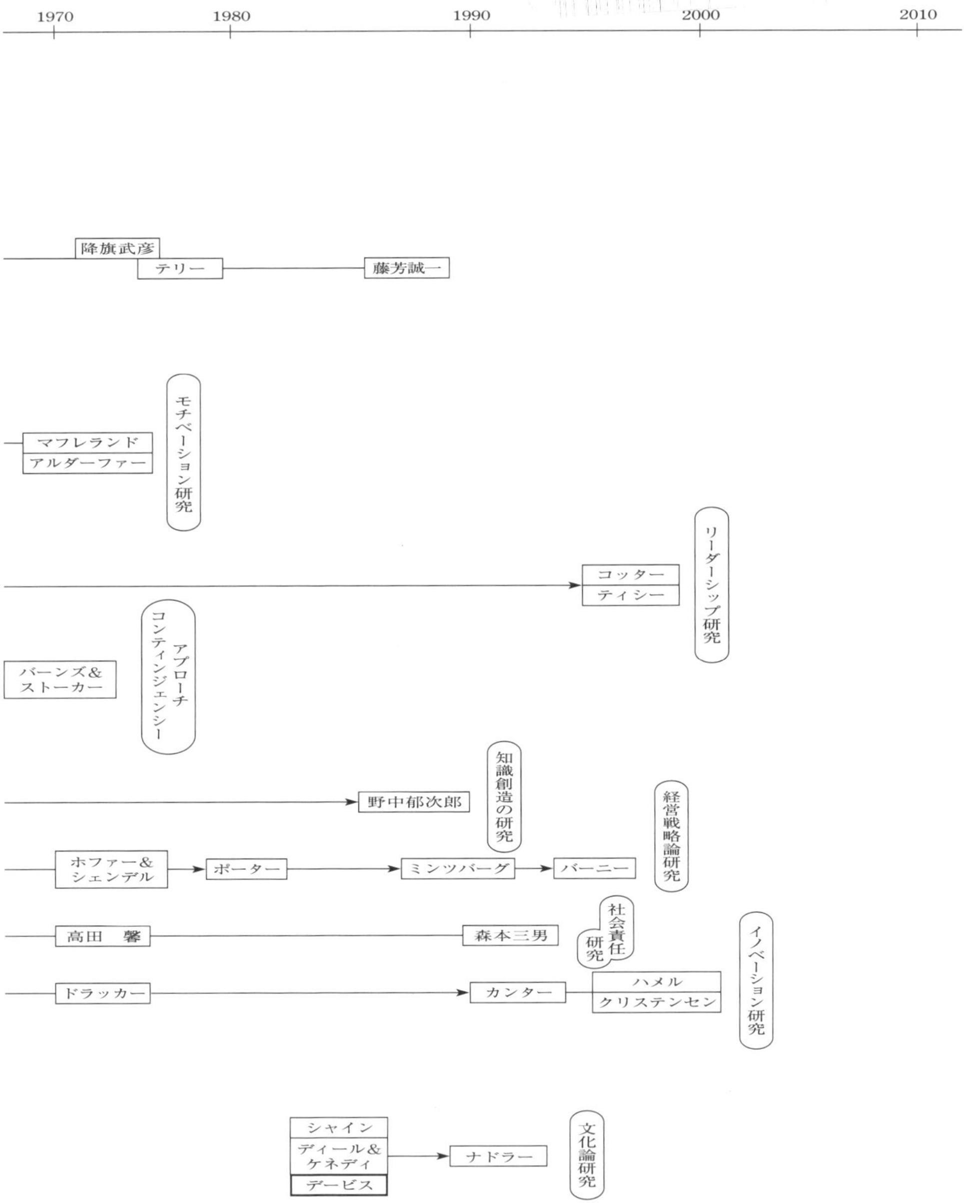

	1970	1980	1990	2000	2010

降旗武彦 ─ テリー ─ 藤芳誠一

マフレランド / アルダーファー ─ モチベーション研究

コッター / ティシー ─ リーダーシップ研究

バーンズ&ストーカー ─ アプローチコンティンジェンシー

野中郁次郎 ─ 知識創造の研究

ホファー&シェンデル ─ ポーター ─ ミンツバーグ ─ バーニー ─ 経営戦略論研究

高田 馨 ─ 森本三男 ─ 社会責任研究

ドラッカー ─ カンター ─ ハメル / クリステンセン ─ イノベーション研究

シャイン / ディール&ケネディ / デービス ─ ナドラー ─ 文化論研究

解　説
経営管理学

ANALYSIS OF MANAGEMENT

藤芳　明人

［著］

はしがき

　工具の集団サボタージュ（組織的怠業）の原因は何か。それは，工場の運営に必要なマネジメントが欠落しているからだ，とF.W.テイラーはいう。今日いうところの暗黙知であったものを「課業管理」（タスク・マネジメント）として形式知化し，労使繁栄の基礎となる「科学的管理法」（Scientific Management）を設計した。

　H.ファヨールは，経営（gouvernement）という仕事（技術，商業，財務，保全，会計，管理の6種）の中で，暗黙知とされる管理（administration）という仕事が大変重要な仕事で，大規模な会社の上位管理者に最も必要な能力は，この管理能力であることを実証する。そして，フランスの職業学校で「管理教育」が行われていない理由は，管理に関する学理が欠如しているからであるとして，管理学理の早期樹立の必要性を主張する。自らも，管理の要素（計画，組織化，命令，調整，統制）や管理の原則（14に及ぶ原則）を提示する。ファヨールは「管理学理の創建者」なのである。

　ファヨールの管理概念は，その後の管理過程学派の研究者達によって，代表格であるH.クーンツをしてマネジメント・ジャングル理論と嘆かせるほど，多様な研究が展開された。まさに，経営学はマネジメントの学問，経営管理学といってよいであろう。

　本書の第1部「経営管理の基礎」の第1章「テイラーとファヨールの管理思考」と第2部「経営管理論の系譜」の第7章「管理の原点」において，テイラーとファヨールの「管理」の考え方とそのシステムを解説してある。

　第2章「経営管理の原理」と第3章「組織の編成原理と組織構造」においては，つぎのことを解明する。

　　① 管理過程学派の代表的研究者25名の管理要素一覧表を作成して，要素の変化に関する特徴を抽出する。② 主要な管理原則を解説する。③「管理の人間化」と「組織の動態化」にともなう管理原則の変容を探る。④ 組

織編成の原理と組織の基本型を解説し，動態的組織編成の仕組みを検討する。⑤工業化時代のマネジメントは古くさい。21世紀の経営管理（マネジメント）は，"適応力があり，革新的で，人びとを参加させる"という経営管理のゲノムからつくり変える大変革を必要とする。この異色の見解を主張するG.ハメルの経営管理の考え方を解説する。⑥管理の要素に「動機づけ」のような管理の人間化要素は導入する。しかし，イノベーションは管理の要素には入れない。ただし，経営手法の中に重要な要素として取り入れる。

さて，今日はイノベーションの時代，経済グローバル化の時代である。ゴーイング・コンサーン（going concern）として，その事業体を維持するためには，「効率的管理」指向の組織体運営技法だけに依存できない。イノベーションに挑戦し，その事業体が営む事業そのものを転換させたり，経営管理システムの変革を断行したりする「戦略的経営」を必要とする。「効率的管理」の担い手が「専門的＝管理者的経営者」であるとするなら，「戦略的経営」の担い手は「戦略的＝企業家的経営者」なのである。

イノベーションは事業体，特に企業にとって，その存続と成長の源泉である。社会を変動させるような，本当のイノベーションはJ.A.シュンペーター（1926）及び伊丹敬之（2009）の説く経済・社会レベルのイノベーションである。筆者は，企業レベルのイノベーションを課題とする。それは，企業の業務上のものから戦略上のものまで含む。もちろん製品系と方法系，さらに企業独自の開発による創出型，ならびにその物真似による摸倣型をも含む。

第4章の「企業イノベーションの展開」では，企業イノベーションの定義づけを行い，全く異なる2つの事例，①日本の摸倣型・製品系イノベーション「帝人」と②アメリカの創出型・方法系イノベーション「ホールフーズ」を取りあげて検証する。

第5章「自動車産業にみるイノベーション」では，電気自動車イノベーションによる自動車産業再生の課題を扱う。リーマン・ショック後の世界同時不況で，トヨタと生産台数第1位を競っていたGMがハイブリット技術の遅れと

ローン販売による見せかけ売上高で破綻してしまった。絶えざる「カイゼン」を優先目標とするトヨタが回復を急ぐ量産化のあまり，リコール（回収・無料修理）問題での顧客対応が遅れ，苦境に立たされている。

自動車産業再生の道は，フォードがガソリン車の大量生産をはじめてから100年目の電気自動車による本格的イノベーション以外にない。本格的イノベーションといっているのは，電力の電源が太陽光発電のようなグリーン・エネルギーを使用する環境車であることと，これまでの衝突被害削減という安全対策ではなく衝突回避という安全対策であることを付帯条件としている。

「三人よれば文珠の知恵」というが，この不確実性の時代，知識社会といわれる時代において，組織（とりわけ連続イノベーションをねらう企業組織）は，知識を創造する組織形成と知識を活用する経営方式を開発する必要がある。第6章「知識創造とナレッジ・マネジメント」で考察する。

第2部「経営管理論の系譜」では，つぎのアプローチの代表的研究者の理論を解説する。第7章「管理の原点」，第8章「人間関係論」，第9章「組織論」，第10章「意思決定論」，第11章「戦略論」，第12章「リーダーシップ論」，第13章「モチベーション論」，第14章「文化論，社会責任論，ナレッジ論」。

なお，「経営管理論の系譜図」を見返しに掲載してある。

本書を作成するにあたって，日産自動車株式会社マーケティング本部販売促進部の貴田晃部長，明治大学専門職大学院会計専門職研究科の吉村孝司教授，中京学院大学経営学部の谷井良准教授からは，有意義かつ貴重な資料を提供していただいた。心より厚く御礼申し上げる。また，私の父　明治大学名誉教授藤芳誠一より監修的援助をいただいた。同じく深く感謝申し上げる。

最後に，2008年に出版された『解説　企業経営学』に続いて，本書出版の機会と多大な御協力をくださった学文社の田中千津子社長はじめ編集スタッフ・社員の皆様に，心より謝意を表する。

2010年3月30日

著者　藤芳　明人

目　次

第 1 部　経営管理の基礎

第 1 章　テイラーとファヨールの管理思考 ─── 2
1. テイラーの管理思考　2
2. ファヨールの管理思考　7

第 2 章　経営管理の原理 ─── 19
1. 現代マネジメントの重要性　19
2. 新しい管理概念　22
3. 管理の役割目的　25
4. 「事業転換のシステム」と「目標管理システム」　28
5. 管理職能＝要素の分類変化　31
6. 管理用具としての管理原則　39

第 3 章　組織の編成原理と組織構造 ─── 49
1. 職務体系と職務権限　49
2. 組織の階層構造　52
3. 組織の基本型　55
4. 事業多角化組織　58
5. 動態的組織　64
6. トップ・マネジメントとミドル・マネジメント　68

第 4 章　企業イノベーションの展開 ─── 81
1. イノベーションの概念　81
2. 「摸倣型」イノベーションの実証　88

3.「創出型」イノベーションの実証　91
　4.　イノベーションを管理する　96

第5章　自動車産業にみるイノベーション ―――― 111
　1.　フォードとGM　111
　2.　トヨタ自動車　112
　3.　自動車産業におけるパラダイムの転換　113
　4.　日産自動車と電気自動車　116

第6章　知識創造とナッレッジ・マネジメント ―――― 125
　1.　知識の概念　125
　2.　ナレッジ・マネジメントの概念　129
　3.「場」の概念　135

第2部　経営管理論の系譜

第7章　管理の原点 ―――――――――――――― 142
　1.　テイラーの科学的管理法　142
　2.　ファヨールの一般管理論　149

第8章　人間関係論アプローチ ―――――――――― 158
　1.　ホーソン・リサーチ以前　158
　2.　ホーソン・リサーチ　160
　3.　メイヨーの「人間関係論」　164
　4.　レスリスバーガーの「人間関係論」　167

第9章　組織論アプローチ ――――――――――― 173
　1.　ウェーバーの「官僚制」　173
　2.　バーナードの組織論的管理論　179

第10章　意思決定論アプローチ ——— 189

1. 意思決定論の基礎　189
2. サイモンの組織影響力の理論　192
3. マーチ＝サイモンの組織行動論　194
4. アンゾフの戦略的意思決定論　199
5. ゲーム論的意思決定　200

第11章　戦略論アプローチ ——— 206

1. 経営戦略概論　206
2. ポジショニング戦略　210
3. リソース・ベースト・ビュー　216

第12章　リーダーシップ論アプローチ ——— 221

1. アーウィックの「リーダーシップ論」（資質論）　221
2. ブレイク＝ムートンの「マネジリアル・グリッド」（形態論）　225
3. フィードラーのLPCとハーシー＝ブランチャードのSL理論（状況理論）　230

第13章　モチベーション論アプローチ ——— 236

1. コンテンツ・セオリー　236
2. プロセス・セオリー　245

第14章　最近の新しいアプローチ ——— 251

1. 文化論アプローチ　251
2. 社会責任論アプローチ　256
3. ナレッジ論アプローチ　260

索　引 ——— 267

第 1 部

経営管理の基礎

第1章 テイラーとファヨールの管理思考

1 テイラーの管理思考

(1) 管理問題提起の背景

　南北戦争後のアメリカでは，大量生産の時代そして能率増進運動の時代を迎えていた。ところが，工場の中をみてみると，組織的怠業（systematic soldiering）が横行し，工場の運営は旧態依然たる「成り行き管理」（drifting management）という「管理」なき状態であった。

　テイラーは「課業管理」（task management）という管理手法をもって，改革しようとした。

　この間の事情を，山本安次郎はつぎのように指摘している。

　「テイラーシステムはアメリカの産業発達史を背景にその時代の要求に応ずるものとして成立した。それは従来における管理法——そのもとではいわゆる組織的怠業が必然性をもつ——の批判を媒介とするものであった。旧来の管理法は仕事を労働者に委ねる成り行き管理（drifting management），最良のものでも創意と刺激の管理（management of initiative and incentive），に外ならず，真の意味での管理からは遠いものであった。テイラーの目から見れば，それらは管理者と労働者双方の「無智」と「欺瞞」に基づくのである。このような批判はこれからの無智と欺瞞を徹底的に排除する新しい管理原理確立の基礎となる。そしてそれが課業観念に外ならず，その管理法を自ら「課業管理法」という所以である。」[1]

（2） 管理の出発点「課業管理」

　ミッドベールの工場でテイラーが組織的怠業を克服し生産能率をあげるためには，労使のいずれ側からみても，公平な「1日の仕事量」を決め，その実施方法を作ることだと考えた。それがテイラーの科学的管理法といわれるものの基本になっている「課業管理」制度である。

　課業は「動作研究」で作られる標準作業方法と「時間研究」で作られる標準作業量で設定されるわけであるが，テイラーはこの標準を作るのに，「一流の工員」(first-rate man) と「最善の方法」(one best way) を用いた。

　実はこの「一流の工員」の一流という意味が後の公聴会における議会証言で問題になった。それは，テイラーの「私の定義した『一流』の中に入らない人はすべて働けるくせに働かない人たちだけです。どんなタイプの工員にも，『一流』として働ける仕事はあるものです。ただ例外として完全に働けるくせに働こうとしないものがあります。」という発言であった。これは，どう考えても屁理屈としか思えないのであり，労働者にとっては厳しい標準作業量になったといえよう。

（3） 管理法上の改革

　テイラーはこの課業管理を実施していくにあたり管理法上2つの改革を提案しており，つぎのように述べている。

　管理法なるものの本旨は仕事の計画をたてることにある。思うにこの目的を達するには軍隊式の組織をやめてしまい，管理法上につぎのような2つの変革を実行するほかはない。

① 工員はもちろん，組長にも職長にもできるだけ計画する仕事をさせないことにする。多少でも事務的なことは一切させないことにする。頭脳的な仕事に属することは全部工場からとりさり，これを計画課または設計課にあつめてしまい，職長と組長とには実行的な仕事だけをさせる。

② 管理法の全分野を通じて軍隊式組織をやめてしまい，いわゆる職能組織または「機能式」組織といれかえてしまわねばならない。機能的管理とい

うのは管理上の仕事を分割し，副工場長以下すべての人はなるべく受持の機能を少なくすることである。できることなら管理に従事する人の仕事をおもな機能（役目）1つだけに限ってしまいたい。[2]

（4）　職能別職長制度

　テイラーのこの考えは職能別職長制度（functional foremanship）として実現した。ここでの職長は軍隊式組織（筆者はライン権限系列組織と呼んでおく）にみられる万能職長ではなくて，部分的に専門的管理者としての専門職長である。また，組織形態は職長職に分業の原則を適用した職能組織または機能式組織（筆者はファンクショナル権限系列組織と呼んでおく）である。

　テイラーの職能別職長制度は（図表1-1）に図示する。

　計画部職長は，「計画部」に所属し，計画的管理を専門的に担当する。各々日表，指図票（instruction card），時間票を作成し，それを労働者に示すことによって命令を伝え，さらに労働者から報告を受け取る。また，工場紀律係は全

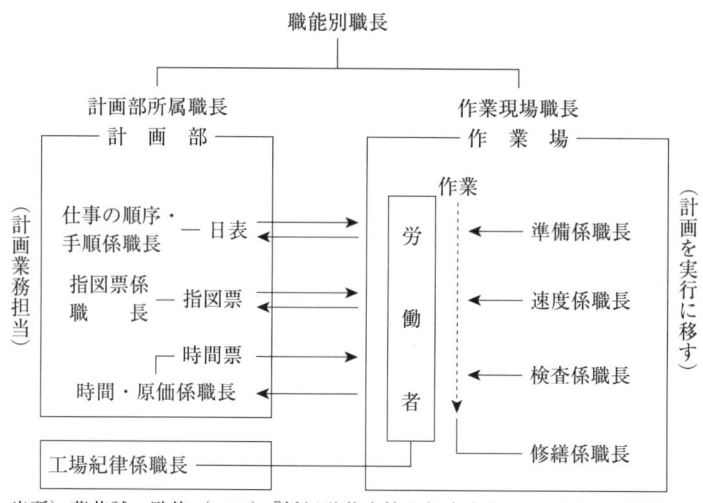

図表1-1　テイラーの職能別職長制度

出所）藤芳誠一監修（2000）『新経営基本管理』泉文堂，169頁を一部修正。

工場の規律の維持や賃金改正の相談を受ける。

　作業現場職長は作業場にあって,「計画部」で作成される指図票などにもとづき, 製造工程別に個々の労働者を監督する執行的管理を専門的に担当する。

　従来の軍隊式組織の下では, 万能職長がもつべき資質は,「知力, 教育, 特別の知識または専門の知識, 手先の器用さまたは精神力, 手腕 (気転), 精力, 勇気, 正直, 判断または常識, 健康」であった。

　これらの資質をひとりの人がもつことはほとんど不可能だが, 職長の職務を専門化すれば職長への肉体的および精神的負担を軽減することができると考えた。

　さらにテイラーは, 職能別職長制度の利点として, ① 職長の養成期間を短縮することができたこと, ② 職長に対しても, 工具と同じように1日中忙しく働けるように課業を与えることができたということ, をあげている。

（5）　科学的管理法批判

　昔も今も後を絶たない「科学的管理法」への批判を上野一郎はつぎのように, まとめている。

① 科学的管理法は命令と統制による"しりたたき主義"である。

② 科学的と称しながら, 科学性がないという批判。("ゆとり時間"の算定と, それの標準時間への加算の問題。テイラーはゆとり時間を20～27%とした。)

③「計画と実行の分離」は食物の摂取と消化を別人で行えと要求しているようなものだとするドラッカーの批判。

④ 人間的側面の脱落。「仕事が一つの動作または作業に限定されれば, 人間はよりよくその仕事をこなせるという考え方はまちがっている」というドラッカーの見方もなり立つ。[3]

　上記のような批判に加え, テイラーの科学的管理法は激しい労働組合の抵抗にあった。ある面弁明とも受けとれるが, テイラーは議会の特別委員会において, 科学的管理法の真のねらい, すなわち科学的管理法の本質を切々と訴えている。それがテイラーのいう労使双方の精神革命 (意識革命) の必要性である。

(6) テイラーの弁明「精神革命」

テイラーは,つぎのようにいう。

科学的管理法は能率のしかけではない。能率を増すためのあるしかけでもない。またはそういうしかけの一群を指していうのでもない。

私は原価計算や,時間研究や,機能的職長制度や,新しい賃金支払制度や,能率上の工夫など,すべて能率を増す工夫であるかぎり,それを軽んじるものではない。私はむしろ,これを信じるものである。しかしこれら工夫の全体,またはその1つが科学的管理法であると思ってはならない。これらは科学的管理法にとっては,大切な付属物である。……

しからば科学的管理法の本質は何であるか。それは個々の仕事に従事している工員側に根本的な精神革命を起こすことである。工員がその仕事に対し,その仲間に対し,その使用者に対し,自分の義務について,徹底した精神革命を起こすことである。同時に管理側に属する職長,工場長,事業の持主,重役会なども,同じ管理側に属する仲間に対し,工員に対し,日々の問題のすべてに対し,自分の義務について,徹底した精神革命を起こすことである。

この大きな精神革命こそは,科学的管理法の本質である。そして,この科学的管理法のもとでは,労使双方の精神的態度に大革命が起こるというのである。

科学的管理法の下においては,双方の精神的態度に大革命が起こるというわけは,双方とも剰余金の分け方を,そんなにたいせつなことと思わないようになるからである。そして双方とも,この剰余金を増すことに骨をおる。その結果剰余金がたくさんになると,それをどう分けるかについて争う必要がなくなってしまう。反対と闘争とにかえて,友情的協働と助け合いとをもってすれば,この剰余金が今までよりもずっと多くなって,工員の賃金も増すことができ,製造家の利益も増すことができるようになる。

これがすなわち大きな精神革命の始まりであり,これが科学的管理法に至る第一歩である。科学的管理法を発展させるには,まず双方の精神的態度を全然変えてしまうこと,戦いに変えるに平和をもってすること,争いに変えて,兄

弟のような心からの協働をもってすること，反対の方向に引っぱらずに，同じ方向に引っぱること，疑いの目をもって監視するかわりに，相互に信頼し合うこと，敵にならず友だちになることが必要である。

　この新しい見方に変わってくることが，科学的管理法の本質である。これが双方の中心観念になった上でなくては，科学的管理法は成り立たない。この新しい協働および平和の観念が，古い不和と争いの観念と入れ替わらなければ科学的管理法は発展してこない。[4]

2 ファヨールの管理思考

（1） 管理職能の重要性と管理教育の必要性

　ファヨールは，コマントリ炭鉱の技師（1860-66）から，この炭鉱の鉱業所長という地位の管理者（1866-72）となり，さらにコマントリとモンヴィクの炭坑およびペリ鉱山の鉱業所長として総合管理者（1872-88）を経て，ついにこの鉱業会社の社長（1888-1918）となって，その経営実践の過程で「管理職能」の重要性を身をもって体験する。

　このことは会社の中で，管理的能力をもった人材がいかに必要であるかを，彼の著書でつぎのように指摘している。

　労働者の中から職長を，職長の中から係長を，技師の中から取締役を……選出することが問題となるとき，その選択を決定するのは全く，ほとんど全くその技術的能力ではない。よく知られているように，われわれは必要とする技術的能力の定量があるかどうか確かめはする。がしかし，それがなされるにしても，ほとんど等しい技術的価値を備えている候補者の中から，われわれはむしろ，態度，権威，秩序，組織に関する資質，およびその他の資質——それらは管理的能力の諸要素そのものである——で優れたと見える候補者を選択するのである。[5]

　そこで，続けてファヨールはつぎのように管理教育の必要性を説いている。「家庭において，国家の事務処理において，管理的能力の必要なことは，企業

における重要性と似ている。そして個人にとっては，これの必要は，個人が高い地位を占めれば占めるほど大きい。管理教育の必要は，だから一般的であるべきである。……それゆえ，管理概念を国民のあらゆる階層に拡充するよう努力せねばならない。学校は明らかにこの教育において演ずべきかなり重要な役割をもっている。」[6]

しかし，現実には学校で管理教育は行われていない。それはなぜであるか。ファヨールはそれに対して，わがフランスの職業学校において管理的教育の欠如する真の理由は，学理が欠如していることである。学理なくして教育が可能なはずはない。ところで，広く世間の議論を経て確認された管理学理はまだ存在しないのである（1910年代），といっている。

ファヨールは，この管理学理の樹立を目指して，自己の経営体験から，世界で初めて経営活動の中から目に見えない「管理」という職能を抽出し管理理論への道を開いたのである。

(2) 経営と管理の区別

ファヨールは事業の経営過程で生起するすべての活動を6種のグループに分ける。

第1 技術的活動（生産，製造，加工）
第2 商業的活動（購買，販売，交換）
第3 財務的活動（資金の調達と運用）
第4 保全的活動（財産と従業員の保護）
第5 会計的活動（棚卸，貸借対照表，原価計算，統計など）
第6 管理的活動（計画，組織，命令，調整，統制）

事業が単一であれ，複合であれ，小規模であれ，大規模であれ，これら6つのグループの活動または本質的職能は常に存在する。

この6種類の活動の中に1つの性質を異にする管理的職能（管理的活動）が存在することを明らかにする。

上記した6種類の活動（職能）のうち第1から第5までの5職能はいずれ

も，事業の全般的活動計画を作成すること，組織体を構成すること，諸努力を調整すること，諸活動を調和させることなどを任務とするものではない。

　これらの計画，組織化，命令，調整，統制という活動は通常管理という名称で呼ばれる別の1つの職能すなわち管理的職能を構成するものである。

　そして，ファヨールは，つぎのように「管理」を定義する。

　管理するとは，計画し，組織し，命令し，調整し，統制することである。

　計画するとは，将来を探求し，活動計画を作成することである。

　組織するとは，事業経営のための，物的および社会的という二重の有機体を構成することである。

　命令するとは，従業員を職能的に働かせることである。

　調整するとは，あらゆる活動，あらゆる努力を結合し，団結させ，調和を保たせることである。

　統制するとは，樹立された規則や与えられた命令に一致してすべての行為が営まれるよう監視することである。

　このように理解すれば，管理は企業の社長や経営者たちの排他的特権でもなければ個人的任務でもない。それは他の本質的職能のように，組織体のトップと構成員間で分担されるべき一職能なのである。

　管理的職能は，他の本質的5職能とは明確に区別される。

　この管理を経営と混同(訳者注)しないことが大切である。

(訳者注) 後ではこの区別が無視され，または忘れられ，さらに誤解されて，経営学は管理論と混同されて今日に至ることを思えば，この区別の指摘は極めて重大である。

　経営するとは，企業に委ねられているすべての資源からできるだけ多くの利益をあげるよう努力しながら企業の目的を達成するよう事業を運営することである。本質的6職能の進行を確保することである。

　管理は，経営がその進行を確保せねばならない本質的6職能の1つにすぎないのである。しかし，それは経営者の役割の中で，時にはこの経営者の役割がもっぱら管理的であるかのようにみられるほどに大きな地位を占めているので

ある。[7]

　また上野一郎は，ファヨールが管理的活動を他の職能から分離したのは炯眼(けいがん)であるが，1〜5の活動と併列的にリストされるものではなく，1〜5までのに横断的に存在する活動なのであるという。[8]

　この管理の横断的に存在する活動とは，企業でいえば各職能部門あるいは各事業部門の内部で行われている管理活動を指すものである。

　管理的活動にはこれら職能部門あるいは事業部門をこえる，ないし統合する上層分野で行われる管理活動がある。これはファヨールの言葉を使えば全般的管理者が行う管理活動である。

　ところで，今日はイノベーションの時代である。ここで事業計画をたてることを考える場合，生産量，販売量，採算性を基準にする前に事業の廃止や転換を考えなければならない。しかし，これは管理をこえる戦略であり，経営管理というより経営戦略である。

　そうであるとすれば，ファヨールのいう大規模事業の経営者に必要な資質において，第1条件を優れた管理者であること，第2条件を事業を特徴づける専門的職能について十分に大きな能力をもっていることとしているが，つぎのように補足しておきたい。

　第1条件は，全般的管理にたけている「経営者」であること，第2条件は，事業を興こしたり事業を転換させる「企業家的経営者」としての能力をもっていること。

（3）　能力構成要素の重要度比較

　ファヨールは，つぎの図表1-2の第1表で大規模な工業経営の技術的職能を担当する各種の従業員に必要ないろいろな能力を比較し，図表1-2の第2表では，大小さまざまな規模の工業経営の種々の経営者に必要な能力を比較している。

　第1表（図表1-2の第1表）からの結論は，つぎのようにまとめられる。

　第1　労働者の主要能力は技術的能力である。

図表1-2 能力構成要素の比重

第1表　工業経営の従業員に必要な諸能力の相対的重要性
　　　（大規模企業：技術的職能担当従業員）

担当者の種類	能力					総価値
	管理的	技術的	商業的	財務的	保全的	会計的	

担当者の種類	管理的	技術的	商業的	財務的	保全的	会計的	総価値
大規模な工場：							
労　働　者…	5	85	—	—	5	5	100 (a)
職　　　長…	15	60	5	—	10	10	100 (b)
係　　　長…	25	45	5	—	10	15	100 (c)
課　　　長…	30	30	5	5	10	20	100 (d)
技 術 部 長…	35	30	10	5	10	10	100 (e)
取　締　役…	40	15	15	10	10	10	100 (f)
多数工場複合体：							
取締役社長…	50	10	10	10	10	10	100 (g)
国営産業：							
大　　　臣…	50	10	10	10	10	10	100 (h)
総 理 大 臣…	60	8	8	8	8	8	100 (i)

第2表　工業経営の従業員に必要な能力の相対的重要性
　　　（各種規模別工業経営：経営者）

経営者の種類	管理的	技術的	商業的	財務的	保全的	会計的	総価値
零細事業経営者…	15	40	20	10	5	10	100 (m)
小規模事業経営者…	25	30	15	10	10	10	100 (n)
中規模事業経営者…	30	25	15	10	10	10	100 (o)
大規模事業経営者…	40	15	15	10	10	10	100 (p)
超大規模事業経営者…	50	10	10	10	10	10	100 (q)
国営事業経営者…	60	8	8	8	8	8	100 (r)

出所）山本安次郎訳（1985）16-17頁。

第2 組織の階層を上るにつれて，技術的能力が逓減するのに，管理的能力の重要性は逓増する。これらの2つの能力間の均衡は第三，あるいは第四段階で達成される。

第3 管理者の主要能力は管理的能力である。組織階層が上がれば上がるほどこの管理的能力が支配的となる。

第4 商業的，財務的，保全的および会計的能力は組織階層の第五，第六段階の担当者においてこの能力の相対的重要性は最高に達する。

組織段階が上がるにつれて，各種の担当者の中でこれらの能力の比較的重要性は減少して同一水準化する傾向を示す。

第5 組織階層の第四，第五段階から出発して，他の職能係数——それらは価値統計の10パーセントに達するまで減退する——を犠牲にして，管理的能力の係数だけが増大する。

上述の結論は，技術的職能の担当者——労働者から社長に至るまでの担当者——の能力の検討だけから導き出されたものである。しかし，問題となる職能がどれであれ，下位従業員の重要な能力はその職能を特質づける能力（製造の職能においては技術的，商業的職能においては商業的，財務的職能においては財務的など）である。そして上位の職務担当者の主要能力は管理的能力である。

第2表（図表1-2の第2表）からの結論は，つぎのようにまとめられる。

第1 小規模な工業経営のトップの主要能力は技術的能力である。

第2 経営組織の階層を上るにつれて，技術的能力の重要性が逓減するのに，管理的能力の相対的重要性は逓増する。

これら2つの能力の均衡点は中規模企業のところで達成される。

第3 大規模事業経営のトップの主要能力は管理的能力である。事業が重要になればなるほど管理的能力が支配的となる。

第4 商業的および財務的能力は，下位や中位の担当者における技術的職能よりも，小規模や中規模事業のトップにおいていっそう重要な役割を演ずるものである。

第5 事業経営組織の階層が上がるにつれて，管理的能力の係数だけは，他

の大部分の能力の係数を犠牲にして増大する。その他の大部分の能力は価値統計の10パーセント見当のところで均等になる傾向がある。

技術的職能を担当する下位の労働者が商業的や財務的な能力がなくてもすませるのに，最小規模のものでも事業のトップはすべて商業的能力や財務的能力を必要とするという点から生ずる相違を除けば，第2表から導き出される結論は第1表の結論に非常によく似たものである。

以上の2つの表によって論証された最も顕著な事実は，つぎのようなことである。すなわち，

技術的能力は大規模事業の下位従業員や小規模工業経営のトップの主要能力であり，管理的能力は大規模事業のトップの主要能力である。技術的能力は経営組織段階の下位において支配的であり，管理的能力はその上位において支配的である。[9]

この技術的能力と管理的能力の階層別比重関係は，後にファヨールの法則と呼ばれた。

（4）「命令一途の原理」と「かけ橋」

① テイラーの「命令一途の原理否定」批判

ファヨールは「命令」に関して，5つの管理職能の中の1つに加え，命令とは従業員を職能的に働かせることと定義し，管理の原理の中に「命令一途の原理」（命令一元化の原則）を入れてある。

ファヨールのいう原理とは，法則または規則と同義語である。

テイラーは軍隊式組織におけるひとりの職長の担当する仕事を8人の職長に細分化した。すると，ひとりの工具は8人の上司から命令を受けとることになる。ファヨールはこれを「命令一途の原理の否定」であるとして，「この否定は誤りであり，危険であると思われる」と反対している。

しかし，テイラーが，職能的職長制度を作ったときに工場長や職長の仕事を補強する「計画部」を設置したことに対しては，ファヨールは「それが参謀制であり，この考え方は正しいと思うし，この参謀制は旧式組織にも十分適用で

きるものである」と賛成している。

② 伝達迅速化の「かけ橋」

「命令一途の原理」を守ると軍隊式組織では階層組織の通路が長くなり，伝達の迅速性が失われる。ファヨールは，その救済策として「階層組織の原理」の中で，つぎのように「かけ橋」を考案している。

階層組織とは最高の権威者から最下位の従業員に至る職務担当者の系列である。

階層組織の通路は，最高の権威者から部下に出され，あるいは部下から最高の権威者に提出されるコミュニケーションが階層組織の各段階を通過していく道である。この道路は正確な伝達の必要からも命令一途の原理の要求からも不可欠とされるものである。しかしそれは常に必ずしも早い道ではない。長い道でもある。しかも，事業の成否如何が迅速な実行に依存する場合が多いから，階層組織の通路の尊重と伝達の迅速化の要求とを調和させうるのでなければならない。

われわれは，つぎのごとき方法でこれを達成するのである。すなわち，ある事業経営の階層組織がG—A—Qという2つの階段で示されるとき，この組織においてF課とP課とを関連づけることが問題となるとしよう。

この場合，原理的には，まず階層組織の通路に従って，Fの階段をAまで上って，次にAから各階段に止まりながらPまで下りねばならない。それからまたPからAに上り，AからFまで下がって出発点に帰るのである。

しかるにこの場合，F—Pという「かけ橋」を渡ってFからPへ直接に行くほうが非常に簡単でまたたいへんに速いことは明らかである。そしてそれが最もしばしば行われているところでもある。

そして，もし管理者EとOとがその部下のFとPとに直接に交渉する権限を与えるならば，この階層組織の原理も守られるであろう。そしてもしFとPとがその交渉の成立についてそれぞれの上司に直ちに報告するならば，事情は全く正常なものとなるであろう。[10]

図表1-3　ファヨールの「かけ橋」

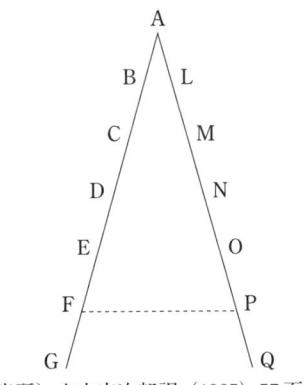

出所）山本安次郎訳（1985）57頁。

（5）　経営者の職責と経営者の資質

　ファヨールがいう経営者とは，会社機関でいえば取締役会で選任された「全般的管理者」を指す。その代表者は社長あるいはCEO（chief executive officer）である。取締役会から委譲された全般的管理者の職責についてファヨールはつぎのように述べている。

　全般的管理者は企業に委ねられた資源から最大限の利潤を引き出すように努力しながら，企業をその目的に向かって指導することを義務とするものである。それは執行の権限である。

　全般的管理者は活動計画を作成し，従業員を雇い入れて，活動を命令し，営業活動の遂行を確保し統制するものである。全般的管理者は時には単数のこともあれば複数のこともある。いずれの場合にも，全般的管理者は参謀制に依存している。[11]

　この経営者の職責を果すのには，経営者（大規模事業の経営者）に望ましい資質と知識が必要であるとして，つぎの7つの要素を示している。

　第1　健康と体力
　第2　知性と精神力

第 3　道徳的資質すなわち考え深く，堅固で粘り強い意思，活力，精力的で，必要なときの大胆さ，責任をとる勇気，義務感，全体的利害への関心
第 4　高い一般的教養
第 5　計画・組織・命令・調整・統制という管理的能力
第 6　本質的職能（技術的，商業的，財務的，保全的，会計的，管理的）のすべてについての一般的知識
第 7　事業の特徴をなす専門的職能における可能的最大の能力[12]

　このように取締役会から委譲された「企業に委ねられた資源から最大限の利潤を引き出すように努力しながら，企業をその目的に向かって指導することを義務とする」という職責は，まさにトップ・マネジメント（最高経営者）の職責である。

（6）　経営管理学の創始者

　ファヨールの翻訳者山本安次郎は，訳書の〔解説〕の中で，ファヨールはテイラーの影に隠された感があるが，ファヨールの真価が承認されるにつれて，アメリカにおいてさえ両者の地位は逆転するに至る，と述べている。そして，経営管理学の本当の創始者は，ファヨールであると，つぎのように解説している。

　テイラーの科学的管理法は当時の作れば売れるというセラーズ・マーケットの時代のアメリカの経営史を反映して生産能率向上を目的とした科学的生産管理，科学的労働管理の研究であった。

　これに対してファヨールの『管理学理』（Doctorine Administrative）は，全体としての『経営』存在を把握した上でその本質的職能の特別な1つとしての『管理』，本格的な経営管理の研究であった。

　両者の間にはローワー・マネジメントとトップ・マネジメントとの相違，つまり量的相違即質的相違がある。事実，科学的管理も生産管理から販売管理，財務管理に進み，労務管理ないし人事管理に進み，対象の性格を異にするにつれて，科学的も自然科学的から社会科学的にならざるを得ず，部分的から全体

的へ，かくてファヨールの経営管理の研究へ落ち着かざるを得ないのである。

　このようにして経営管理の研究が進み，ファヨールの理論が普及するにつれて，その評価も高くなり，管理論としてはむしろファヨールがその始祖たる地位に立つのである。いうまでもなく両者はともにジャイアンツであった。両者はともにパイオニアであった。近代の管理思想は彼ら両人に負うところ大である。

　しかし，テイラーはその墓碑銘のとおり『科学的管理法の父』にすぎないが，これに対してファヨールのそれは『管理学理の創建者』というべきであろう（経営管理の真の父とも呼ばれている）。[13]

注　第1章　テイラーとファヨールの管理思考
1) 山本安次郎（1964）『経営管理論』有斐閣，153頁。
2) テイラー，F. W. 著，上野陽一訳編（1969）『科学的管理法』産業能率短期大学出版部，120-121頁。
3) 上野一郎（1976）『マネジメント思想の発展系譜』日本能率協会，54-60頁。
4) 上野陽一，同上書，352-354頁。
5) ファィヨール，H. 著，山本安次郎訳（1985）『産業ならびに一般の管理』ダイヤモンド社，23頁。
6) 山本安次郎訳，同上書，26頁。
7) 山本安次郎訳，同上書，4-10頁。
8) 上野一郎（1976），同上書，129頁。
9) 山本安次郎訳，同上書，14-19頁。
10) 山本安次郎訳，同上書，56-57頁。
11) 山本安次郎訳，同上書，111頁。
12) 山本安次郎訳，同上書，130頁。
13) 山本安次郎訳，同上書，215-216頁。

参考文献
佐々木恒男訳（1972）『産業ならびに一般の管理』未来社
ダニエル・A・レン著，佐々木恒男監訳（2003）『マネジメント思想の進化』文眞堂
シェレドレイク，J. 著，斉藤毅憲ほか訳（2000）『経営管理論の時代』文眞堂
有賀裕子訳（2009）テイラー『新訳　科学的管理法』ダイヤモンド社
代田郁保（2006）『管理思想の構図』税務経理協会

三戸　公（2002）『管理とは何か』文眞堂
Translated by Storrs, C.（1949）*General and Industrial Management*, Pitman & Sons.

第2章 経営管理の原理

1 現代マネジメントの重要性

(1) マネジメントの意味

　経営学はマネジメントの学問，経営管理学といってよいであろう。ところが，イノベーションの時代，経済グローバル化の時代となると，ゴーイング・コンサーン（going concern）として企業を維持するには，「効率的管理」指向の組織体運営技法だけに依存できない。イノベーションに挑戦し，経営変革を断行する「戦略的経営」を必要とする。「効率的管理」の担い手が「専門的＝管理者的経営者」であるとするなら，「戦略的経営」の担い手は「戦略的＝企業家的経営者」なのである。

　このようにみてくると，経営学，とりわけ企業経営学のいう「経営管理学」の経営管理とは，そこに経営と管理が同居しているとみるべきであろう。すなわち，「企業家的経営者」の戦略的経営で変容する事業体を支え，「管理者的経営者」の効率的管理で組織体を運営するという両輪をもって，経営管理とすべきであろう。

　英語の management ないし administration は，どちらも「経営」と訳すことができる。アメリカにおける研究は，工場や企業の実践的管理技術（管理技法）の研究を軸に展開されてきているため，management あるいは administration は同時に「管理」という意味にも使われる。

　「経営」と「管理」は，ファヨールが100年も前に明確に区別し，混同して

Fayol, H.『産業ならびに一般の管理』における監訳表記比較

筆者または訳者	「管理」の表記	「経営」の表記
Fayol, H.	asdministration	gouvernement
山本安次郎	管理	経営
佐々木恒男	管理	経営
Coubrough, J. A.	asdministration	management
Storrs, C.	management	government
Reineke, K.	Verwaltung	Leitung

出所）藤芳明人作

はならないと主張したものである。ところが management と administration の混同は，ストーズの翻訳が基準訳となった時点から始まった。

なぜならば，クーブロウとストーズの訳は，まるで反対であったからである。そして現在では administration という用語は余り使用されず management が広く使用されているので，ケース・バイ・ケースで解釈しなければならない状態である。

常識的には，企業を運営したり事業を営む全般的活動を統括する用語として経営が使われ（広い意味での経営），経営を支える技法が管理である。この管理業務は主として管理者が担うが，最高の地位にある管理者すなわち経営者は経営戦略的意思決定の担い手であって，この経営者の仕事が経営と呼ばれる（狭い意味での経営）。さらに，マネジメントは経営と管理が同居している意味での経営管理と訳される場合もある。いずれにしても，management（マネジメント）という用語に対してはその都度何を指しているのか，何を言わんとしているかを吟味して取り組む必要がある。

（2）　マネジメントの時代

現代は「マネジメント」（management）の時代といわれ，「組織」（organization）の時代ともいわれる。われわれの日常生活の基盤となる家庭はもっとも身近な組織であり，事実，企業，政府，学校，軍隊，宗教などの諸制

度もすべて組織を形成しており，われわれ現代人の大多数の者は，そのいずれかの組織に参加して生活を営んでいる。そのいずれの組織でも，組織を形成し組織を存続するためにマネジメントが行われている。したがって「マネジメント」と「組織」からはなれて，われわれの生活は成立しないといっても過言ではない。そして「マネジメント」と「組織」は，密接な関係にある。

　さて，「組織」はどのようにして登場するのであろうか。人間は個人としての意思と自由をもっている。道端にある小石を拾って投げようと思えば，個人の意思でできることだし，投げてよい場所であるかどうかの分別さえあれば，投げようと投げまいと自由である。しかし，道路に巨大な石がころがっていて，それをどかそうと思っても，ひとりで簡単に動かせるものではない。個人の能力に限界のあることに気がつく。これが組織成立の出発点となる。

　そこで何人かの人間を集めて，協力して自分の意思を達成しようとする行為がはじまる。すなわち何人かの集まった人たちに，邪魔になっている石を動かすという共通の目標をもってもらい，動かしてやるぞという意欲をわかしてもらい，それに，力を合わせるための持場を分担し合うことが必要となる。場合によっては，テコなどの道具を使うことも必要になるし，人数が多くなれば分担した役割をまとめて，1つの統合戦力にするため指図をする人も必要になる。

　こうした人間の協力活動の体系は，単なる人間の集団ではなく，バーナードの指摘する貢献意欲，コミュニケーション，共通目的という組織成立条件が整った正式な組織なのである。個人の能力の限界を克服して，共通の目標を達成しようとするとき，そこに組織が成立し，その組織の効果的運用を意図するとき，マネジメント（管理）を必要とする。

　企業経営という場は，その邪魔になる石をどかそうとして，協力した人間集団の協力体系の活動とよく似ている。だから企業経営は，組織としての活動体であり，そこにマネジメントが存在するのである。だが，企業経営における組織とマネジメントは，石を動かすときのそれと比べてもっと複雑なのである。

　石を動かすためにできた組織は，その目的を達成すれば解散してよい。しか

も目的は石を動かすという単一的な目的にすぎない。これに対して，企業の組織はそうはいかない。たとえば電気製品をつくる会社であれば，ラジオを作りました，売れなくなりました，はい解散します，テレビを作ります，だめならそのときやめます，というわけにはいかない。企業の目的が電気製品を世の中に送って貢献するという，比較的簡明な目的であっても，たえず世の中の変化に対応して製品を開発し，改良し，企業の組織を永続的に存続させていかなければならない。一時的組織ではなく，永続的組織なのである。そこに，マネジメントのむずかしさがある。

電気製品を作る会社は，1社だけではない。そこで働く従業員は，どの会社で働くかは従業員の自由意思である。従業員は，働くことによって生活を支えている。働きかたの条件によって生きがいを感受する度合いが違う。生活の安定を求め，生きがいを追求する従業員を定着させ，貢献意欲をもりたてるには，それなりのマネジメントを用意しなければならないのである。

企業はいうまでもなく，人・物（技術）・金・情報という経営要素（経営資源）でできているが，それだけでは機能しない。マネジメント（管理）の導きが必要である。しかも，現代の企業は現代社会を支え，現代社会を動かし，現代社会を規制する強力な影響力をもっている。したがって，そこでのマネジメントの成否はきわめて重大な問題である。

こうしたマネジメントを引受けるのが，経営者や管理者であるのだから，この人たちの任務や責任は重大であるといわねばならない。

2 新しい管理概念

企業が社会と調和し，社会に貢献できる事業体であるためには，技術革新や産業構造の変化，まだこれから起こる企業環境の変化に対応して，事業体の体質を変革適応させて生存する道をこうじなければならない。企業生存の鉄則「蛻変(ぜいへん)の経営哲学」（企業の自己変革）を無視して，企業が生きながらえることはできない。

企業経営を成功させるために，経営管理学が誕生し，経営者や管理者の教育も普及した。従来，その理論モデルは，伝統的理論・ファヨール流の管理概念のもとに「仕事の能率増進」と「人間の満足充足」とを実践目標として設定したものであった。したがって，企業環境が激しく変わる変化社会に遭遇して，その理論モデルは効力を失った。それは経営風土の相違を見落したというにとどまらず，「場の変態存続」という実践目標の設定を忘れていたからである。

　管理概念もかわる。経営管理学は「仕事の能率増進」と「人間の満足充足」と「場の変態存続」という3つの実践目標を統合する理論体系として編成されることによって，生きる事業体にとって生きたディシプリン（discipline）となるのである。

　事業体目的を達成するのに，必要にして役立つ中間目的が管理目的である。管理目的を考え，その考えから技法を編みだし，その考え方や技法を事業組織体に実際化していくことが管理行為である。その管理行為の多くの部分は階層分化した管理者が担当するとしても，本質的には事業組織体構成員全員が担当する行為であると考えるべきである。

　それと同時に，会社経営，学校経営，地方自治体経営には，それぞれの経営特殊性があるから，経営特殊性の違いに制約されるところで，会社経営のための管理があり，学校経営のための管理があるということになるわけである。それにもかかわらず，会社も学校も地方自治体も，事業組織体という共通性をもっているのであって，事業組織体の成立と運営に共通して必要な管理目的と管理行為を分析し，体系化することが可能であるはずであって，そこに管理学や組織学が独立した学問として存立できることになる。

　そこで「仕事の能率増進」「職場の人間の満足充足」「場の変態存続」という管理目的をどうやって実現するかを考え，その考えから方法や技法を編みだし，それを事業体職場に実際化していくことが，事業組織体における管理行為であると考えるのである。

　伝統的管理理論においては，すでにファヨールが管理概念を管理職能（管理過程）と管理原則で説明した。管理職能（管理機能あるいは管理要素さらに管理

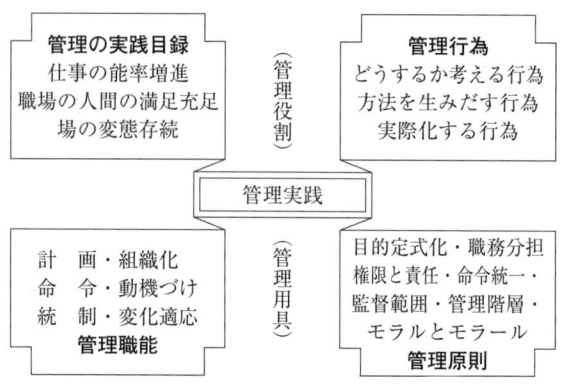

出所）藤芳誠一（1998）『経営基本管理』泉文堂，50頁。

過程—マネジメント・プロセスともいう）は計画（予測）・組織化・命令・調整・統制という部分職能から構成されるとし，管理原則には，分業・権限と責任・規律・命令の統一・指揮の統一・個人的利益の一般的利益への従属・報酬・集中・階層・秩序・公平・従業員の安定・創意・従業員の団結という14の原則を提示した。これは1916年のことである。今日では，ファヨール流に考えるとしても補正する必要がある。管理職能は計画・組織化・命令・動機づけ・統制・変化適応としたいし，管理原則は目的の安定化・職務分担・権限と責任・命令の統一・監督の範囲と管理の階層適正化，モラルとモラール高揚という原則に整理したい。

　サイモンはこうした伝統的理論にもとづく管理原則を批判し，管理の統一概念を組織の意思決定概念で示そうとした。管理原則相互には矛盾対立するものがあって，適切でないという批判には相当の理由もあるが，伝統的理論学派は管理原則をけっして絶対原則とはいっていない。ファヨールなどは「灯台の役割」に似たものだとの弾力的運用を説いてさえいる。そして，サイモンのいう意思決定概念で管理概念を統一することも困難である。意思決定を実行する過程においても管理行為は存在するからである。

　こうした検討を加えて，改めて提起する新しい管理概念は，すでに提示した

3つの管理目的をどうやって実現するかを考えること，考えることから方法やシステムを生みだすこと，それを実際化していくという行為が管理行為として編成されるのである。したがって筆者にいわせると，伝統的理論の管理職能や管理原則は管理の用具（道具）と考えてよいのである。

3 管理の役割目的

事業組織体の成立と運営に必要にして役立つ中間目的である管理目的とは，どのようなものであろうか。以下の3つの目的に集約できると考える。

（1） 仕事の能率増進

仕事の能率というのは，生産現場では生産高をよりあげること，営業現場では売上高をよりあげること，事務現場では事務処理能力をより増大すること，というように以前よりも達成する仕事量とスピードを増大させることである。以前と同じ使用時間ないし同じ使用経費ないし同じ投入労働であるのに，仕事量が増大することを意味する。このことは，その逆に以前と同じないしより少ない使用時間や使用経費そして投入労働で，以前と同量ないしそれ以上の仕事量を達成することを意味するのと同様である。

こうした「仕事の能率」と深いかかわりあいをもって「仕事の管理システム」「職場の管理体制」の設計を試みたのが，テイラーの科学的管理法（scientific management）で提示された課業管理（task management）である。

テイラーの説く科学的管理法を具体化した管理制度としての課業管理においては，少なくとも「仕事能率化の原理」が根底に横たわっている。そして，能率増進の問題は今日の事業体の運営にも，IE（industrial engineering＝インダストリアル・エンジニアリングの略称）の手法とか，コスト・ダウンの方法とか，生産性向上とか，いろいろなかたちで，現実に生きているのである。

仕事の能率をあげることを考えない人はいないといっても過言ではない。そして仕事の能率をあげることが事業体運営の中間目的になることを否定する人

もいないであろう。「仕事の能率増進」は，管理の役割目的の重要な1項目を構成するのである。

(2) 職場の人間の満足充足

今日の職場においても，現実に仕事の能率向上を目指す運動や努力が展開されている。

ところで，仕事はだれが行うのか，それは人間である。仕事の能率の問題を考えるならば人間の問題を同時に考えなければならない。アーウィック（Urwick, L. F.) は，職場の「仕事」と「人間」の二重体系を説いた。

すなわち，イギリスの有名な経営学者アーウィックは，「職場管理の領域」には4つの領域があるという。「個人の課業管理領域」と「課業の関連管理領域」とで職場管理における「仕事の管理」側面を構成しており，「個人の適性管理領域」と「人間集団の管理領域」とで職場管理における「人間の管理」側面を構成している。そして，このように職場管理が「仕事の管理」と「人間の管理」との二重体系として成立するのは，企業の経営が「経済目的達成のための経済的価値の組織」であると同時に，「共通な目的に向かって結合された人間の共同社会」という二重構造体系であることに起因するものであるというのである。

行動科学的研究であるブレイク＝ムートン（Blake, R. R. & Mouton, J. S.）のマネジリアル・グリッド（managerial grid）も，それに類似した三隅二不二のPM理論でも，いずれも理想型リーダーシップは「仕事」と「人間」の両面に最高の関心を抱くリーダーであることを実証しているが，こうした考え方の基礎はアーウィックの職場管理の二重体系説にある。

仕事の能率をあげるためにも，人間がヤル気を起こしてくれなければならない。仕事の能率を強調しても職場の人間が職場から逃げだしてしまっては仕事にならないのである。ホーソン実験以来今日の行動科学的研究も含めて検討した結果は，管理の実践目標は「仕事の能率」追求にあるだけではなく，職場の「人間の満足充足」にもあることが理解されるはずである。

職場の人間の満足を充足させるには，そのさせ方は決して一律的ではない。なぜならば人間の欲求は変化するし，人間が人間をどうみるかという人間観や人間が人間をどう描くかという人間像も変化するからである。

　有名な心理学者マズロー（Maslow, A. H.）の人間欲求の5段階説がある。マグレガー（McGregor, D.）のX理論における「怠け者人間」とY理論における「自発性人間」という人間観があるし，マーチとサイモン（March, J. G. & Simon, A.）の「機械人間」，「情緒人間」，「意思決定人間」という組織における人間像の描き方もある。

　また最近の景気低迷による企業業績最優先の影響によってすっかり忘れられてしまった労働生活の質（quality of working life）の問題であるが，こうした不満を誘発している人間性疎外を解消するための具体策が「職務充実化政策」（ジョブ・エンリッチメント　job enrichment）なのである。

　このように，人間の欲求が変化し，人間観も変化し，時代によって人間性回復の強調点も変わるので，人間の満足充足のさせ方は決して一律的ではないが，職場における「人間の満足充足」は管理の役割目的のもう1つの重要な項目となることは，現代においても変わらない。

（3）　場の変態存続

　「仕事の能率」と「職場の人間の満足」は管理の実践目標である。けれども，この2つの目標が達成されることによって，事業体の存続は可能であろうか。「仕事の能率」と「職場の人間の満足」を追求する管理目的が実現されるためには，変化する環境の中に，その場の存続をはかることが相伴っていなければならない。その場にあたる事業組織体が生存していかなければならない。それには，その場の生態を変化させながら，その場の存続をはかることを必要とする。

　「場の変態存続」とは，企業にとって事業の転換，事業にとって製品の転換，という領域の問題にとどまらず，人事・経理・研究開発といったあらゆる部門において，その中の課や係においても，それぞれ担当する業務の新陳代謝を行

うことを意味する。業務の新陳代謝とはそれぞれの場において，どの業務に主力を投入するかの主力投入転換をはかり，また古い業務を捨て新しい業務をおこすことである。

4 「事業転換のシステム」と「目標管理システム」

(1) 事業転換のシステム

事業転換システムの好例として，ドナルド・ショーン（Schon, D. A.）の星状型動態組織をあげることができる。藤芳誠一の同じような考え方の「事業転換のシステム図」は第4章「イノベーションの展開」の中の「多角化戦略」のところで取りあげる。

ドナルド・ショーンは，従来のピラミッド型の組織構造にかわる新しい動態的組織構造の例として，3M社（ミネソタ・マイニング・アンド・マニュファクチュアリング）の星状型組織をあげているが（松井ほか訳『技術と変化』），これは，図表2-2の「事業転換のシステム」で示してある。

すなわち，今日の経営をささえる基幹事業分野Aを中心において，その周囲に昨日の企業をささえた事業分野B群と，明日をささえるであろう事業分

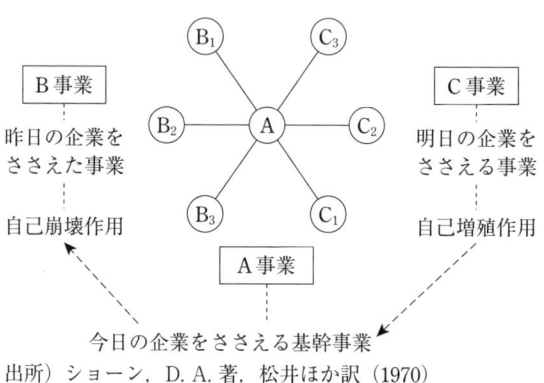

図表2-2 事業転換のシステム（星状型動態組織）

B事業
昨日の企業を
ささえた事業
自己崩壊作用

C事業
明日の企業を
ささえる事業
自己増殖作用

A事業
今日の企業をささえる基幹事業

出所）ショーン，D. A. 著，松井ほか訳（1970）

野C群を独立子会社として衛星のように配置し，C群事業では「自己増殖作用」を行わせ，B群事業では「自己崩壊作用」を行わせる。換言すれば，新規事業の創造と陳腐化事業の破壊を行う高度のマネジメント・システムを開発できれば，環境変化に敏感に適応する経営組織構造を形成することが可能となるのである。

(2) 目標管理システム

「目標による管理」(management by objective) の起源は，1954年のドラッカー (Drucker, P. F.) に求められる。ドラッカーは著書『現代の経営』において，「社長から工場の現場管理者や事務主任に至るまで，経営者はすべて，明白な目標をもつ必要がある。……その目標は，その果たすべき貢献を明らかにするものである必要がある。……目標管理の最大の利点は，経営管理者が，自らの仕事ぶりとその成果を自ら管理（目標に照らして自ら評価測定）することができることになる。……したがって，支配によるマネジメントを自己管理によるマネジメントに代えることを可能にするところにある。[1]

この考え方がシュレー (Schleh. E. C.) によって普及された。シュレーは1961年に『リザルト・マネジメント』で，目標とは「一定の時期に各個人に，期待する一定の成果を述べたものである」といい，「このやり方のねらいは，組織の全体目標と個人目標とを関連づけ，目標を達成することに人間の興味や欲求を満足させる方法である」と説いて，目標による管理とは，仕事の仕方そのものに問題があるのではなく，仕事の成果に重点を置いた管理方式であることを提唱した。

これは，伝統的管理の原理を否定するマグレガー (McGregor, D.) によって支持され，マグレガーは『企業の人間的側面』という著書で，伝統的な管理体系「X理論」に対して「Y理論」の構想を打ち出した。それは「統制による管理」＝「監督による管理」(management by control) から「目標による管理」(management by objectives) への転換を意味するのである。

目標による管理の基本システムは，つぎのようである。

図表2-3　目標による管理

```
   マグレガー            人間観              管理の仕方
  ┌─────────┐      ┌─────────┐        ┌─────────────┐
  │  X理論  │ ───→ │ 怠け者人間 │ ───→  │ 監督による管理 │
  └─────────┘      └─────────┘        └─────────────┘
      ↕
  ┌─────────┐      ┌─────────┐        ┌─────────────┐
  │  Y理論  │ ───→ │ 自発性人間 │ ───→  │ 目標による管理 │
  └─────────┘      └─────────┘        └─────────────┘
                                              │
                   ┌──────────────────┐       │
                   │ 目標による管理のシステム │ ←─────┘
                   └──────────────────┘
```

〔上司〕　方針 ----- 権限委譲 ----- 上長評定 ---------- リーダーシップ(統率力)
　　　　職務目標 → 自由裁量 → 成　果　　コミュニケーション(意思疎通)
〔部下〕　参加　　　自主統制 --- 自己判定 ---------- モラール(意欲)

出所）藤芳誠一（1998）『経営基本管理』泉文堂，107頁。

① 上司は，部下の職位において達成を期待される仕事の目的と方針およびその仕事の範囲を可能なかぎり包括的に示す。そのさい，その仕事の中から，何を重点的に取りあげ，どの程度までの基準を達成するかについては，職務担当者自身が計画をし，上司との「面接」（interview）を通じて決定される。すなわち，仕事の計画設定には部下を一定の枠の範囲で参画させる。もちろん，期待される成果についての最低の基準は業績基準（performance standard）として当然守らなければならない。

② 達成すべき仕事が決定されたならば，その仕事の達成上必要な権限は，その仕事に即して配分されるなり，権限の委譲が行われるなりして，具体的な執行過程に関してはできるだけ大幅な自由裁量の余地が与えられなければならない。

　部下は，上司の細かい指示や監督を受けないで，自主的に仕事を遂行する。すなわち，自己統制を行うことによって，仕事を達成する。

③ 成果については，仕事の目標なり，仕事の達成基準なりが，明確に理解されているのであるから，自己判定を行うことができる。しかし，その判定は，さらに上司との「話合い」によって評価され，そこで，必要な指導

を受けるというかたちをとる。

5 管理職能＝要素の分類変化

　経営管理（management）は，製造活動，購買活動，販売活動などの諸活動を統合して経営目的を達成するための総合管理（general management）と，それぞれの部門活動自体が目的に向かって円滑に運営されるための部分管理（divisional management），すなわち生産管理，購買管理，販売管理などからなっている。そして部分管理（業務管理）は，総合管理（全体管理）に統合されているのである。

　総合管理と部分管理とは，このように区別されるが，管理過程学派の立場から，マネジメント（管理）の職能＝機能ないし管理の要素は何かと問うならば，それはほとんど共通したものとして説明することができる。

　ここでは，ファヨールのように，経営と管理を区別した管理の職能＝機能（管理要素＝管理過程）を対象に考察する。「管理要素分類の変化」一覧表を提示して，その分類変化の特徴をさぐる。

（1） 管理要素分類の変化

　図表2-4管理（マネジメント）要素分類の変化についての一覧表は，それぞれの研究者がどのような管理職能＝管理機能を提示しているかを表したものである。

　「計画」には計画（planning），予測（forecast）を含む。「命令」には命令（command），監督（supervising），指揮（directing），統率（leading），指導（instruction）を含む。「動機づけ」には（motivating），活性化（actuating），影響化（influencing）を含む。Fox の organizing には staffing と training が，controlling には delegating, directing, motivating, coordinating, evaluating, correlating が含まれる。

　また①〜㉕は，この一覧表を作成する際に参考とした文献である。

図表 2−4 管理（マネジメント）要素分類の変化

年代	人名 \ 区分	計画	組織化	命令	動機づけ	統制	調整	要員化	結合	伝達	意思決定	創造・革新	批判
1916	ファヨール (1)	●	●	●		●	●						
1928	デイヴィス (2)	●	●			●							
1943	アーウィック (3)	●	●			●	●						
1947	ブラウン (4)	●	●						●				
1951	ニューマン (5)	●	●			●							
1955	クーンツ＝オドンネル (6)	●	●			●		●					
1958	アレン (7)	●											
1961	山本安次郎 (8)	●				●							●
1963	フォックス (9)	●	●										
1963	ミー (10)	●	●		●							●	
1964	マッシー (11)	●	●		●			●			●	●	
1967	ヒックス (12)	●	●		●						●	●	
1970	降旗武彦 (13)	●	●										
1972	アルバース (14)	●	●	●									
1976	ヒックス＝ギュレット (15)	●			●						●	●	
1977	テリー (16)	●	●			●							
1980	車戸實 (17)	●	●			●							
1985	ホッジッツ (18)	●	●	●		●		●					
1985	デスラー (19)	●	●			●		●					
1987	藤芳誠一 (20)	●	●	●		●						●	
1989	テイエタール (21)	●	●		●								
1993	クーンツ＝ヴァイリッヒ (22)	●	●	●		●		●					
1993	ダブリン＝アイルランド (23)	●	●	●		●					●		
1993	藤芳明人 (24)	●	●	●	●								
1997	ペトリック＝クイン (25)	●	●	●									

出所）藤芳明人作

① Fayol, H.（1916）*Administration Industrielle et Générale*.（英訳書，1925 年）。
② Davis, R. C.（1928）*The principle of Factory Organization and management*.
③ Urwick, L. F.（1943）*The Elements of Administration*.
④ Brown, A.（1947）*Organization of Industry*.
⑤ Newman, W. H.（1951）*Administrarive Action*.
⑥ Koontz, H. and O'Donnell, C.（1955）*Principles of Management*. 大坪檀訳（1979）『経営管理 1　経営管理の基礎』マグロウヒル好学社
⑦ Allen, L. A.（1958）*Management and Organization*.
⑧ 山本安次郎（1961）『経営学本質論』森山書店
⑨ Fox, W. M.（1963）*The Management Process*.
⑩ Mee, J. F.（1963）*Management Thought in Dynamic Economy*.
⑪ Massie, J. L.（1964）*Essentails of Management*. 藤芳誠一訳（1968）『新経営管理入門』産業能率短大出版。
⑫ Hicks, H. G.（1966）*The Management of Organizations*.
⑬ 降旗武彦（1970）『経営管理過程論の新展開』日本生産性本部。
⑭ Albers, H.（1972）*Management*.
⑮ Hicks, H. G., and Gullett, C. R.（1976）*The Management of Organizations*, 3rd ed.
⑯ Terry, G. R.（1977）*Principles of Management*.
⑰ 車戸實（1980）『経営管理過程論』改訂第一版
⑱ Hodgetts, R. M.（1985）*Management*.
⑲ Dessler, G.（1985）*Management fundamentals*, 4th ed., 1985.
⑳ 藤芳誠一（1987）『経営基本管理』泉文堂
㉑ Thiétart, R. A.（1989）*Le Management*.
㉒ Koontz, H., and Weihrich, H.（1993）*Management*, 10th ed.
㉓ Dubrin, A. J., and Ireland, R. D.（1993）*Management and Organization*, 2nd ed., Cincinnati, OH: South-Westem Publishing.
㉔ 藤芳明人（1993）『東京経営短期大学紀要』。経営機能と管理機能を分け，

創造・革新は経営機能に含め，管理機能には含めない。当初は革新機能（イノベーション）を管理要素に加えたのであるが，検討の結果，藤芳誠一も考え方をあらためて，管理要素から除去，経営機能に必要な機能とすることにした。

㉕ Petrick, J. A., and Quinn, J. F., (1997) *Management Ethics*.

（2）「管理要素」分類変化の特徴

上記「管理要素分類変化の一覧表」から，どのような特徴を発見することができるか。そして，どんなことに注意しなければならないかを検討してみよう。

① 「計画」，「組織化」，「統制」の3要素は満票である。
② 「命令」も多数あるが，これに「動機づけ」を加えると，満票に近い。
　・ホーソン実験のあと，組織における人間および人間関係要素が重視されるようになってから，この管理要素の中に，「動機づけ」（motivating）の要素が追加されるようになった。筆者は「命令」の要素にかえて「動機づけ」要素を加えるのではなく，「命令」要素とともに「動機づけ」要素を必要とすると考える。
③ 企業の経営において，企業の生存をはかるためにはイノベーション活動が必要なことは自明のこととなっている。藤芳誠一は1987年に「革新」（innovation）要素をマネジメント要素に加えた。しかし，1995年にそれを訂正した。すなわち，イノベーションをマネジメント（管理）の要素から取り出して，ビジネス（経営）の要素に入れた。

　　イノベーションは，「管理」の要素ではない「経営」の要素であるというのである。その考え方の根底には「経営」と「管理」を分離して考えるという考え方がある。ファヨールはもちろんドラッカーも，この考え方に立脚している。
④ 管理過程学派が説く「管理原則論」に真っ向から反対して，マネジメントの統一概念を「意思決定」に求めるべきだという新説が普及したにもか

かわらず，意思決定という要素がひとつしか出ていないのは不思議に感ずる。けれども，それは適切なことである。「企業の経営」には意思決定が重要であり，「組織の運営」には意思決定が重要であり，「人間の行動」には意思決定が先行するということは十分に理解できる。しかし，マネジメントは意思決定であるということで，マネジメントを説明することにはならない。計画段階でも，組織化の段階でも，統制の段階でも意思決定はあるが，意思決定を解明したからといって，マネジメント（管理）を解明したことにはならないからである。

（3） 主要な管理職能＝管理要素の解説
① 計画（planning）
　予測（forecasting）ということもあり，予測を含む場合もあるが，計画とは経営における諸活動のコースを目標に向かって最も有利に到達するように事前に決めるはたらきである。それには，目標や方針を設定すること，予測をすること，企画をたてることなどを必要とする。具体的には，長期計画や短期計画をたてることである。

② 組織化（organizing）
　人と仕事，仕事と仕事，人と人とを結びつけ，仕事が能率的に達成できるようにはかるはたらきである。それには，職務の分担を定め，責任と権限を明確にし，職務相互の関係を合理的に編成すると同時に，個性と感情をもった人間相互のコミュニケーションを良好にすることである。

③ 指令（directing）
　部下を導き，監督することによって，部下の秩序ある活動を維持するはたらきである。これは命令（command）ともよばれるが，命令ということばは，上から下への一方的な意思伝達の方式と誤解されやすいので，指令ということばが使われる。したがって，それは，強制的命令によって仕事をさせるのではな

図表 2-5　経営管理の過程

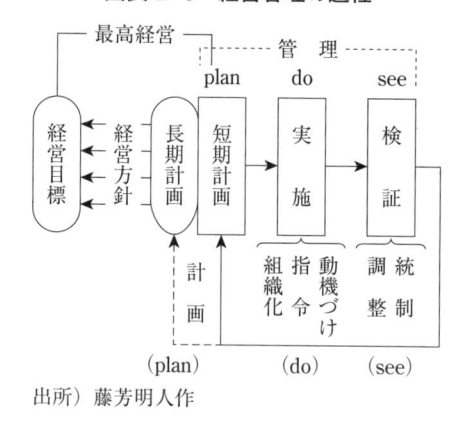

```
         ┌─最高経営─┐    ┌─── 管　理 ───┐
         │         │    plan    do     see
    ┌──┐ │経 長   短  │  実    検
    │経│←│営 期   期  │  施    証
    │営│←│方 計   計  │
    │目│←│針 画   画  │
    │標│ │    ↑   ↑  │
    └──┘ │    │   │  │ 組 指 動   調 統
         │    │   │  │ 織 令 機   整 制
         │    │   計画  化    づ
         │    │       │       け
         │  (plan)    (do)   (see)
```

出所）藤芳明人作

く，部下に説明し，行動を見守り，解説し，訂正するという指導的立場で，意思伝達を行う方法をいうのである。

④ 動機づけ（motivating）

それぞれの仕事の担当者に積極的に仕事をする意欲を起こさせ，共通の組織目標に対して進んで協力する精神をひきだすはたらきである。それには，担当の仕事を定めるにあたって，上位者は下位者を参画させるとか，権限を委譲して自由裁量の余地を与えるとか，また，不平不満があればよき相談相手になるというように業務に対して関心を払うと同様に人間に対して関心を払うことである。

⑤ 調整（co-ordinating）

利害や見解の対立する諸活動を，相互の意思疎通をはかることによって，共通の目標に向かって調和させ統一するはたらきである。職能が分化し，業務内容が複雑化すれば，それだけ調整のはたらきは重要になる。具体的には，長期計画と短期計画との調整，部門間における業務分担と権限関係の調整とか集団のチーム・ワークをはかるための調整などである。

⑥ 統制（controlling）

いろいろな活動が計画にしたがって行われているかどうかを検討して，計画との差異を明らかにし，差異があれば，それを是正するはたらきである。統制は，計画とか統制の基準になるものがあってはじめて合理的に行えるもので，原価統制，品質統制，在庫統制などから総合的経営計画に対応する各部門活動の統制までいろいろである。今日では，情報処理技術の発達によって，システム的統制が可能である。

（4） マネジメント・サイクル

マネジメント・サイクルは，一般的に単純化して表現すればplan-do-seeのサイクル過程で示される。ここでのdoというのは，自分で実施するという意味よりも職場において他人に実施させる，ないし実施してもらうということを意味している。したがって，plan-do-seeというサイクルを詳しく表現すれば，図表2-6の左側のようになる。

マネジメント・サイクルにはPDCサイクルやPDCAサイクルといわれるものがある。

（5） 代表的論者の管理職能＝管理要素

① ファヨールは，一番最初に管理職能（管理の要素）をみつけた人である。

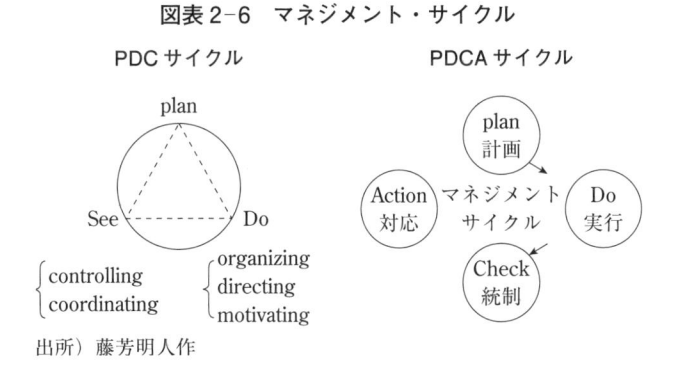

図表2-6　マネジメント・サイクル

PDCサイクル

```
        plan
         △
       ／   ＼
     ／       ＼
   See ─────── Do
   ｛controlling       ｛organizing
    coordinating        directing
                        motivating
```

PDCAサイクル

```
      plan
      計画
   ／        ＼
 Action      Do
 対応  マネジメント 実行
       サイクル
       ＼        ／
        Check
        統制
```

出所）藤芳明人作

ファヨールは，管理職位の高い人ほど担当職務の中で管理職能の比重が高いけれども，管理職能は組織構成員全員で担当するものであり，管理職能は経営職能とは異なるものであるとして，つぎの5つの要素に分類した。

　計画（planning），組織化（organization），命令（command），調整（co-ordination），統制（control）。ここでの英訳はストーズ女史（Storrs, C.）1949年の英訳本による。

② クーンツ（Koontz, H.）は，管理過程学派の代表的研究者である。

　経営管理者にとっては現実的であり，経営管理を理解しようとするものにとって有用であると思われる方法は，経営管理者の職能を利用して分類することである。

　経営管理するということは，医学や工学のごとく，基本となる科学，すなわち概念，理論，原則，技術に依存するアート（技法）―経営管理において物事を実施する方法―である。

　クーンツのあげる経営管理者の職能は，つぎのとおりである。

　計画化（planning），組織化（organizing），人事（staffing），指揮（directing）および指導（leading），統制（control）。

③ マッシーは，管理職能（管理要素）を一番たくさん採用している研究者である。[2]

　マッシー（Massie, J. L.）は，マネジメント（management）とは協働する集団が共通目標に向かって活動するように指導する過程として定義づけ，マネジメントの主要機能（key functions of management）をつぎの7つの機能にまとめている。

　意思決定（decision making），組織化（organizing），人材（stuffing），計画（planning），controlling（統制），伝達（communicating），指揮（directing）。

④ ハメル（Hamel, G.）は，1世紀にわたって蓄積されてきた経営管理理論をまとめ，管理の仕事が遂行される方法を劇的に変化（経営管理イノベーション）させる必要があるという。

　ハメル（2007）は，経営管理の要素をつぎのようにまとめた。[3]

・目標を設定し，そこに到達するための計画を立てる。
・動機づけをし，努力の方向を一致させる。
・活動を調整・統制（controlling）する。
・人材を開発・任命する。
・知識を蓄積・応用する。
・資源を蓄積・配分する。
・関係を構築・育成する。
・利害関係者の要求を，うまくバランスをとりながら満たす。

　これらの仕事は，人間の目的を達成するうえで——火星探査船の打ち上げであれ，中学校の運営であれ，ハリウッドの超大作映画の制作であれ，教会のバザーの運営であれ——欠かせないものだ。これらの仕事が遂行される方法を劇的に変化させるものは，何であれ，経営管理イノベーションと呼ぶことができる。

6 管理用具としての管理原則

（1）主要な管理原則

　管理過程論学派が提唱してきた管理原則には，サイモンに指摘されるまでもなく，原則相互の間に矛盾があり，それを統一的に解釈する論拠に乏しいことは認めなければならない。しかし，実際の事業組織体における管理行動の展開において，そのよりどころとして依然として主要な管理原則が活用されていることは否定できない。

　管理行為の多くの部分を引き受ける管理者は，管理原則に使われるのではなく，管理原則を活用する管理者とならなければならない。それには，管理の役割目的を認識の共通基盤として，管理の役割目的実現のルールとして管理原則を設定し，状況に応じた事業目的のニーズに対応して，管理原則の弾力的判断とその運用を必要とするのである。

図表2-7 主要な管理原則

① 目的定式化の原則 $\begin{cases} 個人目的と単位組織目的の統合 \\ 単位組織目的と複合組織目的の整合 \end{cases}$

② 職務分担の原則 $\begin{cases} 仕事の専門化 \\ 職務の充実化 \end{cases}$

③ 権限と責任の原則 $\begin{cases} 権限と責任の照応 \\ 権限の委譲 \\ 結果責任の留保 \end{cases}$

④ 命令統一の原則 $\begin{cases} 命令と情報の区別 \\ ラインとスタッフ \end{cases}$

⑤ 監督範囲適正化の原則 $\begin{cases} 監督と自主化の調整 \\ 管理責任の範囲 \end{cases}$

⑥ 管理の階層適正化の原則 $\begin{cases} 意思決定の迅速化 \\ ポジションとステイタスの区分 \end{cases}$

⑦ モラルとモラール高揚の原則 $\begin{cases} モラルの高揚 \\ モラールの高揚 \end{cases}$

出所）藤芳明人作

① 目的定式化の原則

　組織が参加者の協力を得て協働的活動を展開し組織成果をあげるためには，組織の達成目的を安定化（明確化）しなければならない。組織に参加する個人には，個人目的がある。個人目的は，経済的目的もあれば非経済的目的もある。自己実現型人間としては仕事の生きがいを求める。こうした個人目的をもつ個人の所属する単位組織（サブ組織）においては，参加者個人の個人目的を生かす方向において単位組織の業務目的や運営目的を明確化させなければならない。いいかえれば，個人目的と単位組織の目的との統合をはかりながら単位組織の目的が明確化されることを必要とする（**個人目的と単位組織目的の統合の原則**）。

　単位組織は，複合組織（全体組織）の構成部分である。複合組織の最終目的

は多数の中間目的が絡みあってつくりだされるが、この中間目的は複合組織を構成する単位組織に割り当てられる。単位組織が全体組織の有機的構成部分として組織活動を展開していくためには、そして全体組織の目的達成に貢献できるためには、単位組織の目的と全体組織の目的との整合が必要である（**単位組織目的と複合組織目的の整合の原則**）。

② **職務分担の原則**

　職務は分担されなければならない。すべてのことが、ひとりでできるのであれば管理論は不要である。したがって職務分担は、きわめて当り前のことであり、それだけに原則として妥当性をもつ。しかし、問題は分担の仕方である。ひとりのメンバーに与えられる仕事が相互に関係ないものの寄せ集めではなく、ある程度、専門化し、まとまっていることが必要である（**仕事専門化の原則**）。

　しかし、人間に1種類の仕事のみを長期にわたって担当させると、マンネリ化し単調感を覚えてヤル気をなくす。それには、関係のある別の仕事を併せて担当させるとか、自分の仕事は自分で計画し、自分で統制して自主管理をさせるということが必要である（**職務充実化の原則**）。職務分担の原則には、こういう配慮も必要である。

③ **権限と責任の原則**

　個々人の仕事は職能であるから、ひとつの管理機構の中に個人の職能が位置づけられている。個人は自己の仕事を職能として遂行するためにその手段としてあるいは道具として「権限」が委譲され、同時にその見返りとして、職能を完遂すべき「責任」が自動的に発生する。個人は、管理機構の一員としてこうした権限と責任の体制の中に組み込まれる。

　権限が与えられれば責任を負わなければならない。責任を負わされる以上権限が与えられなければならない。権限と責任は必ず照応する（**権限と責任照応の原則**）。

ところで，権限を上位者が独り占めしていると，下位者は自分のポジションで決定できないため，何事も上位者にお伺いをたて，決裁を仰ぐことになる。上位者は日常的業務に追われ，決裁が遅れれば，それだけ業務が停滞する。下位者はヤル気さえ失う。そこで上位者はできるだけ権限を下位者に委譲することが望ましい（**権限委譲の原則**）。権限を委譲して上位者が，例外的なより重要な仕事に取組むことができるようになる。これを例外の原則ともいう。

そのさい，権限と責任照応の原則から，権限を委譲した上位者は責任の一切を解除されるかというと，そうではなく，上位者に，結果に対する責任は残るのである（**結果責任留保の原則**）。

こうした権限委譲の原則と関連して，現場で決定できる事項や現場で決定すべき事項は中央上層部にお伺いをたてなくても，できるだけその現場に近い職位で決定できるようにする必要がある。これを分権化の原則ともいう。

④ 命令統一の原則

文字どおりに解釈すれば，上司は直属の部下に対してだけ命令を与え，部下はただひとりの直属の上司に対してだけ報告するという関係である。命令は段階を飛ばして出すべきではなく，他の系列から受けるべきではないというわけである。ファヨールは，命令一途の原則と呼んだ。この命令統一の原則を杓子定規に適用すると，他系列同位者の間で公式に情報交換もできないことになる。そこで，ファヨールは同位階層で情報交換のできる「かけ橋＝渡り板の原則」を考えた。その意味では，命令と情報交換とは区別しなければならない（**命令と情報区別の原則**）。

また，ひとつの仕事は，他のセクションとの職能的協力関係の上にはじめて効果的に達成されることが多い。命令の系列たるラインと助言の系列たるスタッフが併存する。それを巧みに活用することが必要である（**ラインとスタッフの原則**）。

ところが，近年になって事業部制組織を採用する企業が多くなり，しかも従来の職能部門別組織を併用する「マトリックス組織」があらわれるに至った。

「マトリックス組織」は事業部制組織と職能部門別組織とを格子状に組み合わせたものであるから，事業部の上司と職能部の上司からと2つの命令系統を備えたツー・ボス・システム（two-boss system）となるのである。

⑤ 監督範囲適正化の原則

　スパン・オブ・コントロール（span of control）といって，ひとりの上司が監督する部下の適性な人数を指すのであるが，経験的には，作業員の場合15〜30人，本社職員6〜8人，企画のような複雑な仕事は2〜3人であるといわれている。

　部下の数が増えてスパンが広くなると管理者の負担が増大し，管理の目がとどかなくなる。部下の数を減らしてスパンを狭くすると管理者の負担も軽減し監督の目も十分に行き届く。しかし，管理者を監督する管理者をより多く必要とすることになって管理階層が増える。またあまり細かすぎる監督をすると，部下は自主性を失い，ヤル気をなくすことにもなる。

　仕事の性質にもよるが，こうした矛盾を解決するには，監督型の管理方式と，目標による管理方式などで，部下自ら自己を管理する自主型の管理方式とを組み合わせて，調整することを考えなければならない（**監督と自主化調整の原則**）。

　こうしたかたちで，個々人の自主的判断の余地が増大して，管理者は命令したり監督する立場の人間というより，動機づけする立場の人間という考え方にウエートがかかると，監督の範囲は管理責任の範囲という見方に変わっていくことになる（**管理責任範囲の原則**）。

⑥ 管理の階層適正化の原則

　管理・監督者ひとり当りの部下の員数に限界があるということは，多人数の人間を動員する組織においては，管理が階層化することを意味する。その場合，スパンを小さくすると階層が増え，トールな組織（tall organization）となって上下のコミュニケーションがうまくいかなくなることが多い。階層が増え

ると，情報伝達センターとなるべき管理・監督者が多くなるので，現場の声がデフォルメされて伝達され，うまく伝わらない。職務権限もコマギレに細分化されて組織スラック（slack＝ゆるみ）が発生する。

そこで，意思決定の迅速化が要求され，上下のコミュニケーション系路の短縮が要求される（**意思決定迅速化の原則**）。

したがって，フラットな組織（flat organization）の導入が望まれ，管理段階を圧縮し，課制廃止やプロジェクト組織体制化などの政策がとられる。しかし，あまりフラットにして，管理の段階があまりに少なくなると，動機づけ要因としても影響力の大きい昇進というヤル気を起こす要因が充足されにくい状況となる。事業体にとって大きな戦力である管理者層のところでモラールが低下することは，大きな損失である。

昇進は，組織の健全化に必要である。けれども，組織はポジションに限界がある。そこで，ポジション（position）管理職とステイタス（status）管理職の2本立路線を設けて，管理職交替制任命などの方法をとって，管理階層適正化と昇進ルート拡大の調整をはかる必要がある（**ポジションとステイタス区分の原則**）。

⑦ モラルとモラール高揚の原則

事業体は，営利だけが目的ではない。社会に迷惑をかけてはならず社会に貢献する責任がある。特に，企業という事業体においては過去に欠陥製品問題や公害問題に直面して，企業の社会責任の重大性を認識したはずである。にもかかわらず，昨今企業不祥事が後を絶たないのは誠に残念である。企業のモラル（moral　道義性）は，企業構成員のモラルの収れんなのであるから，管理活動の行動原則たる管理原則にモラル高揚の原則がかかげられても，決して不思議ではない。そして社員一人ひとりが法令遵守の精神に基づくコンプライアンス経営の遂行が求められるのである（**モラル高揚の原則**）。

たとえばフォス（Foss, L.）のZ理論のマネジメントで説いているマネジリアル・グリッドでは，業績に対する関心（X理論）と人間に対する関心（Y理

論）の2本だてでは足りないのであって，広い社会における会社の役割に対する関心（Z理論）が追加されるべきことを主張している。すなわち，管理者の行動基準を在来の管理と社会責任との交差領域に求めている。

そして，企業エゴを捨て，構成員の階層エゴやセクションのエゴを抑制して，社会と調和する事業体の運営をはかる企業モラルの高揚を基盤にしながら，社会に貢献し変化社会に生きる事業体の存続にヤル気を投入するモラール（morale）の高揚が随伴すれば，まさに盤石な体制である（モラール高揚の原則）。

（2） 20世紀の経営管理の原理（原則）

① その恩恵

近代経営管理の慣行とプロセスは，少数の中核的な原理を軸に築かれてきた。標準化，専門化，階層組織，目標の一致，計画・統制，そして人間の行動を形づくるために外的報酬を用いるという手法であると，ハメルは図表2-8で示し，つぎのように解説している。[4]

これらの原理は，20世紀初頭に少数の先駆的な経営思想家——アンリ・ファヨール，リンダール・アーウィック，ルーサー・ガリック，マックス・ウェーバーのような人びと——によって打ち出されたものだ。これらの思想家は，近代経営管理の思想的基盤についてはそれぞれ少しずつ異なる見方をしていたが，この表に記した原理については意見が一致していた。この一致は当然だろう。彼らは皆，同じ問題——大規模組織で業務の効率と信頼性を最大化するにはどうすればよいかという問題——に注目していたのだから。100年近く経った今も，これは依然として近代経営管理が十分に対処できるただひとつの問題である。

② 古びた経営管理の限界

ハメルは，上述した近代経営管理の原理についてつぎのような指摘をしている。

図表 2-8　近代経営管理の原理
(The principles of modern management)

原　理	応　用	目　的
標準化 Standardization	インプット，アウトプット，および作業方法に関して，標準との差異を最小限にする	規模の経済性，製造効率，信頼性，および品質を高める
（作業・職能）専門化 Specialization for tasks and functions	類似した活動をグループにまとめて，組織の構成単位とする	複雑さを減らし，学習の速度を速める
目標の一致 Goal alignment	下位の目標や測定規準をトップから段階的に伝達することにより，明確な目標を定める	個人の努力をトップダウンで設定された目標と調和させる
階層組織 Hierarchy	管理の範囲を限定することを基本に，権限のピラミッドを築く	幅広い業務範囲に対して管理を維持する
計画・統制 Planning and control	需要を予測し，予算を立て，作業スケジュールを定める。その後，計画からの逸脱を追跡・修正する	秩序立った，予測可能な形で業務を遂行できるようにする。計画に従った遂行を確保する
外的報酬 Extrinsic rewards	指定された結果を達成したことに対し，個人やチームに金銭的報酬を与える	努力する動機を与え，方針や標準の遵守を確保する

Hamel, G.（2007）p.151，藤井清美訳（2008）192 頁。

　これら工業化時代の原理が，たゆみなく応用されてきたことは，経済の繁栄にとっては間違いなくありがたいことだった。だが，きわめて適応力のある，十分に人間的な組織を築こうとする場合には，これらの原理は力量不足であり，えてして有害である。
　専門化は，多くの利点はあるものの，画期的なアイデアを生み出す部門・職能横断的な学習を制限するきらいがある。おまけに，偏狭な部署意識や有害な縄張り争いにつながることもある。標準化をどこまでも追求する姿勢は，抑制されずにそのまま放置されたら，ルールや手順に対する病的なまでの偏愛に転化するおそれがあり，そうなると新しいものや風変わりなものはすべて危険な逸脱とみなされる。目標の一致が重視されすぎると，個人が「職務範囲外の」

機会を追求しにくくなり，新しい戦略を見つけにくくなる。緻密に作成された計画・統制のデータは，幹部に環境が実際より予測しやすいものであるかのように錯覚させ，彼らが前例のない不連続に気づくのを遅らせることがある。また，金銭的報酬の有効性を盲目的に信じていたら，個人の努力を引き出すメカニズムとしての目的や情熱の力が見えなくなることがある。[5]

ハメルは，さらに続けて，古いトレード・オフ（二律背反）の超越の必要性をつぎのように述べている。

経営管理の仕組みは，気ままで独断的で，自由な精神をもつ人間を標準やルールに従わせはするが，それによって莫大な量の想像力と自主性を無駄にする。業務に規律をもたらしはするが，組織の適応力を低下させる。世界中の消費者の購買力を増大させはするが，同時に何百万人もの人びとを封建的ともいえる上意下達の組織に隷属させる。おまけに，企業の効率を劇的に高めてはきたものの，企業の倫理性を高めてきたという証拠はほとんどないのである。

われわれは，わずらわしい監督者の階層を築かずに何千人もの人びとの活動を調整する方法を学ばなくてはいけない。人間の想像力を抑圧せずにコストを厳しく管理する方法を学ばなくてはいけない。規律と自由が互いに排斥し合う関係ではない組織を築く方法を学ばなければならない。この新しい世紀には，近代経営管理の不幸な遺産である一見避けられないかに見えるトレードオフを超越することを目指さなければならないのである。[6]

注　第2章　経営管理の原理

1) Drucker, P. F. (1956) *The Practice of Management.* 上田惇生訳（1996）『新訳　現代の経営（上）』ダイヤモンド社，188-200頁。
2) Massie, J. L. (1964) *Essentials of Management.* 藤芳誠一訳（1968）『新経営管理入門』産業能率短期大学出版部，61-152頁。
3) Hamel, G. (2007) *The Future of Management.* 藤井清美訳（2008）『経営の未来』日本経済新聞出版社，22頁。
4) Hamel, G. 前掲訳書（2008）191-192頁。
5) Hamel, G. 前掲訳書（2008）192-193頁。
6) Hamel, G. 前掲訳書（2008）9頁。

参考文献

佐久間信夫ほか（2002）『現代の経営管理論』学文社
西田耕三ほか（1978）『経営管理入門』有斐閣
芦澤成光ほか（2007）『現代経営管理論の基礎』学文社
野中郁次郎（1983）『経営管理』日本経済新聞社
三戸　公（2002）『管理とは何か』文眞堂
髙橋正泰（2008）『経営組織論の基礎』中央経済社
児玉敏一（2004）『環境適応の経営管理』学文社
岸田民樹編（2005）『現代経営組織論』有斐閣
林伸二ほか（1999）『現代経営管理論』有斐閣
ショーン，D. A. 著，松井好ほか訳（1970）『技術と変化』産業能率短大出版部
ドラッカー，P. F. 著，上田惇生編訳（2010）『エッセンシャル版マネジメント』ダイヤモンド社
Hamel, G.（2007），*The Future of Management*, Harvard Business School Press, p.151, 藤井清美訳（2008）『経営の未来』日本経済新聞出版社
山本安次郎（1954）『経営管理論』有斐閣
Hamel, G.（2007）*The Future of Management*, Harvard Business School Press.
猿谷雅治（1965）『目標設定による管理体制』ダイヤモンド社
オディオーン，G. S. 著，市川彰・谷本洋夫・津田達雄訳（1983）『精解目標管理』ダイヤモンド社
Koontz, H.（1961）"The Management Theory Jungle," *Journal of the Academy of Management*, Vol. 4, No. 3.

第3章 組織の編成原理と組織構造

１ 職務体系と職務権限

（１） 職務の体系

　経営組織は，人間と仕事の複合組織である。けれども，経営組織におけるフォーマルな組織形成の原理を求めれば，経営職能の体系に基づく職務の体系の論理がその支柱となっている。組織形成の原理には，いろいろなものをあげることができるが，職務の体系の論理に背反しては，組織を形成することができないといわなければならない。

　ブラウン（Brown, A.）は，*Organization of Industry* において，「組織は，経営をより効果的に管理するために，成員の責任事項＝職務（responsibilities）とそれら相互の関係を規定するものである」と定義づけている。これによれば，組織は各成員になすべき職務を定め，そして各職務の相互の関係を編成することによって，効果的に能率的に人間活動の協働化を確保しようとするものにほかならない。そうであれば，発展し，合理化された組織においては，成員の責任事項，すなわち職務は，経営全体の観点から，業務の配分として科学的に規定されることが必要となる。

　職務には一定の責任（responsibility）と権限（authority）が与えられるのであるから，職務の体系は，同時に，責任と権限の体系ということもできるのである。このことから，経営組織の編成は「責任と権限の原理」（principle of responsibility and authority）に依拠するともいわれる。そして，そこでは，「権限の委譲」（delegation of aythority）が問題とされ，比較的重要でない，かつ，

ルーティン化（routine）しうる業務は下位者に委譲され，経営にとって重要な例外的業務はトップに保留されることから，「例外の原則」（principle of exception）がみちびかれ，これも組織原則の基本的なものとされている。このように，責任と権限の体系という場合，責任と権限の連鎖的委譲の関係を指す場合が多いのであるが，委譲者と被委譲者の責任と権限の関係を，監督と義務の関係としてのみとらえることはできないのであって，経営管理上の職能の分化に即応して配分された，職務相互間の権限と責任関係とみなければならない。また，一定の職務をもち，それに必要な権限と責任を与えられた職務上の地位を，職位（position）というが，職務の体系はこの「職位の体系」ともいわれることがある。ところで，「職務の体系」が「職位の体系」として形成されるためには，「職務権限の体系」が整備されなければならない。

（2） 職務権限の意味

職務権限とは，一般に「職務を公に遂行しうる力」と規定されているが，職務を公に遂行しうる力とは，泉田健雄が主張されるように，意思の力であり，意思の力は意思決定の内容を実現するための保障であるということができる。したがって，権限とは「自己の決定に他の人を従わせることのできる力」であり，「他の人を従わせることを経営から公に保障されている」ものであるといわなければならない。

このような意味から，泉田健雄は権限の属性として，つぎの3点を指摘する。

① それは「自由裁量」をなしうるものでなければならない。
② それは「経営的効力」を生ぜしめるものでなければならない。
③ それは「責任」を伴うものでなければならない。

ところで，職務権限をこのように考えれば，作業員が「自己の職務を行う力」を権限として考えることはできない。それは，他の者の行動に影響，効果を及ぼす立場にある管理職位における「意思の決定とそれの遂行を保障する力」とみなければならない。そして，その内容は，各職位相互間になんらかの

拘束力関係を発生させる「権限関係のあり方」として具体化するのである。
　"権限はどこから発生するのだろうか" "部下はなぜ上司の命令に服するのであろうか" という問題を考えてみよう。

（3）　権限の源泉

　権限の源泉については，一般に3つに分類されている。すなわち，① 権限法定説，② 権限受容説，③ 権限能力説である。

① 権限法定説

　権限委譲の源は，すべての管理者の上の地位に遡及すると考える。A係長は自分の権限を，B課長から委譲してもらい，B課長は自分の権限をC部長から，C部長の権限は社長から，社長の権限は取締役会から，取締役会の権限は株主から，株主の権限は会社法など私有財産制度によって与えられているということで，企業における究極的な権限の根源は，原則的には私有財産制度に存在するということになる。これは，権限上位説あるいは権限授与説ともいう。権限法定説は，いわゆる権限に関する伝統的な考え方である。

② 権限受容説

　管理者が行使する権限の真の源泉は，部下が自分に対して行使される管理者の力を容認するところにある。部下は権限を理解したとき，権限が組織の目的と一致し，かつ，自分の利益と両立すると信じたとき，さらに精神的・肉体的にその権限に応じうるときに，部下は命令の権限を容認するという。永続的な組織では，組織のメンバーには，上司の命令に対し，あえて反発しない無関心であるような領域が心の中に生まれてくる。これを無関心圏（zone of indifference）とよぶ。この権限受容説は，バーナード（Barnard, C. I.）の権限受容理論に始まる。

③ 権限能力説

　権限は，技術的な能力という個人的な資質によって作り出されるという考え方である。キャラクターという力によって他人を自分の部下にした個人とか，的確な回答や適切な助言を提供することによって影響を与える技術者やエコノミストといった人がこういった能力説で考えられる人びとである。こういった人びとは確実に信奉され，助言を熱望されるために，この人たちの発言は命令と同じ効力をもつようになってくるという意味において，能力者に権限は帰属させるべきであるという考え方になるわけである。

　その他の権限説としては，権限配分説があげられる。

　これを主張するのは，泉田健雄である（「現代経営組織と職務権限」[1]において論証されている）。経営組織の構成原理を「権限の委譲構造」としてではなく，「職能の累積構造」として把握する。したがって，経営目的達成に必要な職能遂行の手段としての権限事項が，体系化された各経営職能を担当する各部門の各管理的職位に配分されるべきであると考えるのである。換言すれば，職務体系として編成されている組織は職務が組織に配分されているのであるから，その職務に権限も配分されるべきであるという意味である。

2　組織の階層構造

　経営組織は，経営職能の分化に照応して編成されるものである。経営職能の分化の仕方には，大別して水平的分化と垂直的分化との２つがある。

　この水平的分化と垂直的分化とは，個別に分化していくものではなく，同時に並行して進行し，複雑な立体的構造を形成する。そこで，いかに合理的に職能を分化し，これを結合していくかが，経営組織の中心課題となる。

（1）　経営職能の水平的分化

　① **過程的分化**——企業（製造企業）の経営活動は，購買，製造，販売という活動の循環的過程で行われている。経営職能の分化は，まずこれに即して

経営職能の水平的分化

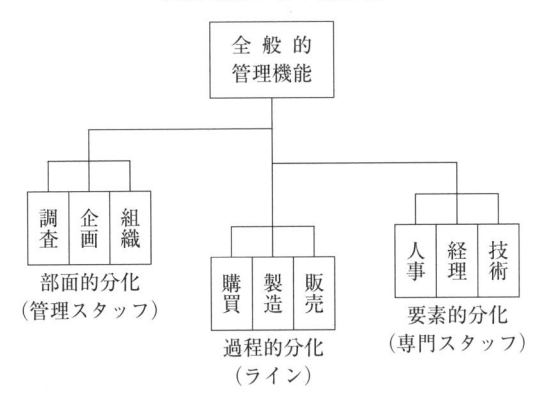

```
           ┌─────────┐
           │ 全 般 的 │
           │ 管理機能 │
           └────┬────┘
        ┌───────┼───────┐
     ┌──┴──┐ ┌──┴──┐ ┌──┴──┐
     │調企組│ │購製販│ │人経技│
     │査画織│ │買造売│ │事理術│
     └─────┘ └─────┘ └─────┘
     部面的分化  過程的分化  要素的分化
    （管理スタッフ）（ライン）（専門スタッフ）
```

行われる。購買部，製造部，販売部などがそれである。

② **要素的分化**——企業の経営活動は，人・物・金・技術・情報という企業を構成する要素に即しても分化する。人事部，経理部，技術部などの職能部門を形成するのである。

③ **部面的分化**——過程的分化および要素的分化によって形成されている職能部門において，共通して機能している経営管理職能がある。その要素別機能（計画・組織化・統制など）およびそれを補強する機能（調査・企画など）の部面から，総合的管理を補佐するのである。調査部（室），企画部（室）などがそれである。

（2） 経営職能の垂直的分化

企業の規模が拡大し，経営職能が垂直的に分化する過程で，経営組織は，まず企業運営のための管理組織（次図では広義の管理組織を指す）と，作業を実施するための作業組織とに分かれる。

大規模な企業では，この広義の管理組織は，最高経営層（トップ・マネジメント）と，中間管理層（ミドル・マネジメント）と現場管理層（ロワー・マネジメント）を含む管理組織とから構成されるのが一般的である。すなわち，最高経営組織と管理組織および作業組織とによって，全体としての経営の階層組織

経営職能の垂直的分化

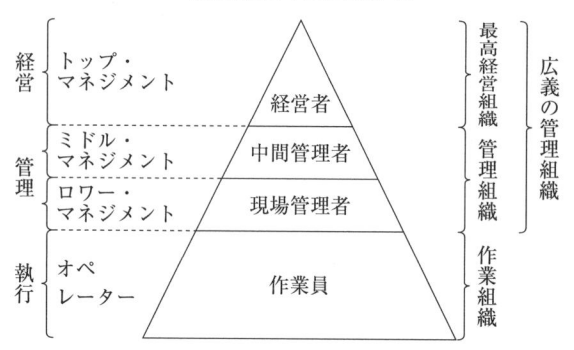

```
          ┌ ┌ トップ・                    ┐ ┐
       経 │ │ マネジメント     経営者      │ 最│
       営 │ └                            │ 高│ 
          │ ┌ ミドル・                    │ 経│ 広
          │ │ マネジメント    中間管理者   │ 営│ 義
       管 │ └                            │ 組│ の
       理 │ ┌ ロワー・                    │ 織│ 管
          │ │ マネジメント    現場管理者   │   │ 理
          └ └                            ┘ 管│ 組
          ┌ ┌ オペ                        ┐ 理│ 織
       執 │ │ レーター        作業員      │ 組│
       行 │ │                            │ 織│
          └ └                            ┘ 作│
                                           業│
                                           組│
                                           織┘
```

が形成されるのである。

　トップ・マネジメント（top management）は，経営の最高の地位にあって，経営方針や経営戦略，そして総合経営計画を設定し，経営活動の総合的統括を行う階層である。社長，副社長，専務取締役，常務取締役などがこれにあたる。

　ミドル・マネジメント（middle management）は，トップ・マネジメントの設定した経営戦略および総合経営計画にしたがって，それぞれの担当部門における具体的な業務計画の設定とそれを実行に移す指揮をとる階層である。部長，課長がこれにあたる。

　ロワー・マネジメント（lower management）は，ミドル・マネジメントの指令にしたがって，直接現場の作業の指揮，監督にあたる階層である。係長，職長（作業長）などがこれにあたる。

　このような階層制度をすべての企業がとっているとはかぎらない。トップ・マネジメントとミドル・マネジメントの上位者（部長クラス）が，なかには同一人物の場合もあるし，ミドル・マネジメントの下位者（課長）がロワー・マネジメントの役割を引き受けている場合もある。特に中小企業においては，この傾向が強い。大企業においても，階層分化をしすぎたところでは，ミドル・マネジメントの層を短縮していく傾向にある。

　作業組織（業務組織）は，現場における購買，生産，販売などのそれぞれの

作業を作業員が能率よく遂行できるように組み立てられている組織である。

3 組織の基本型

(1) ライン組織

　ライン組織（line organization）は，主として命令統一の原則と監督範囲適正化の原則を中心としてつくられる。したがって，上位者の指揮，命令は直属の部下に対して包括的，一元的に行われるのであって，下位者はひとりの直属の上位者以外の者とはいかなる直接的関係ももたない。この組織は，以前は直系組織あるいは軍隊式組織（military organization）ともいわれていた。

　ライン組織の長所は，
① 命令系統がきわめて簡単で一貫しており，したがって，責任と権限の帰属もはっきりと定められる。
② 経営全体としての規律がよく守られ，秩序を維持しやすい。

　しかし，その反面，短所としては，
① ひとりの上位者に権限が集中しているから，仕事の内容が複雑になると，上位者は過大な責任を負わされるようになる。
② 権限を委譲して管理の段階を長くすると，上下のコミュニケーションに時間がかかる。

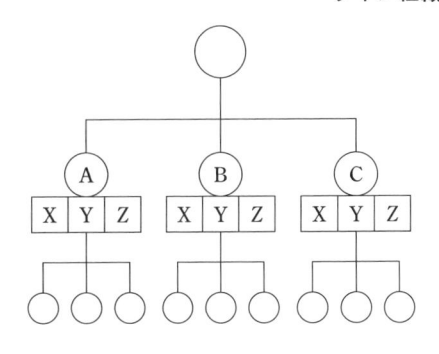

ライン組織

A, B, C…管理者（監督者）
X, Y, Z…管理的業務
　　X…仕事の段取り
　　Y…仕事の進捗
　　Z…人事上の問題処理

A, B, C はそれぞれライン管理者として管理業務 X, Y, Z を包括的に担当する。

③ 横の連絡がとりにくい。

などである。このライン組織を形成するライン権限の関係はすべての経営組織およびその単位組織に共通する組織編成の基本となるものであるが，規模の拡大した今日の経営組織においては，ライン権限関係だけでは成立しない。

（2） ファンクショナル組織

　ファンクショナル組織（functional organization）は，下位者が数人の専門分野を担当する上位者から指揮，命令を受けて自分の仕事を遂行するという仕組みで編成されるもので，職能組織ともいわれる。この型の組織は，テイラーが，職能別職長制度（functional foremanship）によるファンクショナル組織を提唱してはじまったものである。

　ファンクショナル組織の長所は，
　① 上位者の担当する仕事を専門化することによって，上位者の負担を軽減することができる。
　② 上位者の専門的能力を生かすことができ，管理者の養成も比較的容易になる。

などである。

　しかし，その反面，短所として，
　① 下位者は数名の上位者から命令を受けるので，命令が混乱しやすく，命

ファンクショナル組織

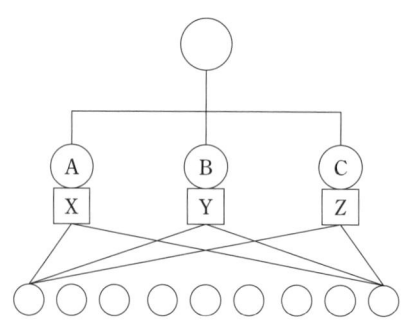

A，B，Cの管理者は，それぞれ管理的業務のなかで自分が得意とする業務を専門に担当する。管理的業務は専門化する。そしてライン管理者は，ファンクショナル管理者となる。

令の一貫性を保ちにくい。
② 下位者の仕事のうち，自分の分担する部分についてだけしか掌握できないので，責任の所在が不明確になりがちである。
③ 同じ階層の管理者の間で意見の対立が起こった場合，専門家として自分の意見を強く主張されると，その調整がむずかしい。

などである。

（3） ライン・アンド・スタッフ組織

経営規模が拡大し，経営活動の内容が複雑になると，管理者はひとりでいっさいの問題を処理していくことは不可能になり，ライン組織による編成では組織の欠点が強くあらわれる。それだからといって，ファンクショナル組織を採用すると，命令の統一体系がくずれやすい。そこで，ライン組織の欠点を克服し，長所を生かすために，ライン・アンド・スタッフ組織（line and staff organization）という形態が考えだされた。

ライン・アンド・スタッフ組織の長所は，
① 命令の統一性を確保することができる。
② 専門家を活用して，仕事の質を高め能率を向上させることができる。

という点にある。

しかし，スタッフが重く用いられると，助言的・補佐的立場を逸脱してライ

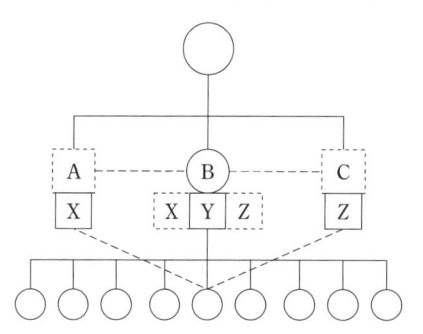

ライン・アンド・スタッフ組織

BはX，Y，Zの管理的業務の包括責任を負うライン管理者。AはXについて，CはZについて，B管理者に助言・援助するスタッフとなる。

ン部門の執行面に介入して，命令系統の混乱を起こさせることがある。これと反対に，スタッフが軽視されると，せっかくの専門家的立場からの助言がラインによって活用されないという結果を招く。この組織形態は，現代の企業で広く採用されているものだけに，ラインとスタッフの関係を明確化するとともに両者の関係が円満にいくように双方で努力する必要がある。

4 事業多角化組織

(1) 職能部門制組織と事業部制組織

　過程的分化，要素的分化，部面的分化の分化形態は，単一的事業体における経営機能の分化というカテゴリーにおける分化の方式である。だから，これらの職能分化の方式によってできる組織の構造は，職能部門制組織（functionalized organization）と呼ばれるものである。

　過程的分化とは，資本の運動過程に即して経営職能が水平的に分化することをいうのであって，購買部，製造部，販売部などがそれにあたる。要素的分化とは企業の構成要素別に経営職能が水平的に分化することをいうのであって，人事部，経理部，技術部などがそれである。部面的分化とは，経営管理の職能＝機能＝要素別に水平的に職能分化したものが，それにあたる。企画部（室），組織部，調査部（室）などがそれである。

　これに対して，単一的事業体を複数の事業部（division）に分割し，それぞれの事業部があたかも単一的事業体であるような形をとって構成される組織構造がある。また，逆にそれぞれ独立していた企業体が結合して，共通管理部門は本社に集中するが，現場の事業活動は，それぞれの独立企業単位をひとつの事業部として構成する組織構造でもある。それが事業部制組織（divisionalized organization）と呼ばれるものである。

　したがって，事業部制組織における職能分化の形態は，職能部門制組織における分化の方式とは次元を異にするもので，単位的分化の方式といわれる。

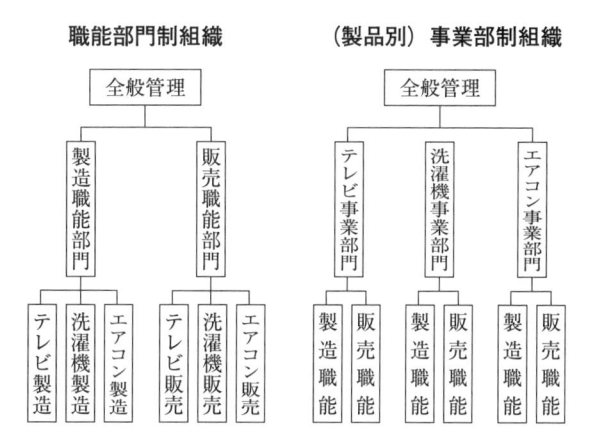

```
        職能部門制組織           （製品別）事業部制組織
           ┌全般管理┐              ┌──全般管理──┐
           │       │              │      │      │
        製造職能  販売職能       テレビ  洗濯機  エアコン
         部門    部門           事業部門 事業部門 事業部門
        ┌─┬─┐ ┌─┬─┐        ┌─┐   ┌─┐   ┌─┐
       テ 洗 エ テ 洗 エ         製 販   製 販   製 販
       レ 濯 ア レ 濯 ア         造 売   造 売   造 売
       ビ 機 コ ビ 機 コ         職 職   職 職   職 職
       製 製 ン 販 販 ン         能 能   能 能   能 能
       造 造 製 売 売 販
               造       売
```

　この組織は，製品別，地域別あるいは市場別に，事業部に分化され，製品別，地域別あるいは市場別に，生産，販売，場合によっては購買がそれぞれの事業部のもとで統一的に行われる仕組みの組織をいうのである。

　職能部門制組織構造と事業部制組織構造とを対比して上記の図に示してあるが，事業部制組織のそれぞれの事業部において，その部内組織は，職能部門制組織を形成する職能分化の方式によって形成されるものであることはいうまでもない。

（2）　事業部制採用条件と利害得失

　事業部制は，わが国においても企業経営の有力なひとつの管理方式となった。しかし，採用条件に適合性がなかったり，事業部制のデメリットが表面化してから，元の組織にもどすものや，いわゆる純粋の事業部制ではなく準事業部制に変更するものも多く，採用も慎重になってきた。それと同時に事業部制のねらいが管理運営技術上の問題から経営戦略上のねらいに変化してきたのも特徴点である。すなわち，それぞれの事業部を同時に繁栄さすための管理手段から，事業部を事業主力転換および事業転換そのものの戦略手段とするようになったのである。

① 事業部制採用の条件

　事業部制を採用するにあたっては，採用の目的や理由のほかに，採用を可能にする条件と，その反対に採用を困難にしている条件があるはずである。

　ⓐ 採用を可能にする条件
　　・製品別を基準として，会社の業務を区別することができ，また，区分された各部門に対し，事業運営上の包括的な権限を与え，直接・間接に利益管理の単位とすることができる。
　　・本社の外にある工場や営業所を，ブロック別に単位事業部に所属させたり，工場や営業所それ自体が異種の製品を扱っていたり，地域別に分散していたりするので，それを単位事業部門に分割統合することができる。
　　・事業部の幹部になるべき人材を計画的に育成し，また幹部となるべき適格者が，すでに養成されているということ，それに，トップが包括的権限を事業部に委譲するだけの，事業部幹部に対する信頼がある。

　ⓑ 採用を困難にする条件
　　・事業部門別区分が不可能である。
　　・製品が多用化されていないこと。また製品別の市場確保が困難である。
　　・人材の不足と権限委譲に対する不安という人的問題。

② 事業部制の利害得失点

　事業部制の採用により，事業部制は具体的に，どのような利益をもたらしたか。また，その反面，マイナスの点もあるのではないか。この事業部制の利点と欠点を調べてみよう。

　利点としては，「仕事の責任担当者が明確になる」，「利益改善活動が強化される」という2点が目立つ。つづいて，「企業の体質改善に役立つ」，「長期計画を容易に立てることができるようになった」，「管理者の育成に役立つ」，「利益が増加する」，「従業員の勤労意欲が向上する」，「新製品の開発が促進される」というような利点が，ほぼ同程度にあらわれる。また，「事務の改善」，

「販売網の拡大」も見逃せない。

　事業部制の運営にあたって，注意しなければならないのは，利点よりもむしろ欠点のほうであろう。欠点による損失をオーバする利益があればそれでよいではないか，といわれるが，問題の性質によっては危険性をはらむものもある。

　その問題点を指摘しておこう。

　第1は，仕事の重複によるコスト高の問題である。各事業部が分権化単位として自立化するには，企画，経理，マーケティング，人事などの管理スタッフがそれぞれ各事業部ごとに設けられることになる。そのさい，事業部門分割単位の規模が小さくて，部門数が多すぎ，しかも，本社の管理スタッフの質量的改変が行われないようなときには，管理スタッフの重複によるコスト高は大きくなる。

　これには，事業部門分割単位が適正な採算規模でなければならず，必要最少限の管理スタッフで事業部の運営を行うべきであり，しかも，本社の管理スタッフは，トップ・マネジメントに直属する企業全体の経営計画面に関する経営

図表3-1　事業部制組織の利点と欠点

利　点	欠　点
1. 仕事の責任分担明確	1. 仕事の重複
2. 利益増大のための改善活動強化	2. 事業部間の協調性欠く
3. 企業の体質改善	3. 全社的な人事異動困難
4. 長期計画の樹立	4. 社内の競争意識過剰
5. 管理者の育成	5. 人件費の増加
6. 利益の増大	6. 採用・未採用部門と本社との関係混乱
7. 勤労意欲の向上	7. 事業部と本社との交流難
8. 新製品開発促進	8. 支店・営業所の混乱
9. 事務改善推進	9. コスト高の招来
10. 販売網の拡大	10. 支店長・営業所長・工場長の地位不明確
11. 市場占拠率強化	11. 長期計画が立てにくい
12. その他	12. その他

出所）藤芳誠一（1998）『経営基本管理』泉文堂，77頁

スタッフに質的転換をはかり，管理スタッフとしての機能は大幅に縮小すべきであろう．研究開発，PR活動，共用サービス施設などの共用サービスなどが，各事業部で別個に実施されると，共通費の経済性を達成できないという問題も発生する．

第2は，自社内における他事業部との競争意識が過剰となり，各事業部門の協調性に欠け，企業全体としての統制を失うことが起こる．

第3には，各事業部が自己の業績をあげるためにひきおこす事業部門の過当競争によって，各事業部の製品を同時に取り扱うところの，地方に分散した営業所や特約店や代理店などの営業活動を混乱におとしいれる結果をまねくことがある．これには，営業所や特約店や代理店に仕事上の調整された命令が伝達されるようにするための調整機関，および営業所長や特約店，代理店の店長の権限と地位を明確化することが必要である．

(3) 持株会社
① 純粋持株会社の復活

一般的に，株主は投資を目的に株式を購入し，投資対象企業の経営は経営者に任せている．「持株会社」は，そうした株式会社の実権を握るために，複数の会社の株式を保有することを目的のひとつとして作られる．持株会社が自ら事業を営んでいる場合，それを「事業持株会社（operating holding company）と呼び，自ら事業活動をしない場合はそれを「純粋持株会社」（pure holding company）と呼ぶ．

わが国においては，純粋持株会社に関して，戦前の三井，三菱，住友，安田の四大財閥の持株会社が日本帝国主義の経済的支柱であったのではという強い疑念と批判を背景に，戦後「独占禁止法」で禁止されていた．

しかし，近年，国内の企業間だけではなく，国境を越えた企業の競争が激しくなり，持株会社の利点を生かした迅速かつ大胆な事業の再編や大型合併を求める要望が業界から高まってきたことを受け，1997年の独禁法改正によって，純粋持株会社は解禁された．また，事業持株会社は改正前から認められていた．

一般論として，持株会社は"司令塔"としてグループ会社の経営計画を立て，全体の利益が最大になるよう各会社に経営資源を分配する。この"司令塔"の役割はいまや独占資本支配の元凶から，グローバル競争下における会社生き残りの守護神へと大きく変貌しつつある。

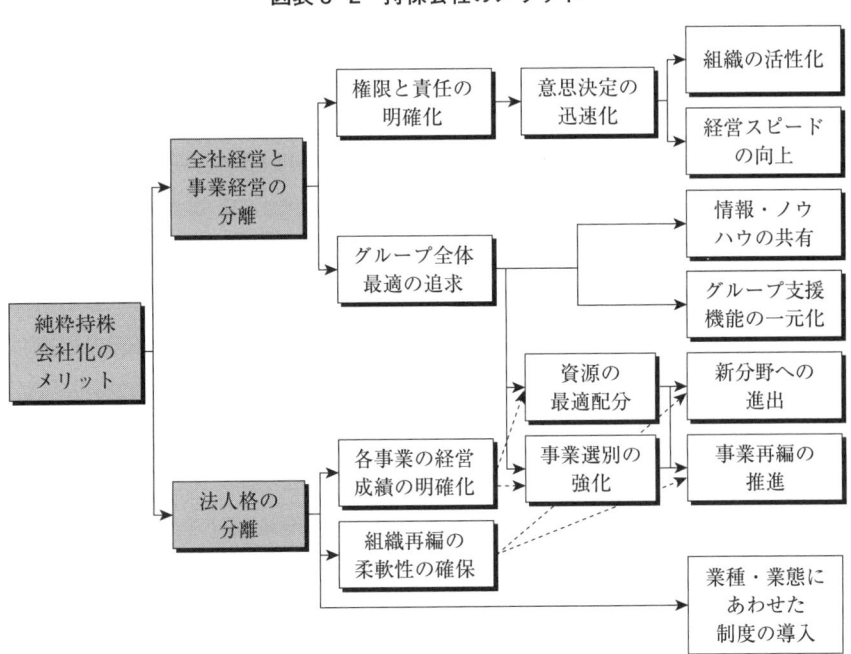

② **純粋持株会社のメリット**
　持株会社の下に複数の事業部門が子会社の形で存在するという組織形態は，基本的には多角化事業をマネジメントするための経営戦略として編みだされた組織形態である。その主要な効能としては，ⓐ 意思決定の迅速化，ⓑ 経営資源の最適配分，ⓒ 事業選別の強化をあげることができる（図表3-2　持株会社

図表3-2　持株会社のメリット

出所）川村倫大（2006）「持株会社経営における今日的課題」『税経通信』3月号，税務経理協会，9頁。

のメリットを参照)。

　したがって，多角化事業のマネジメントは，いわゆるポートフォリオ・マネジメントを可能にするものである。

　また，この持株会社は，多国籍事業のマネジメントにおいてもその効果は大きい。すなわち，事業を国際的に展開する場合，コスト戦略面においては中央集権的に，マーケティング戦略面においては地域分権的に，それぞれのオペレーションが遂行される。

　それと同時に，最近では，買収した会社をひとつの子会社として持株会社で統合する買収戦略にも有効に利用されている組織形態である。

5　動態的組織

　経営環境の不確実性の増大は，企業の組織面でさまざまな課題を与える。多くの経営課題は今日の大企業ではほぼ常識となっている事業部制組織では必ずしも十分に解決することができない。事業部制組織は前節でみたように多くの利点をもつ一方で，たとえばひとつの問題は，事業部間の協調性を欠くといった横のコミュニケーションを行いにくいことがあげられる。水平なコミュニケーションを妨げられることが，組織の情報処理能力を低下させ，より迅速な経営課題の遂行を阻害し，柔軟な対応を困難にしているのである。そこで企業は水平的なコミュニケーションを活発化させるために多くの組織的な工夫を施している。その代表的なものが，プロジェクト・チーム，戦略的事業単位（SBU），マトリックス組織，ネットワーク組織などである。

(1)　プロジェクト・チーム

　プロジェクト・チーム（project team）は，新製品開発，商品化計画，新工場建設などを処理する日常業務とは異なる革新的業務を担当するために編成されるグループである。同じような組織にタスク・フォース（task force＝特別機動部隊）もあるが，ここでは一括してプロジェクト・チームと呼びたい。

プロジェクト・チームは，何よりもプロジェクトという言葉に内在する「仕事を目論む」ということが先行し，チームの参加者は自己をその「仕事に投入する」ことを可能にする機動的組織でなければならない。すなわち，プロジェクト・チームの基本的性格は目的・課題が明確であり，目的達成期限が限定されており，目的・課題の達成に適材たる専門家によって編成され，課題の実行に必要な権限が与えられることなどである。

　プロジェクト・チームのもつ利点は，戦略価値の高い仕事を臨機応変にできる，人材を有効に活用することができる，参加者が仕事に自己を投入できて組織の能率があがる，セクショナリズムを排除でき組織がダイナミックになるなどである。

　特にプロジェクト・チームの独立性・自立性を強め，社内で企業家精神をもった有能な人材を募り，新しい事業の企画，推進をはかるグループを「社内ベンチャー」と呼び，その最終的ゴールがグループ新会社となる。

（2） 戦略的事業単位（SBU）

　複数の事業部間に技術や市場に関して強い関連性がある場合には，個々の事業部を戦略的管理の単位として取り扱うことに支障をきたすことがある。このような場合には，いくつかの事業部にまたがって事業戦略の立案・実行そして資源配分を自己完結させるような事業単位を設定する。それを戦略的事業単位（Strategic Business Unit, SBU）と呼ぶ。この SBU は，個々の事業部の中に設定されることもある。

　すなわち，企業が製品，市場，あるいは事業開発などの長期的な経営戦略を策定するときに編成される組織で，事業部制の弊害を取り除いたり，事業部制の効率的な運用を目指して設置されることが多い。

　これは，事業多角化のために多数の事業部を設けた GE（ジェネラル・エレクトリック）社で導入されて以来，多くの企業で設置されている。

戦略的事業単位

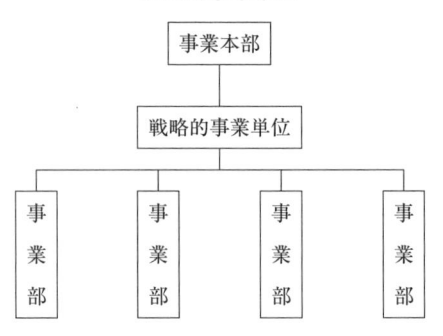

```
         事業本部
            │
       戦略的事業単位
     ┌─────┬─────┬─────┐
    事業部 事業部 事業部 事業部
```

（3） マトリックス組織

　タテ系列組織の良さを生かしながら，ヨコ系列組織の良さも十分に生かしたのがマトリックス組織（matrix organization）である。この組織は，1963年にアメリカの航空機産業TWRシステムズ社で採用されて以来，アメリカをはじめ，諸外国で定着をみせた組織である。

　マトリックス組織は，従来の製品事業別組織と職能別組織とを縦と横に組み合わせて格子状にした組織であることを前面に出している。その最大の特徴は，ワンマン・ワンボスの原則からはずれて，ひとりの人が複数の上司をも

マトリックス組織

```
              社長
      ┌────────┼────────┐
    営業部    製品部   研究開発部
  ┌───●────────●────────●
A事業部
  ├───●────────●────────●
B事業部
  ├───●────────●────────●
C事業部
```

つ，ツー・ボス・システム（two-boss system）となっているところにある。ここから長所として，環境の変化への対応に優れていて，人的・情報資源の共有化がはかられ，専門的知識・技術の蓄積・開発が容易になるといった点があげられる。その半面，短所として，責任の所在があいまいになり混乱が助長される，職能部門別の管理者と事業部別の管理者との間にコンフリクトが発生しやすい，メンバーにストレスが生じやすいなどがあるので，組織運営上，これらの点に注意することが必要である。

（4） ネットワーク組織

　ネットワークは，元々テレビ，ラジオ局の放送網を指すことばである。このネットワークということばは，近年，経営学，特に組織論において使われるようになっている。本来，ネットワークは「複数のモノがある程度持続性のある何らかの関係を基礎にある種のまとまりを形成しているもの」である。

　企業においては組織内ネットワークと組織間ネットワークとの２つに分けてとらえることができ，前者は一事業体内におけるネットワークを意味し，後者は事業体間におけるネットワークを指す。とりわけ現代において重要な意味をもつのが後者であり，個々の企業の枠を超えた企業間の結合が活発化してきている。具体的には，金融企業間の結合や小売流通業における各種サービスの提供（コンビニエンス・ストアにおける公共料金の支払い，各種チケットの販売，金融機関のATM機設置，郵便業務など）。

　ネットワーク組織（network organization）の最大の特徴は，個々の結びつきかたが比較的緩やかな点にある。したがって，最近のように大企業を中心とする系列企業やグループ企業の結びつきが弱まってきた状況下において活用されやすい組織形態である。特徴としては，経営資源（ヒト・モノ・カネ・情報）すべてが結び付いている必要はなく，ある事業を行う上で，その企業あるいは事業体に欠けている資源を相互に補っていこうとする点である。この相互補完性により，小さなものが規模の利益を得ようとするのである。また近年盛んになっている中小企業の異業種交流は，まさにこの典型的な例で，比較的規模の利

益を得にくい中小企業が，新規事業開発などの革新的な業務をネットワークを形成することにより可能としているのである。

また，ゆるやかな結びつきの代表的なものとしては，提携（アライアンス）があげられる。

6 トップ・マネジメントとミドル・マネジメント

（1） トップ・マネジメントの固有職能

トップ・マネジメントは，企業経営における実質上の最高経営意思決定機関であり，最高の責任が求められる経営者層である。このトップ・マネジメントのマネジメント職能は，他のミドル・マネジメントやロワー・マネジメントの管理領域と比べて，どのような特徴を有しているだろうか。いわゆるトップ・マネジメントとしての固有の職能は，何であろうか。

これに関して，ホールデン（Holden, P. E.）らは実証的研究の結果から，その重要な職能をつぎの4つに要約している。

① 見通しのある計画をたて，目標を明確化すること。それは企業の要求を具体化して，その要求を実現するのに最も有利な進路を決定することである。

② 組織について健全な計画を樹立すること。それは企業の共通目標を達成するために，企業の各構成部分のすべてを個人的にも集団的にも，最も効果的に機能させる。

③ 企業のあらゆる要職に十分に適する人材を配置すること。それは，各人がそれぞれの企業の全体計画の実現に適切に貢献できるようにするためである。

④ 統制の有効な手段を決定すること。それは，最高経営者が，広範な責任と権限を委譲することができ，管理上の細部の問題から解放されて，全体的な計画と指揮とに専念できるようにすることである。

トップ・マネジメントの一般的固有の職能は，このように，経営全体として

の根本的な経営方針（business policy）を策定し，それを実現するのにふさわしい全体の経営組織を設定して，その各要所要所に適材を配置することである。ことに上層管理においては，経営上有効な専門知識を有する有能な人材を備えなければならない。しかも，企業の最上層部において，経営の全般について，その指揮と統制とを有効に遂行できるような，各種の効果的経営管理手段を導入することが必要である。とりわけ，企業全体の観点から，その実施目標をはっきりと定め，それの実現に適合した短期的ならびに長期的計画を樹立して，経営活動の有効な遂行のための基本的な政策決定（policy-making）を行うことは，トップ・マネジメントにとって，極めて重要な職能である。

　現代企業においてトップ・マネジメントが，政策決定を行うにあたり，企業の社会責任の遂行を考慮しなければならない。今日の時代においては，法令遵守によるコンプライアンス経営と社会責任の遂行は，トップ・マネジメントの固有の職能に追加されるべきものといってよい。

（2）　トップ・マネジメントの組織

　トップ・マネジメントは，一般につぎの3つの階層からなっているとみられる。すなわち，受託経営職能を担当する階層としての取締役会と，全般的・総括的経営職能を担当する階層としての首脳経営者層と，部門管理職能を担当しながら総括経営層を補佐する第一線部門経営者層とからなっており，それぞれの経営層には，独自の職能とそれにともなう権限と責任がある。

①　受託経営層──取締役会

　株主の利益を代表し，保護をするという観点から，受託職能（trusteeship function）を担当する階層であって，それは取締役会（board of directors）によって遂行される。

　取締役会は，この受託経営職能を遂行するために，会社の基本方針，長期計画を策定し，会社の基本構造を決定し，そして決算諸表の報告をうけて，全般の業績を評価し，全般的な監督を行う権限と責任を有する。この取締役会は，

図表 3-3 トップ・マネジメントの組織と職能

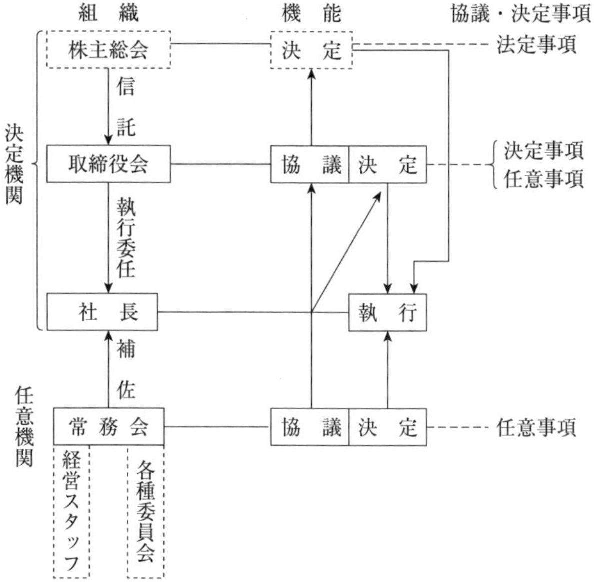

| 組織 | 機能 | 協議・決定事項 |

(決定機関)
- 株主総会 → 決定 ……… 法定事項
- （信託）
- 取締役会 → 協議・決定 ……… 決定事項／任意事項
- （執行委任）
- 社長 → 執行

(任意機関)
- （補佐）
- 常務会（経営スタッフ／各種委員会） → 協議・決定 ……… 任意事項

出所）藤芳誠一（1998）『経営基本管理』泉文堂，84頁。

会社法上では，株主総会によって選任され，株主の利益を代表し，会社の業務執行上の最高の決議機関をなしているわけである。また，日本の株式会社は新しい会社法において，いわゆる伝統的な監査役設置型の会社か，委員会設置型の会社か，いずれかを選択することができる（図表3-4を参照）。

② 総括経営層──首脳経営者（社長）

全般的・総括的経営職能（general management or administrative function）を担当する階層であって，それは首脳経営者（chief executive）を中心とする全般経営者（general management）が遂行する経営管理領域である。この領域の一般的職能は取締役会によって決定された基本方針と，そこから委譲された権限の範囲内で，経営活動の計画，その指揮，調整および統制が行われる。

この総括経営職能は，首脳経営者──社長（日本の会社では，一般的に社長が

図表3-4 選択できる2つのタイプ

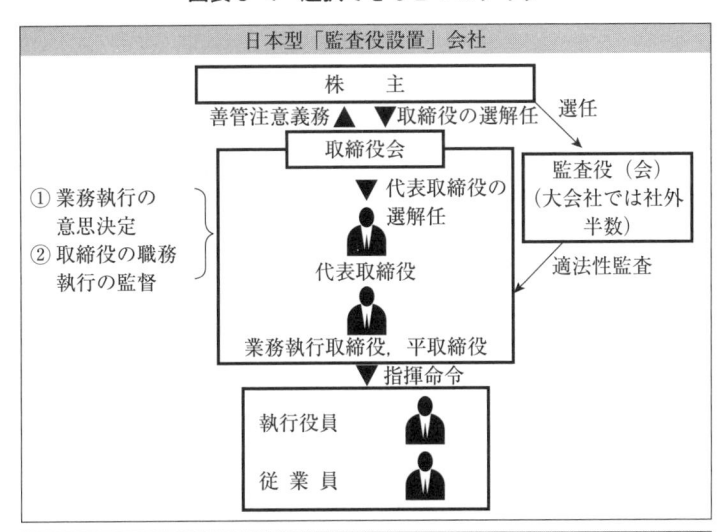

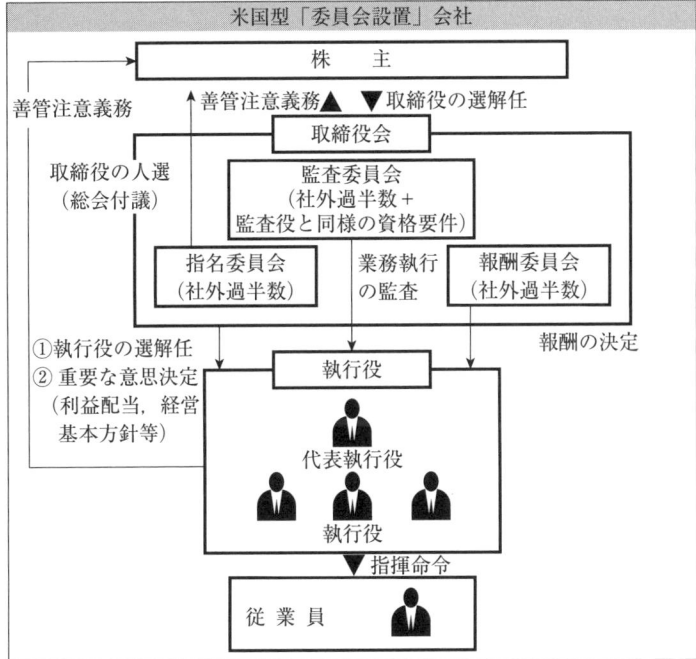

日本型「監査役設置」会社

- 株主
  - 善管注意義務▲ ▼取締役の選解任
  - 選任 → 監査役（会）（大会社では社外半数）
  - 適法性監査
- 取締役会
  - ① 業務執行の意思決定
  - ② 取締役の職務執行の監督
  - ▼代表取締役の選解任
  - 代表取締役
  - 業務執行取締役，平取締役
  - ▼指揮命令
- 執行役員
- 従業員

米国型「委員会設置」会社

- 株主
  - 善管注意義務
  - 善管注意義務▲ ▼取締役の選解任
- 取締役会
  - 取締役の人選（総会付議）
  - 監査委員会（社外過半数＋監査役と同様の資格要件）
  - 指名委員会（社外過半数）
  - 業務執行の監査
  - 報酬委員会（社外過半数）
  - 報酬の決定
- ① 執行役の選解任
- ② 重要な意思決定（利益配当，経営基本方針等）
- 執行役
  - 代表執行役
  - 執行役
  - ▼指揮命令
- 従業員

出所）武井一浩「重要項目多い『2000年商法改正』」『日本経済新聞』2002年6月28日朝刊を一部修正。

第3章 組織の編成原理と組織構造

取締役会で選定された代表取締役となる）によって担当されるほか，常務会や委員会の形で複数の首脳経営者グループが担当する場合が多い。

③ 部門経営層——部門経営者

　部門経営層は，部門管理職能（division or departmental management function）を遂行する経営階層である。企業の部門または事業部の部門経営管理職能それ自体は，トップ・マネジメントの職能であるとはいえないかもしれない。企業全体の最高方針の設定や，長期計画の樹立に対する権限と責任を負う第1階層と第2階層がトップ・マネジメント本来の職能担当領域であるといわなければならない。したがって，場合によっては，部門経営層はトップ・マネジメントに所属しないで，ミドル・マネジメントであるとみなすこともある。

（3）　集団指導制と常務会制度

　変化社会におけるトップ・マネジメントには，戦略的・革新的意思決定を必要とする問題の数が多くなり，また問題の発生する分野も広く，しかも決定のスピード化が要請される。企業の規模が大きくなり，事業分野の多角化が進めばなおさらそうである。社長個人の見識，人物，能力がいかにすぐれていても，上記のような事態に適切に対応することは困難になる。いわゆる「ワンマン社長制」の限界が表面化する。「ワンマン社長制」がすべて悪いわけではないが，独善的経営や側近政治的経営に陥ると，その弊害は大きくなる。

　こうした弊害を除去するために，わが国の大会社では，社長の単独決定方式に代わって上級の常勤取締役によって構成される最高経営グループによる「集団指導体制」を採用しているところが多い。その代表的なものが「常務会制」である。

　企業の規模の大きさ，人材の有無などの条件によって，どのような「集団指導」の形態をとるかを画一的に決めることはできない。けれども，トップ・マネジメントにおいて「集団指導制」を必要とするニーズを要約してみると，つぎのようになる。

① 社長の過重な職務を軽減し，将来の変動に対処する戦略的重点政策設定に全力を投球できるようにする。
②「集団指導制」においても社長のリーダーシップが必要であるが，ワンマン社長制の弊害を発生させないようにする。
③ 経営幹部が部門別業務活動，そのなかでも日常的業務活動に埋没して，経営不在の管理機構に安住する弊害を除去する。
④ 経営幹部が部門別管理者意識から脱却して，企業経営意識をもって，激しい経営環境の変化に対応して，戦略的・革新的意思決定の使命を果たせるようにする。

（4） 戦略的意思決定の補佐機関──ゼネラル・スタッフ

トップが戦略的意思決定を行うために，「常務会制」を設置しても，それだけで意思決定を行うことが困難な場合もある。トップの発想と発案に基づいて，戦略計画案を専門に作成するスタッフの援助を必要とする。それが，企画室とか社長室とよばれるゼネラル・スタッフ機関（general staff）にあたるわけだが，このゼネラル・スタッフ機関をどのように設置・活用するかということが，トップ・マネジメントの戦略的経営の効果をあげる上に重大な影響を及ぼす。

このようなゼネラル・スタッフ機関の業務の主要なものをみると，
① 長期計画および設備投資計画を樹立するための計数的側面からする計画と統制を援助すること
② 組織機構および各部門間の計画の総合調整をはかること
③ 経営計画立案の基礎となる資料の調査を行うこと
④ 経営分析，経営監査，業績評価を担当すること
などをあげることができよう。

こうしたゼネラル・スタッフ機関もその運用過程において，いくつかの欠陥が指摘できる。
① プロジェクトの内容が，理想主義的であって，地についた，利益と結び

合った，実行性に富んだものが少ない。
② 立派なプロジェクトがつくられても，それを実行に移していくための権限が与えられていないので，ラインだのみになる。
③ プロジェクトの内容が各部門にまたがることが多く，その間の調整をはかりながら実行過程を検証しようとすれば，ライン部門に介入せざるを得ず，スタッフの立場を超えるようになる。
④ トップの会議事務局となって事務処理，連絡業務に追われて，肝心のプロジェクトや計画業務が留守になる。

こういった批判を要約すると，企画と実行とのあいだの矛盾，権限と責任の所在に関する矛盾がそこに内在している。そして，これまでのやり方からでは解決をはかる道はほとんど発見できない。それでいて，ゼネラル・スタッフ機関の機能は全く無用かというと，そうではない。必要なのである。

すなわち，
① 部門を超えた企業の将来に対するプロジェクトの必要性
② 企業の総合的将来計画に各部門の計画を総合ないし調整するプログラム化の必要性

という2つの機能を放棄することはできないのである。

そこで，批判点と必要点とを総合して，ゼネラル・スタッフ機関の改造を検討するとき，その解決策のひとつの方策として，つぎのような内容を提案したい。

第1に，トップ・マネジメントの核にあたるトップ——経営路線の転換ないし企業に重大な影響を及ぼす問題解決の決断を自己責任においてタイムリーに下す。

第2に，スタッフとしてのトップと解体したゼネラル・スタッフ機関との新しい結合体制により，企画と実行の機能を合わせて遂行し，ラインとスタッフの概念に制約されないプロジェクト別機動隊（プロジェクト別プロジェクト・チーム）を編成する。

第3に，トップの総合計画決定を助けるプログラム設定手続き機関として，

少数の計画事務スタッフを残す。

　トップ・マネジメントは，イノベーション・自己変革の時代に，革新的・戦略的意思決定の重大任務を遂行しなければならないが，それには，研究開発部門を中心にした「技術開発スタッフ」を活用すると同時に，新規事業の芽を探索する「事業探索型戦略スタッフ」を活用する必要がある。

(5) ミドル・マネジメントの共通職務

　ミドル・マネジメントはわが国において，いわゆる課長クラスが中心である。企業によって，部長クラスがミドルに加えられたり，係長クラスが加えられたりする。次長や課長代理クラスはミドルに該当する。

　ミドル・マネジメントは生産，販売，人事，会計など担当セクションを異にすることによってその職務内容は異なる。しかし，いわゆるミドル・マネジメント（中間管理者）として基本的に共通の管理者職務を担っている。その共通職務を整理すると主要なものはつぎのようになる。

① 仕事の企画

　経営者の策定しようとする経営計画に，部門活動における革新的業務企画案を反映することによって，経営計画の設定を助ける。

　経営者の設定した経営計画を理解し，それを部門活動の実施計画に具体化する。その具体化にあたって，管理者は，率先して自己の企画力を働かせる。そして，なすべき仕事を発見し，達成すべき仕事の質の価値を高める。

② 仕事の管理

　達成すべき仕事が明確化されたならば，人材，設備，コストなどの面から検討を加えて，いかに能率よく目的が達成され，目標となる利益を確保するための方策をとる。それには，管理の段階を通して，末端の業務にいたるまで計画的に仕事が遂行できる方法をとる。それが仕事の管理である。したがって仕事の管理は，仕事の計画にのっとって実施させ，計画どおりに実施されているか

をコントロールしていくことになる。

③ 仕事の改善

　仕事を管理して能率的遂行を図るには，仕事の割当て方，仕事の進め方，仕事の流れなどが合理的でなければならないし，設備や職場環境も適切なものでなければならない。

　最小の費用で最大の効果をあげ，働く者の満足を得るには，職場で改善すべき事項がたくさんあるはずである。しかも，経営革新の段階においては大幅な職場の改造が行われる。

　管理者は，仕事の改善と革新における推進者でなければならない。

④ 部下の統率

　仕事の円滑な遂行は部下が管理者を信頼し，部下相互が協力し合ってこそ，はじめてできるものである。それには，管理者と部下との人間的なつながりおよび部下相互間の人間関係を良好に保つ必要がある。

　いいかえれば，個人個人の貢献意欲を高めると同時に，集団としての職場のモラールを高揚することである。この点で，管理者は，有効なリーダーシップを発揮していかなければならない。

⑤ 部下の教育訓練

　部下が満足に職務を遂行しうるためには，職務に関する専門的な知識や技能をもつことが必要である。また，今日では，新しい仕事がどんどん発生し，仕事の仕方も変化している。この事態に即応するためには，ぜひとも教育が必要になる。教育訓練にはいろいろな方法があるが，部下の個人個人の能力と個性をいちばんよく知っている直属上司たる管理者こそ，最も適切な教育訓練の責任ある地位にあるといわなければならない。

⑥ 管理者自身の自己啓発

マンネリ化した方法と態度で管理職がつとまるはずはない。

管理者自身が勉強することが大切である。管理職のための教育・訓練もいろいろあるが，それらの機会を積極的に活用すると同時に，いちばん大切なことは，たえず自己啓発による勉強を怠らないことである。

そして，啓発された能力は，職場の仕事に反映させていく責任がある。その意味において，管理者の自己啓発を管理者の職務のひとつに加えたわけである。

（6） ミドル・マネジメントの変容——革新型管理者

さて管理者は，管理職制度の合理化に対応しつつ，管理者の自己変革を必要とする。そしてトップ・マネジメントに対してご無理ごもっともと動く忠犬ハチ公的イエス・マンでは役に立たない。管理者は管理能力を十分に発揮できる人材でなければならないし，組織参加者および組織の能力や活力を十分に発揮させていく組織の変革者でなければならない。

たとえば反復処理の仕事を対象とし，命令で動くという人間像を前提にした命令と服従を体系にする静態組織＝定常組織＝仕事を待ち受けている組織を，動態組織＝プロジェクト組織＝仕事を創造していく組織，すなわち，変化する仕事に取り組み，個人の意思や問題解決能力を注入できる組織に変革していくとすれば，管理者はどのような自己変革をしなければならないか。

この動態組織への変革が，もし課制の廃止という事態を発生させるとすれば，管理者はプロジェクト・チームのリーダーに変身しなければならないのかもしれない。とすると，部下に仕事をさせる監督者の立場から，専門技術の面にもすぐれていながらチーム運営をもリードできるプレイング・マネジャーに再生しなければならない。

旧来の課制の職場体系をとるとしても，職務分掌規定や職務権限規定や先例という杓子定規で職場を運営するのではなく，先見性と企画力を備えてどんな仕事が先行価値のある仕事かを見極めなければならない。また，部下が行う仕

事の目標や，達成する意義と役割を部下に理解させ，部下の提案や創造力をも吸収しながら目標中心の参画型の管理方式を展開することのできる管理者に成長しなければならないのである。

　安定社会で成長事業に取り組む管理者であれば，作ることに能力をあげ，売ることに能率をあげ，そのために部下の努力を結集させればよかったであろう。けれども，変化社会において事業転換のシステム方式で経営成果をあげるのには"経営センス"を基盤に行動しなければならない。それはトップ・マネジメントに要求されるだけではなく，部長にせよ，課長にせよ，係長にせよ，管理職位の上下を問わず管理者である以上，"経営センス"なしに今日の業務を処理することはできないのである。

　"大乗的見地からの判断"あるいは"経営センス"ということは，換言すれば「変化適応能力」といってもよい。「変化適応能力」とは「状況の変化を読みとる能力」であり，問題を設定し問題を解決していく「仕事の企画能力」である。こうした能力を勇気をもって発想していく管理者がイノベーター型ミドル（革新型管理者）なのである。スタビライザー型ミドル（安定型管理者）は，安定期において貢献しえたとしても，景気低迷期や経営環境激変下では期待できない。変化社会における企業の管理者は，スタビライザー型ミドルではなく，イノベーター型ミドルでなければならないのである。この革新型管理者を出現させるには，管理職位自体が固定化されるべきではなく，また身分化されるべきでもなく，能力者が任務に応じて役割を適性に分担する必要がある。

　そして管理者こそ，組織から与えられた仕事・役割だけを行うのではなく，仕事に対しては自ら企画や提案を行い，仕事と生活の調和（ワーク・ライフ・バランス）のとれた自立型人間であることが望まれる。

（7）　企画力で勝負のミドル・アップダウン

　管理者がイノベーター型ミドルであるためには，まず企画力をはぐくむことである。そこで，仕事の管理，なかでも「仕事の計画」とそれと同義語のように混同されがちな「仕事の企画」とを，区別しておく必要がある。

たとえば，今月の売上高を2倍にせよという業務達成目標が与えられたとしよう，そのさい，売上高を2倍にするならばセールスマンを2倍に増員したらどうか，ひとりの売上高を2倍に引き上げるように努力してもらったら，いやひとりの売上高は1倍半にして不足分の人員を補充したら，というような手順の設計は，計画ではあっても，そこには企画は存在しない。それは，すでに行われている方法の延長か，拡大か，組合せの変更程度にとどまるもので，量の変化はあっても質の変化がない。
　それに対して，売上高を2倍にするには，金利・手数料なしの割賦販売方式をとってみてはどうか，ポイントカードとか景品付販売を行ってはどうか，目玉商品を配して衝動買いを誘ってはどうか，というような仕事の内容や方法に質の変化をもたらす新しい着想やアイデアが生かされている場合，それが企画ということになる。
　計画の前に企画がなければならない。
　企画には，新しい着想やアイデアという創意力が生かされていなければならない。けれども企画は，アイデアと同一物ではない。アイデアは実現不可能な空想の産物であっても許されるが，企業の場における企画は，実現の可能性が予測されるものでなければならない。それだけに，企画力に富むということは創意力と先見性に富むということを意味する。
　日本のミドル・マネジメントは，そのことに気がついている。
　連続的イノベーションの鍵を握るミドル・マネジャーが活躍するマネジメント・システムはどんなタイプのマネジメント・システムであろうか。野中郁次郎他（1996）は，トップダウンでもボトムアップでもなく「ミドル・アップダウン」であるというのである。
　トップダウン・マネジメントは，基本的には古典的な階層組織モデルである。……ボトムアップ組織はフラットな水平型である。……ミドル・アップダウンでは，知識は，チームやタスクフォースを巻き込むスパイラル変換プロセスをつうじて創られる。このプロセスは，ミドル・マネジャーを知識マネジメントの中心，すなわち社内情報のタテとヨコの流れが交差する場所に位置づけ

第3章　組織の編成原理と組織構造　　79

るのである。

　「遅れている」「進歩がない」「変化に抵抗している」と侮蔑的な言葉を受けやすいミドル・マネジメントに連続イノベーションの期待が寄せられているのである。[2]

注　第3章　組織の編成原理と組織構造
1）　　泉田健雄（1960）『職務権限分析』日本経営実務協会，9-12頁。
2）　　野中郁次郎ほか（1996）『知識創造企業』東洋経済新報社，185-189頁。

参考文献
藤芳誠一（1975）『蛻変の経営』泉文堂
野中郁次郎（1996）『知識創造企業』東洋経済新報社
佐久間信夫ほか（2005）『現代の経営組織論』学文社
金井寿宏（1999）『経営組織』日経文庫
髙梨知弘（2009）『知の経営』白桃書房
森本三男（2006）『現代経営組織論』学文社
海老澤栄一（1992）『組織進化論』白桃書房

第4章 企業イノベーションの展開

1 イノベーションの概念

　イノベーション（innovation）は，日本では1956年度の『経済白書』で技術革新という訳語が用いられたが，今日では生産技術の革新に限定せず，経営技術の革新を含んで，いる。

　ちなみに，広辞苑（第六版）をみると，イノベーションとは「刷新，革新，新機軸の意」としてある。その上で，「生産技術の革新・新機軸だけでなく，新商品の導入，新市場・新資源の開拓，新しい経営組織の形成などを含む概念」[1]と説明している。

（1）　シュンペーターのイノベーション

　シュンペーター（Schmpeter, J. A.）（1926）は，生産物や生産方法や生産手段などの生産諸要素の新結合（new combination）によって，「新しい財貨の生産，新しい生産方法（新しい商品販売方法を含む），新しい販路の開拓，新しい産業組織の形成」を創造することがイノベーションである[2]と定義した。

　そして，この新結合を遂行してイノベーションを事業化する経済主体が企業家（シュンペーターの訳書では企業者という用語が使用されているが，本書では企業家という用語を使用する）であり，銀行家が投資資金を提供することによってこれを支援し，企業レベルのイノベーションから経済レベルのイノベーションに膨張拡大するのである。その際起る古い経済体制の抵抗障壁を打ち破るのは，企業家が企業家の力量と同時にあわせもつべきリーダーシップ（指導者精

図表 4-1　シュンペーターの理論構図

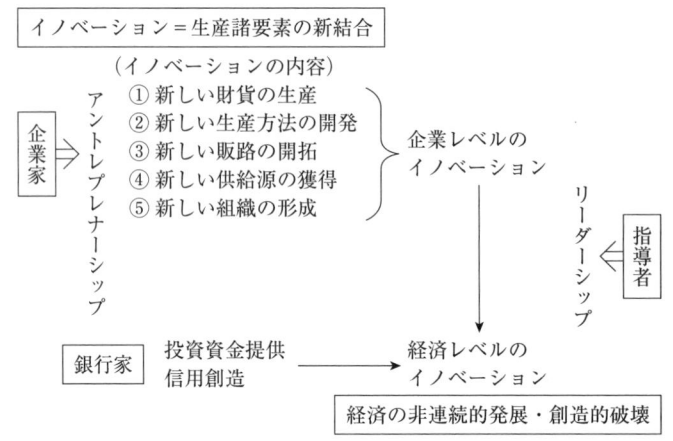

```
          ┌─ イノベーション＝生産諸要素の新結合 ─┐
          │      （イノベーションの内容）        │
          │   ① 新しい財貨の生産              ┐
     ア   │   ② 新しい生産方法の開発          │
┌──┐ ン   │   ③ 新しい販路の開拓          ├ 企業レベルの
│企 │→ト   │   ④ 新しい供給源の獲得          │ イノベーション
│業 │ レ   │   ⑤ 新しい組織の形成              ┘              ┌──┐
│家 │ プ                                                        │指 │
└──┘ レ                                          リ            │導 │
     ナ                                           ー ←─────────│者 │
     ー                                           ダ            └──┘
     シ                                           ー
     ッ                                           シ
     プ                                           ッ
                                                  プ
┌──┐   投資資金提供         経済レベルの
│銀行│ ─────────────→     イノベーション
│家 │   信用創造
└──┘                     ┌─────────────────────┐
                          │経済の非連続的発展・創造的破壊│
                          └─────────────────────┘
```

出所）藤芳明人（2008）『解説　企業経営学』学文社，58頁。

神）の発揮によって，実現できるというのである。これが創造的破壊（creative destruction）という変革である。

　ここで，シュンペーターのイノベーションの概念を，事例をあげてもっとわかりやすく，解説してみよう。これは今井賢一（2007）の日本経済新聞に連載された『シュンペーター「経済発展の理論」の解説』からの引用である。[3]

　シュンペーターが，創造的破壊の典型として想定したのは，イギリスの産業革命期における「鉄道」を機軸とする革新であるが，彼はそれを「馬車を何台つないでも汽車にはならない」という比喩で表現した。

　つまり，多数の貨車・客車を連結し，イノベーションといえるほどのものにするには，馬車を機関車のエンジンに代える「新結合」が必要だということであり，事実，ロバート・スチブンソンによって初めて遂行されたその「新結合」こそが，当時の産業革命の中軸だったのである（鉄道は長距離運送を短時間で正確に行うことによる新市場の創出というイノベーションとの合成）。

　同様に，現在のIT革命についても「コンピュータを何台つなげてみてもイノベーションにはならない」。それがイノベーションといえるほどのものにな

るのには，画期的な検索エンジンとの新結合が不可欠である。そして現在，グーグル「Google」を率いる2人が，その新結合を強力に推進し，21世紀型の創造的破壊の嵐を起しているのである。

（2）伊丹敬之のイノベーション

　伊丹敬之（2009）は『イノベーションを興す』という著書でシュンペーターとほぼ同様の切口でイノベーションをつぎのように定義している。

　イノベーションという言葉は，しばしば技術革新と訳されるが，しかし新技術開発だけではイノベーションにはならない。技術開発の結果として生まれる新しい製品やサービスが市場で実際に大きな規模で需要され，それが人々の生活を変えるところまで結実してこそ，本当のイノベーションである。イノベーションの基盤にはもちろん技術があるが，しかし技術の存在だけではイノベーションにはならない。人間の社会生活を大きく改変するような，人々の生活に直接かかわる製品やサービスが新しくなり，新しくなったものが人々に利用可能な形で提供されなければ，産業的・社会的成果としてイノベーションが具現化されたことにはならない。

　イノベーションとは，「技術革新の結果として新しい製品やサービスを作り出すことによって人間の社会生活を大きく改変すること」なのである。……

　鉄道に例をとれば，イギリスで世界最初の公共鉄道が生まれたときにも，たんに鉄路の上を蒸気機関を動力源とする馬車の発展型が走るという技術開発に成功しただけでは，イノベーションにはならなかった。機関車が走る線路を引く必要があり，駅を作る必要があった。そうした，社会インフラとでもいうべきものが整ってこそ，初めて人々の生活を変えるまでになるのである。[4]

　伊丹はこの本当のイノベーションを実現するには，3つの段階を積み重ねる必要があるとして，イノベーションの3段階プロセスをつぎのように示し，日本語ワープロ，CD，グーグルの3つのケースで，その3段階を実証分析した。[5]

伊丹のイノベーション3段階プロセス

| ① 筋のいい技術を育てる
| ② 市場への出口を作る
| ③ 社会を動かす

① 第1段階「筋のいい技術を育てる」――人々は技術そのものを欲しがるのではなく，自分たちが欲しい機能を満たしてくれる製品（サービス）を欲しがる。筋のいい技術が筋のいい機能を提供できるのであるから筋のいい技術を育てる段階がまず必要となる。

② 第2段階「市場への出口を作る」――その技術をベースに市場に提供される（サービス）を生み出さなければならない。このことが，その技術の市場への出口という段階である。

③ 第3段階「社会を動かす」――たんに市場でいくらかの需要を獲得できるというだけならば，それはイノベーションという「人々の生活を変える」ほどのインパクトにはならない。その製品やサービスが社会を動かさなければ，イノベーションにはならない。そして，社会を動かすのが人々の感動なのである。

（3）ドラッカーのイノベーション

　シュンペーターの提唱したイノベーション理論は，経営学の分野でも積極的に研究され始めた。第二次世界大戦の終結を期に，企業の主役が国営企業から民間企業に代わると，経営学研究において，イノベーションを「経済成長」の源泉としてではなく，「企業成長」の源泉としてとらえようとした。マクロ的視点ではなく，ミクロ的視点からイノベーションの解明を試みようとした。

　経営学研究の中で，イノベーションに注目した代表的研究者はドラッカー（Drucker, P. F.）である。ドラッカーは，企業成長の源泉として，企業家の機能に着目した。

　まず，事業の目的を定義する。「事業の目的は企業の外にある。企業が社会

図表4-2　ドラッカーのイノベーション

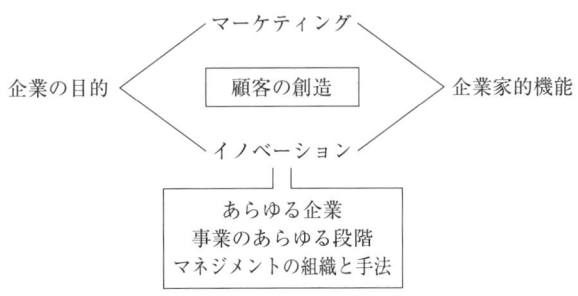

```
                    マーケティング
    企業の目的 ＜    顧客の創造    ＞ 企業家的機能
                    イノベーション
                         │
                    ┌────┴────┐
                    │あらゆる企業      │
                    │事業のあらゆる段階│
                    │マネジメントの組織と手法│
                    └──────────┘
```

出所）藤芳明人作

の一機関である以上，事業の目的は社会に求めなければならない。そして，事業の目的として有効な定義はただひとつである。それは，顧客を創造することである（事業の目的は利益の最大化ではない）。市場は，神や自然や経済的な力によって創造されるのではない。企業人によって創造される。

　企業の目的が顧客の創造であることから，企業には二つの基本的な機能が存在することになる。すなわちマーケティングとイノベーションである。この二つの機能こそ，まさに企業家的機能である。」[6]

　「マーケティングは企業に特有の機能である。財やサービスを市場で売ることが，企業を他のあらゆる人間組織から区別する。教会，軍，学校，国家のいずれも，そのようなことはしない。財やサービスのマーケティングを通して自らの目的を達成する組織は，すべての企業である。逆に，マーケティングが欠落した組織や，それが偶発的に行われるだけの組織は企業ではない。……

　しかし，マーケティングだけで企業は成立しない，静的な経済の中では，企業は存在しえない。企業人さえ存在しえない。企業は，発展する経済においてのみ存在しうる。少なくとも，変化が当然であり望ましいものとされる経済においてのみ存在しうる。企業とは，成長，拡大，変化のための機関である。[7]

　「したがって，第二の企業家的機能はイノベーションである。すなわち，より優れた，より経済的な財やサービスを創造することである。企業は，単に経済的な財やサービスを供給するだけでは十分でない。より優れたものを創造し

供給しなければならない。」[8)]

　このように，ドラッカーは企業家的機能としてのイノベーションを規定しているが，どんな企業もイノベーションを行うべきであって，イノベーションの範囲や種類については限定していない。

　たとえば，つぎのように述べている。

　「イノベーションは，価格の引き下げであってもよい。ちなみにこれは，経済学者が最も関心をもつイノベーションである。定量的な手法によって分析することのできる唯一のイノベーションが，価格だからである。もちろんイノベーションは，たとえ高くても新しく優れた製品の創造，あるいは新しい利便性や新しい欲求の創造であることもある。さらには，昔からの製品の新しい用途の開発であることもある。……

　イノベーションは，事業のあらゆる段階で行われる。設計，製品，マーケティングのイノベーションがある。価格や顧客サービスのイノベーションがある。マネジメントの組織や手法のイノベーションがある。企業家が新たなリスクを冒せるようにする新種の保険も，イノベーションである。……

　イノベーションはあらゆる企業において行われる。それは，生産や技術におけると同様，銀行や保険会社や小売店においても重要である。」[9)]

（4）　企業イノベーションの定義

　ここまで考察してきたように，イノベーションの定義については，シュンペーターやドラッカーの定義が一般的に認知されているが，本書では企業レベルでのイノベーションに焦点を合わせて，イノベーションをつぎのように定義したい。

　企業が，その企業にとってこれまでと異なる新しい製品やサービスを開発し，それを事業化することによって新しい顧客を創造するとき，それを製品系イノベーション（product innovation）と呼んでおく。この製品系にはいくつかの製品やサービスが集まって事業単位を形成している場合もある。製品系イノベーションには事業イノベーションも含まれる。極めて簡単にいえば「製品

（サービス）や事業の内容・なかみの取り替え」である。

　企業が，これまでと同じ製品やサービスであっても，それを生産したり販売したりするその方法や仕組みを，これまでのものと全く変わった「方法や仕組み」を考え出し作り出すことによって，極めて高能率の生産体制や販売体制を産み出し企業価値を高めるとき，それを方法系イノベーション（method innovation）と呼んでおく。極めて簡単にいえば「方法や仕組みの切り替え」である。

　ところで，この「方法や仕組みの切り替え」という方法系イノベーションには同じ製品を生産していても生産方法を変えるというイノベーションや同じ商品を販売していても販売方法を変えるというイノベーションもある。この生産方法や販売方法の切り替えは方法系のイノベーションではあるが，業務イノベーションであって，経営の仕方や管理の方法を変えるイノベーションとは異なる。「方法系イノベーション」では，この経営や管理面でのイノベーションが重要な地位を占める。そのことは同時に経営管理組織の編成も重要な地位を占めることになる。

　さて，これらのイノベーションを達成した企業は，企業間競争で必ずや優位に立つ。競争相手だった企業は市場から追い出されることになる。そのような状況に陥らないために，企業は生き残りをかけて，イノベーションを模倣する。これは，「創出イノベーション」の真似をした「模倣イノベーション」である。しかし，模倣した企業にとってみれば，それもイノベーションにほかならず，社会的にみてもそのイノベーションは社会に広く普及することになる。今日では国境も越える。したがって，創出イノベーションはもちろん，模倣イノベーションも企業イノベーションとして取り扱うことにする。

　これらのイノベーションは古いものを壊し，追い出し，新しいものを作り出すという，いわゆる創造的破壊の作用をもっており，また連続的に現れるものではなく，断続的なものであるといわれている。したがって，基本的にはカイゼン（改善）は，イノベーションとは違うと考えられている。

　確かに，シュンペーターが説くイノベーションは偶然的に断続的にしか起ら

ないであろう。しかし，企業成長の起爆剤としたい企業レベルのイノベーションにおいては，企業努力によって計画的に，連続性をもって産み出せるようにしたいという願望がある。

トヨタのカイゼンの積み重ねがフォード生産方式に対抗するトヨタ生産方式として，イノベーションに結実したことを思えば，空しい願望ではないと思われる。連続的であるか非連続的であるかは，ともかくとして，個々の企業にとって，少なくとも計画的にイノベーションを産み出すためには，改善を蓄積するように，イノベーションの源泉となる知識を生み出すことが必要である。それには，野中郁次郎がいう暗黙知を形式知化する組織的「知識創造」（野中・紺野は「ナレッジ・マネジメント」を提唱している）の方策を活用することも有効であろう。

なお，本書で使用している企業の自己変革という用語は変化させて改善する，あるいは変化したものに改善することであるから，ほぼイノベーションと同じと考えてよい。ただし，単なる改革とは異なる。

2 「摸倣型」イノベーションの実証

（1） 蛻変の経営哲学（企業の自己変革）

① 企業の蛻変

藤芳誠一（明治大学名誉教授・経営学博士）はかねて，帝人の大屋晋三元社長の訓示から「蛻変(ぜいへん)」という言葉を借りて，阿部實（帝人元副社長・経営学博士）との共同研究の成果を「蛻変の経営哲学」として説いてきた。

企業生存の歴史には，古い事業の仕方や形式から脱皮する時期があるものだ。その脱皮の時期が企業にとって路線転換をはかる1つの大きな節にあたる。それをうまくのり越えれば，飛躍と成長をもたらし，つまずけば停滞と転落をよぎなくされる。

ちょうど，蟬(せみ)が幼虫から成虫になるときにその古い皮殻を脱ぐ（これを"蛻変"と呼ぶ）ように，企業は幾度もこの"蛻変"を繰り返して，新しく生まれ

変わりつつ永遠の生命を維持・発展させていくのである。

　蟬という自然的生物は，"蛻変"を，与えられた環境条件のもとで本能的現象として行う。しかし，企業という社会的生物は，"蛻変"を，変化する環境の中で意識的に行わなければならない。

　企業を取り巻く環境は複雑にしてしかも変化が多い。技術革新，景気変動，価値観の変化，国際情勢や政治の変化，市場構造の変化など，いちいちあげたらきりがない。

　このように，複雑多岐にわたる環境を見極め整理する道具として設定されるのが，"戦略"の概念である。そして戦略を基礎にして企業の経営を考えたときに，"戦略の経営"が唱えられる。

　企業が特定の製品ないしサービス分野で，量産体制をとることによって，規模拡大の成長をはかることが可能であるときには，能率をあげるとか，生産性を向上するとか，コスト・ダウンをはかるとか，表現こそ違うが，「能率」という思考の枠の中で解決できる経営の武器で十分である。この経営方式を「能率の経営」と呼んでおこう。

　ところが，特定の事業分野での量産体制では，企業の存続・成長を約束できない事態が発生する。たとえば技術革新の結果，特定の製品，あるいはその事業分野が斜陽化するならば，その事業分野で，どんなに「能率の経営」の武器をもってしても，企業の成長をはかることは困難であるばかりか，存続することすら困難である。

　停滞ないし斜陽化する事業分野以外に脱出・進出をはからなければならない。そして，斜陽事業と成長事業のウェイトづけの転換，さらに，交替をはからなければならない。こうした事態を予測し，それに対処するには，「能率の経営」のカテゴリーを越えた経営を必要とする。それを「戦略の経営」と呼んでおこう。

② 「木の舟」か「泥の舟」か

　"カチカチ山"のおとぎばなしがある。野良仕事に精を出す爺をからかい捕

えられた"たぬき"が人のよい婆をだまして殺した。この話を耳にした"うさぎ"は「木の舟」と「泥の舟」を作り，"たぬき"を「泥の舟」に乗せて，復しゅうしたという話である。「泥の舟」にコンピュータを積みこんで「木の舟」と競争してみても，勝敗は決まっている。「木の舟」か「泥の舟」かを選別することが先決である。

「泥の舟」に乗って能率をあげても効果はない。「泥の舟」だと気がつけば「木の舟」に乗り換えなければならない。そして，そこで，能率をあげることによってより効率があがる。

比較的変化の少ない社会，そこでの企業経営は「泥の舟」か「木の舟」かという事業分野の選別をしなくても，「能率の経営」で存続することができた。しかし，激しい変化社会では，いつ，「木の舟」が「泥の舟」に変わるかわからない。

蛻変の経営哲学思考は，「木の舟」か「泥の舟」かを選別し，環境変化に適応する「戦略の経営」を必要とすることを教えてくれるのである。[10]

（2） 帝人の事例

戦前，繊維業界で王座の地位を占めていた帝人（当時，帝国人絹）は，戦後，東レ（当時東洋レーヨン）にその座を奪われた。老大国化した帝人は，一時は崩壊の寸前にさえあった。それはなぜか。

戦前，日本で最初に開発した"人造絹糸"を，帝人は戦後になっても夢の繊維と思いこんでいた。確かに，長い間繊維製品の欠乏にあえいでいた日本の大衆は戦後しばらくして作りだされた化学繊維にワンサととびついた。繊維ブームをまき起こした。しかし賢明な東レは，この時期に化繊でもうけはしたが，ふたたび化繊でブームが再来するとは考えなかった。ナイロンを中心にする合成繊維の時代に転換すると予測した。しかも，朝鮮動乱をさかいに日米関係が占領支配から協力体制に変わるとなると，その時期の到来は早いと読んだ。1951（昭和26）年，自社でナイロンの原料を開発ずみであったにもかかわらず，デュポンからナイロン技術を買って，1953（昭和28）年には生産を開始し

た。

　これが帝人と格差をつけた東レの決断である。すなわち，東レは，ナイロンの独自の開発と工業化にあと一歩であった。しかし，デュポンとの開きは大きかった。当時，国際市場の動向はレーヨンの時代が過ぎ，ナイロン時代の到来を告げていた。このとき（1951年）田代会長は自社の資本金を3億円も上回る10億円の特許料を支払って技術提携に踏み切った。今日，東レが繊維業界の第一人者たる基礎を築いたのは，まさにこの決断があったからこそである。

　帝人が，人絹にしがみついても，合成繊維と勝負にならないと悟ったのが遅かった。政界から復帰した大屋社長は，帝人再建のために，遅まきながら，東レの真似をして英国ICIからテトロンの技術を買い，合繊会社への転換を決意した。それが1956（昭和31）年である，1958年から生産が開始された。

　この1958年の時点で，東レと帝人を比較すると，東レはナイロンの売上高400億円，レーヨンとテトロンその他で200億円，計600億円であるのに対して，帝人はテトロンをほんのわずか含めて人絹で200億円という状況であった。しかし，1961年には，合繊の比重が80％を超え，化繊会社から脱出することができた。こうして帝人は復活したが，事業転換の"蛻変"につまずいてたいへん苦労したわけである。

　それから約10年，考える重役制度やアイデアセンターの設置，企画室の解体改造，課制の廃止，未来事業部門の新設（阿部實氏は初代部門長をつとめた）など，組織そのものの革新的変革をはかりつつ，繊維事業のほかに石油化学事業と住宅関連および海洋開発さらに医療関係の事業分野で企業を伸ばし企業を支える戦略を展開して今日に至っているのである。[11]

３ 「創出型」イノベーションの実証

（1）　マネジメント（経営管理）イノベーション

　ゲーリー・ハメル（Gary Hamel）は，経営管理を作り直すという課題すなわち経営管理イノベーション（management innovation）になぜ取り組むべきかと

いうと,経営管理イノベーションは,競争優位の劇的かつ長期的な変化を生み出す力が,他のイノベーションよりはるかに大きいからであるとして,つぎのように経営管理イノベーションを定義して,説明している。[12]

① 経営管理イノベーションの定義
　経営管理イノベーションとは,経営管理の仕事を遂行する手法や従来の組織の形を大幅に変え,なおかつ,そうすることによって組織の目的を推進するあらゆるものをいう。簡単にいうと,経営管理イノベーションは,経営管理者の仕事のやり方を組織の業績を高めるようなかたちで変化させるのである。

② 経営管理の仕事――ファヨール以来一世紀にわたって蓄積されてきた経営管理理論(経営管理者の仕事とは何か。経営管理の仕事を構成する要素とは何か)をまとめて,経営管理の仕事の構成要素を分類する。
・目標を設定し,そこに到達するための計画を立てる。
・動機づけをし,努力の方向を一致させる。
・活動を調整・統制する。(原文は controlling なので,管理する→統制するに修正)
・人材を開発・任命する。
・知識を蓄積・応用する。
・資源を蓄積・配分する。
・関係を構築・育成する。
・利害関係者の要求を,うまくバランスをとりながら満たす。
　これらの仕事は,人間の目的を達成する上で――火星探査船の打ち上げであれ,中学校の運営であれ,ハリウッドの超大作映画の制作であれ,教会のバザーの運営であれ――欠かせないものである。

③ 経営管理の仕事のイノベーション――これらの経営管理の仕事が遂行される方法を劇的に変化させるものは,何であれ,経営管理イノベーションと

呼ぶことができる。

　さらに，経営管理イノベーションは，組織の構造や役割を価値創造的に変革することも包摂している。企業というものは，事業部，部，作業グループ，実践コミュニティ，さらにはサプライヤーやパートナーや主要顧客との協力関係などで構成されている。これらの主体を結びつける新しい方法は，経営管理イノベーションと呼ぶことができる。

　企業の経営管理プロセス——企業の「業務イノベーション」が企業のビジネス・プロセス（調達，製造，宣伝，注文履行，カスタマー・サービス等）に焦点を当てるのに対し，経営管理イノベーションは企業の経営管理プロセス——経営管理の仕事が日々どのように実行されるかを決定づける決まりや手順——を対象とする。典型的なプロセスはつぎの通り。

・戦略的プランニング
・予算配分
・プロジェクト・マネジメント
・採用・昇進
・訓練・能力開発
・社内コミュニケーション
・知識マネジメント
・定期的な事業評価
・社員の評価と報酬決定

　これらのプロセスは，社員の評価や予算要求の審査など，社内共通の経営管理業務の標準的な実施要領を規定する。成功した技法を幅広く応用できるツールやメソッドに変換することによって，ベストプラクティスを広める。また，特定の行動を後押しし，他の行動を抑制することによって，経営管理上の価値観を形づくる。簡単にいうと，経営管理プロセスは，経営管理の原則を日々の実践に変換する「ギア」なのである。

（2） ホールフーズの事例

　アメリカの大手スーパーマーケットは50年以上にわたり，基本的には全く同じやり方で競争してきた。加工食品を売り場に積み上げ，値引きプロモーションとクーポンや愛用者カードによる小額の払い戻し契約で顧客を誘い込み，サプライヤーに全国的なテレビ広告で需要をかき立ててもらい，競合チェーンを呑み込んで成長するというやり方だ。その使い古された戦略は，今では賞味期限をとうに過ぎている。……

　ホールフーズの店舗は，採算割れ覚悟の目玉商品で客を呼び込むプロモーション主体のビジネスモデルで競争している保守的なライバルとは異なり，とびきり新鮮で環境に優しい製品を割増価格で販売している。にもかかわらず，ホールフーズは，流行に敏感な人や健康志向の人に広く好まれる食料品店――スターバックスのスーパーマーケット版――になっている。[13]

　今日（2007年），ホールフーズは194店舗を構え，年間60億ドル近い売上をあげている。1平方フィート当たりの利益でいうと，アメリカで最も利益をあげている食品小売企業でもある。

　ホールフーズでは，組織の基本単位は店舗ではなくチームである。権限を付与された小規模な作業グループが，小売業界ではまず前例がないほど大きな自治権を与えられている。各店舗はだいたい8つのチームで構成され，これらのチームが鮮魚から青果やレジまでの部を監督している。新人社員はすべて，チームに暫定的に配属される。4週間の試用期間が終った時点で，チームメートがその新人の運命を投票で決定する。新人がそのチームでフルタイム社員として働くためには，3分の2以上の票を獲得する必要がある。同僚による選定というこの仕組みは，本社のITチームや財務チームなど，ホールフーズ本社のチームに入ることを望んでいる者も含めて，すべての新人社員に適用される。ホールフーズは，誰を採用するかというような重要な決定は，その決定の結果に最も直接的な影響を受ける人々によって下されるべきだと考えているのである。

　この大胆な分権化の精神は，ホールフーズの経営管理モデルのあらゆる構成

要素に表れている。小規模なチームが，価格設定，発注，人員配置，店舗内の昇進など，業務上のすべての重要な決定に責任を負っている。……

　本質的には，それぞれのチームが利益センターのようなもので，チームの業績は労働生産性によって測定される。社員は大きな権限を与えられている一方で，大きな説明責任も負わされている。ホールフーズは4週間ごとに，すべての店舗のすべてのチームの作業時間当たり利益を算出しており，一定の基準を超えたチームは次の給料日にボーナスを与えられる。どのチームも，同じ店舗の他のすべてのチームの業績データと，他の店舗の似通ったチームの業績データを入手することができる。どのチームもビリにはなりたくないので，それが頑張ろうというモチベーションを高めている。

　しかし，社員にこれほど大きな権限をもたせるためには，経営陣が社員に対して，彼らは会社にとって正しいことを行うという信頼を抱いていることが必要だ。また，社員のほうは，経営陣に対して，彼らはわれわれにわれわれ自身の生産性の恵みを分配してくれるという信頼を抱いていなければ，長期にわたってモチベーションを維持することはできない。[14]

　ホールフーズは従業員を階層組織にしばりつけるのではなく，コミュニティのように感じられる会社を築くためさまざまな努力がなされているが，3万人を超える社員をコミュニティに結びつけている究極の要素は，共通の目的——世界の食品の工業化の流れを反転させ，人びとによりよい食べ物を提供するという目的——である。

　この共通の目的は同社の上級幹部が語るように「われわれはブランドの育成云々というようなことは考えない。それはMBA流の考えだ。ホールフーズの本質は使命を果たすことなのだ」

　その共通の使命感は，世界の農業のあり方や食のあり方を変えたいという思いから生まれている。それは，ホールフーズのスローガン「ホールフーズ（食べ物全体），ホールピープル（人類全体），ホールプラネット（地球全体）」に要約されている。[15]

4 イノベーションを管理する

（1）企業ライフ・サイクルとイノベーション

シュンペーターがとなえた社会変動まで起こす本物のイノベーションを考えるのではなく，ドラッカーが考えるような企業レベルのイノベーションを想定するならば，計画的にイノベーションを発生させ，イノベーションを管理するということもあながち不可能なことではないかもしれない。

しかし，それには何よりもまず第1に企業のライフ・サイクルに対応して，いかなるイノベーションを必要とするかを予知しておくことが求められる。

第2にイノベーションを生起させ，イノベーションを遂行する主体すなわち革新主体＝イノベーター（innovator）を育てておかなければならない。それと同時にトップ・マネジメントがイノベーションを忘れた「管理者型経営者」に埋没しているとするならば，速やかに「企業家型経営者」に転身してもらわなければならない。

第3にイノベーションをマネージ（管理）するには，どのような能力が必要であるか，そしてその能力を使う手法を用意しておかなければならない。

① 企業ライフ・サイクルに対応した異なるイノベーション

企業に存在する事業のライフ・サイクルに対応して，その都度求められるイノベーションが異なることはミラーとフリーセン（Miller, D. ＝ Friesen, P. H., 1984）の研究にその一端をみることができる。

ミラーとフリーセンは企業のライフ・サイクルを創業期，成長期，成熟期，再生期，衰退期の5つのステージに分類し，各段階において求められるイノベーションの違いを示唆している。それによれば，

　　創業期：創業10年未満で，公式組織を有し，所有経営者によって支配されている段階。製造ならびにサービス部門における大規模かつ多数のイノベーションが発生。

成長期：売上高成長率が15％以上で，機能別組織を採用し，比較的早い段階での経営理念の確立をみる段階。
製造過程でのイノベーションが増加。

成熟期：売上高利益率が15％以下で，官僚制組織を採用する傾向にある段階。
イノベーションの発生比率が低下。

再生期：売上高利益率が15％以上で，生産ラインの多角化，事業部制組織の採用，複雑な管理・計画システムを採用する段階。
製造過程における大小規模のイノベーションが他のどの時期よりも多く発生。

衰退期：製品需要が消滅し，プロダクト・イノベーションの実現率が低迷し，撤退を余儀なくされる段階。
イノベーションを控え，経営資源の保存を行う傾向。

吉村孝司 (1986) は「コーポレート・イノベーション・ポートフォリオ・マネジメント・モデル」として，企業のライフ・サイクルとの対応において必要とされるイノベーションの違いを分析している[16]。しかし，その分析においては，4つのライフ・サイクルに対応した4種のイノベーションの存在を示唆している。そこで，それを土台にミラーとフリーセンのライフサイクル5段階に対応する5種類のイノベーションを提示する検討および修正作業を加えて，次頁の図表4-3に示した。特に企業ライフ・サイクルの中で，再生期および衰退期に関してはいわゆるマネジメントにおけるイノベーションの遂行を求められるが，この時期の革新主体として企業家精神に裏打ちされた企業家の存在が不可欠とされる。また再生期においては，最近の企業再建事例にもみられるような外部の人的資源の活用もその一策といえる。しかし，その場合も企業家精神に裏打ちされた企業家ないし企業家的経営者が望まれる。

② 企業家型経営者とイノベーションの管理能力

事業が成長し企業が安定してくると，経営者は量産や量販そして生産性や能

図表4-3 コーポレート・イノベーション・ポートフォリオ・マネジメント・モデルにおけるポイント

イノベーションの種類	コーポレート・ライフサイクル上でのポイント	マネジメント上でのポイント
プロダクト・イノベーション（Ⅰ） 〔製品・事業〕 創業・新規事業開発イノベーション	企業の創業期にあたり，当該企業を成長させるためのプロダクト・イノベーションが必要とされる。	企業家精神に富む企業家によるリーダーシップの発揮と牽引が鍵とされる。
プロセス・イノベーション 〔生産行程・販売行程〕 量産・最販業務イノベーション	企業の成長期にあたり，プロダクト・イノベーション（Ⅰ）該当製品の効率的な生産およびマーケティングの展開に重点がおかれる。	管理者精神に富む管理者による効率的な生産およびマーケティングの遂行を可能とするマネジメント能力が必要とされる。
プロダクト・イノベーション（Ⅱ） 〔主力転換・事業開発イノベーション〕	企業の成熟期にあたり，さらなる連続的な企業成長のための第2のプロダクト・イノベーションが必要とされる。	経営環境の的確な分析を通して新たな事業分野などの探索を可能とするリーダーシップとマネジメント能力が必要とされる。管理者型経営者から企業型経営者への転身が必要。
マネジメント・イノベーション（Ⅰ） 〔管理の手法とシステム変革イノベーション〕	企業の再生期にあたり，衰退傾向にある経営基盤の再生・再建のためのマネジメントに関するイノベーションが必要とされる。	衰退傾向にある当該企業をその基盤から再生させるに足るマネジメント能力を期待しうる企業家精神に富む企業家の再度の出現が鍵とされ，必要に応じて要件を満たす当該人的資源の外部からの調達も必要とされる。
マネジメント・イノベーション（Ⅱ） 〔企業構造変革戦略イノベーション〕	企業の衰退期にあたり，経営基盤の根本的な革新を図ることが不可欠とされる。いわゆる起死回生としての戦略イノベーションと位置づけられる。また場合によっては，保有する経営資源の清算による戦略的な撤退も選択肢の1つとされる。	この段階においては，企業家精神に裏打ちされた企業家の存在と，その強力なリーダーシップおよび卓越したマネジメント能力の発揮が求められる。

出所）吉村孝司（1995）『企業マネジメント・イノベーション』中央経済社，108頁を修正。

図表4-4　企業家的経営者と管理者的経営者の比較

(企業家と管理者の役割)

	企業家	管理者
適応対象	環境への適応	組織への適応
適応方式	先行的適応	事後的適応
環境変化	非連続的	連続的
役割	戦略	管理
決定対象	目的	手段
成果尺度	有効性	効率性
目標の重点	成長, 革新	安定性, 収益性
決定領域	新規事業への参入, 既存事業からの撤退, 大規模な技術革新, 設備投資	生産性向上, 生産技術改善, 原価低減
危険負担	個人的	組織的
必要分野	成長産業, 衰退産業	成熟産業, 安定産業
業界環境	不安定	安定
	(企業家的経営者)	(管理者的経営者)

出所) 吉森賢 (1989)『企業家精神衰退の研究』東洋経済新報社, 18頁。

率に着目した経営に安住し「管理者型経営者」になってしまう。すると, 生産性と能率だけでは企業が生きていけない事態が起こる。イノベーターが必要になる。経営者は「管理者型経営者」ではなく「企業家型経営者」に転身してもらわなければならないのである。

では, この「管理者型経営者」と「企業家型経営者」とは, どう違うのか, 吉森賢 (1989) が両経営者を比較・検討しているので, その研究を図表4-4として示しておく。

さらに, イノベーションをマネージ (管理) する際に必要な具体的能力については, 後藤・鈴木監訳『イノベーションの経営学』(2004) の中で示されているものを図表4-5で紹介しておくことにする。また, 表題は「イノベーションをマネージする際の中核的能力」から「イノベーションをマネージする際に必要な基本的能力」へ, 「ルーティン」は「基本的手続」に変更した。

図表 4-5　イノベーションをマネージする際に必要な基本的能力

基本的能力	その能力を活用するための基本的手続
認識能力	変化のプロセスを開始するきっかけとなる環境，経済状況を探索する。
調整能力	全体的なビジネス戦略と提案された改革との適合性をよく吟味する。それが流行っているから，あるいは競争相手も同じことをやっているからという条件反射だけでは，改革に取り組んだりしない。
獲得能力	自社の技術基盤の限界を知り，社外にある知識や情報，設備などのリソースを利用する。社外にあるさまざまなリソースを利用して自社へ技術を取り込み，その技術とそれにふさわしい組織内の個所を結びつける。
創出能力	研究開発や組織内の技術者集団を使って，社内で技術の新しい側面を創出する能力を養う。
選択能力	環境変化に対応するために，企業戦略や社内リソース，外部との技術ネットワークに適した対処法を探索し選択する。
執行能力	当初のアイディアから最終的な市場投入まで，新規製品や新規製造プロセスの開発プロジェクトをマネージする。これらのプロジェクトをモニタリングし，管理する。
実行能力	組織がイノベーションを受け入れ効果的に利用するように，組織内における技術や他の要素の変革をマネージしていく。
学習能力	イノベーション・プロセスを評価し，熟考し，マネジメントの基本的手続を改善するために必要な教訓を見つけ出す能力をもつ。
組織開発能力	有効な基本的手続を組織内の構造やプロセス，基底にある行動様式などの，適切な場所に埋め込む。

出所）Joe Tidd, ed., (2001) 後藤晃・鈴木潤監訳 (2004)『イノベーションの経営学』NTT出版, 61頁。

（2）戦略のイノベーション

① 事業ドメイン戦略（物理的定義から機能的定義へ）

　企業の事業ドメインを物理的に定義するよりも，機能的に定義する方が，事業活動の展開の上から有効であるという考え方。すなわち，ドメインを物理的に定義すると，事業活動の展開がせまくなり，現在の事業が衰退している場合，その事業領域を超える発想が生まれにくいという考え方。すなわち，ドメインを機能的に定義すると，事業領域が拡がりやすいという考え方である。

　ドメインの定義に関する事例として，よく紹介されるのが，栄華を誇ったア

図表 4-6　ドメインの物理的定義と機能的定義

企業名	製品による事業定義	機能による事業定義
レブロン	化粧品の製造	希望を売る
ミズーリ・パシフィック鉄道	鉄道の運営	人と物資を運ぶ
ゼロックス	コピー機器の製造	オフィスの生産性向上
インターナショナル・ミネラル&ケミカルズ	肥料の販売	農業の生産性向上
スタンダード石油	ガソリンの販売	エネルギーの供給
コロンビア映画	映画の制作	エンターテイメントの企業化
ブリタニカ	百科事典の販売	情報の生産及び流通業務
キャリアー	冷暖房装置の製造	家庭に快適さを供給

出所）三菱総合研究所「ドメイン・アイデンティティ」ダイヤモンド社，53 頁。
　　　三根誠（1999）『経営管理入門』泉文堂，100 頁。

メリカの鉄道会社が斜陽化した事例である。アメリカの鉄道会社は自らの事業を鉄道事業であると物理的定義でとらえていたために，その後の輸送需要の増大に対応できず，航空機，船舶，トラック，乗用車などの各輸送事業に顧客を奪われ衰退していった。もし，鉄道会社が営む鉄道事業を，輸送は鉄道であると固定化して（物理的に）考えるのではなく，鉄道は輸送の一形態であると流動化して（機能的に）考えることができていたならば，鉄道事業で終ることなく，次世代の輸送事業に転身することができたであろう。

　もう 1 つ，セブンイレブンの事例で検証してみよう。

　コンビニエンス・ストアのセブンイレブンは環境創造のイノベーションに成功し，急成長した企業である。コンビニエンス・ストアの事業形態は，本来的な業務で判断すれば小売業である。しかし，「セブンイレブンは，自社の事業形態を小売業と物理的に定義することなく，生活支援業と機能的に定義し，小売業とは一線を画するコンビニエンス業という新しい業態を創出した。年中無休・24 時間営業，銀行・郵便局・宅急便などの代行業務，ATM などの生活支援業務を積極的に推し進め，小売業からのイノベーションを実現した。その結

果，現在，コンビニエンス・ストアは，人々の生活に欠かせない事業となっており，新たな生活環境を創造・提供している。」[17]

② 「多角化」戦略と「選択と集中」戦略

　企業が営む事業にも，製品にライフ・サイクルがあるのと同様に拡大期があれば衰退期もある。イノベーション競争そして市場変化の激しい時代，既存の事業だけに依存して生きていくことはむつかしい。

　1970年代になると，事業の多角化は重要な経営戦略の1つとなった。わが国でも，多角化戦略が脚光をあび，土地神話にのった不動産，リゾート，ゴルフ場建設などへの多角化投資がブームを呼んだ。ところが土地ブームが終えんし，これに関連した企業は大きな後遺症をかかえこんだ。

　1990年代半ば以降になると，「多角化戦略」とはその対極にあるコア・コンピタンス戦略が浮かび上ってきた。コア・コンピタンスとは「核となる競争力」ということで，優位性を発揮できる事業を「選択」し，これに経営資源を「集中」し他の事業からは撤退するという作戦である。わが国では，このコア・コンピタンス戦略は「選択と集中戦略」と呼ばれている。

　ところで名経営者として賞賛を集めたGE社のジャック・ウェルチ（Welch, J.）がナンバーワン，ナンバーツー戦略を打ち出した。

　それは，GEが世界最強の企業になるためには，GEがもつすべての事業がそれぞれの市場で第1位か2位にならなければならないというものである。そうでない事業は売却か閉鎖させてしまうのである。これは，まさしく「選択と集中戦略」の好事例である。

　けれどもここで注意しておかなければならないことがある。それは日本で行れている「選択と集中戦略」は不採算の周辺事業から撤退し，本業に集中するという多角化戦略を否定した本業回帰のリストラ戦略になっているのではないかという点である。これでは単なる事業縮小にすぎない。

　「選択と集中戦略」は決して「多角化戦略」を否定しているわけではないし，またそうあってはならないのである。なぜならば「選択と集中戦略」は内部志

図表 4-7　事業転換の構造

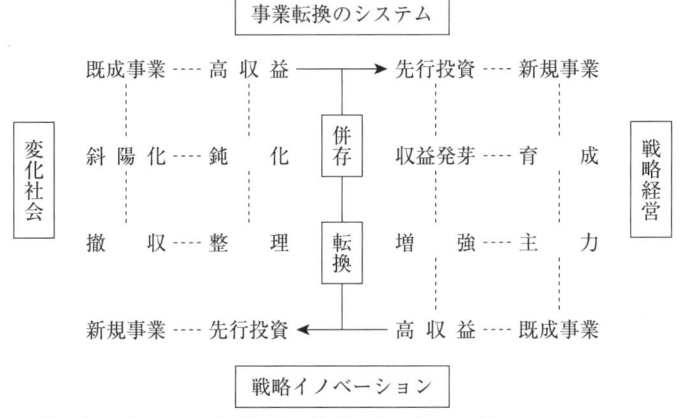

```
              事業転換のシステム
                    │
  既成事業 ─── 高 収 益 ──→ 先行投資 ─── 新規事業
                    │併│
変          斜陽化 ─── 鈍 化     収益発芽 ─── 育  成       戦
化                  │存│                              略
社          撤  収 ─── 整 理     増  強 ─── 主  力        経
会                  │転│                              営
                    │換│
  新規事業 ─── 先行投資 ←── 高 収 益 ─── 既成事業
                    │
              戦略イノベーション
```

出所）藤芳誠一（1975）『蛻変の経営』泉文堂，14頁。

向，「多角化戦略」は外部志向と位置づけられ，ベクトルは反対であるけども経営戦略という枠組で考えれば，両者は補完的な存在といえよう。すなわち，どちらか一方だけでは経営戦略としては不十分であり，両方の戦略が存在するからこそ，それぞれの戦略が生きるのである。

したがって「事業多角化」戦略は事業転換のシステムとして結実する。事業転換のシステムの基本構造を図式化して説明しておく。[18]

まず企業と事業を区別する。企業と事業を区別できない企業，すなわち企業＝事業の企業は事業と製品分野を区別する。環境の変化に対応し企業規模の拡大，企業の成長に対応して，事業が多角化し製品分野が多様化する。環境の変化は事業や製品分野に成長と斜陽の転換を迫まる。そこで，多角化した事業，多様化した製品の中で主力の転換をはかる必要が生まれる。

図表4-7は前述の関係を，既成事業の効率運営で高収益をあげ，その事業が斜陽化するに及んでは，巧みにその事業から撤収する。その間に，斜陽事業に代わって高収益を約束する新規事業を用意していくというかたちで進行する事業転換のシステムを図式化したものである。この図の事業という文字を製品と書き換えれば製品転換のシステムを表示することになる。

このように，既成事業（既成製品）と新規事業（新規製品）との併存，そして転換という事業システムを可能にする経営組織構造こそ，変化社会に生きる企業のダイナミックな組織であろう。

　ドナルド・ショーン（Schon, D. A.）は従来のピラミッド型の組織構造に変わる新しい動態的組織構造の例として，3M社（ミネソタ・マイニング・アンド・マニュファクチュアリング）の星状型組織をあげているが（松井他訳『技術と変化』），これは，この事業転換のシステムと全く同じ考え方のものである。[19]

③ 競争戦略から共生戦略

　これまでの企業の戦略は企業の競争優位性を競う競争戦略が中心であった。ところが1990年代後半から，複数の企業間において連携活動がとられるようになった。その始まりは，企業はそれぞれ有限の経営資源の中で事業を展開しているので，効率性や経済性を追求しながら企業の競争力を維持したいと考えたことにある。そこで，お互いに保有する経営資源を複数の企業間で補完しあい連携活動を行ういわゆるアライアンス（alliance）戦略を生み出すことになったのである。

　このアライアンス活動は組織間コラボレーションとして，単に企業間だけの協働関係にとどまることなく，最近では，企業が，消費者，NPO，行政，大学など，さまざまなステイクホルダーとの間に新しい関係を創造することで，社会的価値を生み出し，場合によっては社会システムの変革にまでつながっていくケースも現れている。

　佐々木利廣（2009）は『組織間コラボレーション』において，上記に関するさまざまなケースを紹介している。そしてシュレーグ（Schrage）の言葉を引用しながら，つぎのように述べている。

　環境はますます複雑化しつつある。この複雑化の波を乗り越えるために，組織はますます専門家を雇い入れ，専門分化が進む。そのなかで，革新的な解決や成果を創造するためには，異なる技能をもった人々がコラボレーションによって取り組むことが必要である。コラボレーションはチームワークやコミュニ

ケーションの伝統的な構造では到達できない価値創造のプロセスである。つまり，コラボレーションは「共有された創造のプロセスであり，相補う技能の成果」であると意義づけている。[20]

　ところで今日はイノベーション競争の時代であるといってもよい。1つの企業でイノベーションを興す企業力をもっていないからといってイノベーションに背を向けて企業は生きていけない。中小企業であっても，組織間コラボレーションでイノベーションを興し「共生・共存」の道を探索すべきであろう。

　この問題に極めて適切な提言をされている法政大学学事顧問清成忠男氏の論説の一部を掲載する。[21]

　「政府が昨年末策定した新成長戦略では，環境・エネルギー（グリーン）と健康（ライフ）をテコにしたイノベーション戦略が提起された。イノベーションが重視された点は評価すべきだが，それを誰が担うのかという視点が欠落している。イノベーションの主体は『草の根』であるはずで，したがって主要な担い手は，中堅・ベンチャー・中小企業ということになる。わが国には，水準の高いこうした企業が数多く存在している。

　この場合，イノベーションは『新しい社会的・経済的価値の創造』であり，技術革新に限定されない。問題解決の課題は多様に存在しており，身近な需要の開拓は十分に可能である。そして，『草の根』の問題解決であるから，地域再生につながる。……

　そこで，従来のような企業内で完結するクローズドイノベーションに代わって，多くの企業の連鎖・協力によるオープンイノベーションの優位性が明確になっている。企業の業種横断的な連鎖でイノベーションを進め，新産業創出を目指すべきだろう。……

　図に示すように，クラスター（産業集積地）内部で各企業はネットワークを形成している。その中には，大別して，ハブ企業，加工企業，企業支援サービス企業，さらには大学や研究機関などが存在する。組織を超えてそれらの異質な人材が交流し，互いが刺激されて知的な摩擦が生じ，新しい知識が創造される。

図表 4-8　クラスター内の組織間関係

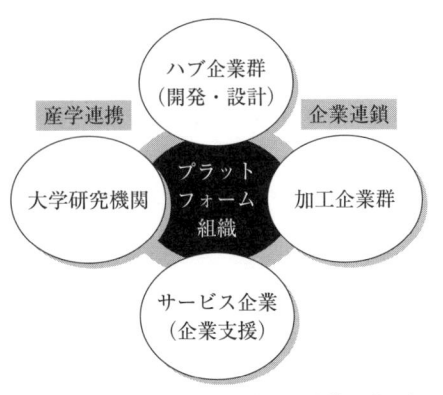

（図：中央に「プラットフォーム組織」、上に「ハブ企業群（開発・設計）」、右に「加工企業群」（企業連鎖）、下に「サービス企業（企業支援）」、左に「大学研究機関」（産学連携））

出所）清成忠男（2010）「経済教室―成長戦略と企業㊤―草の根イノベーション」
『日本経済新聞』2010年1月13日。

　中でも重要な役割を有するのがハブ企業だ。ハブ企業とは，製品や基幹部品の開発・設計能力を有する中堅・ベンチャー企業である。……
　また，クラスターの内部では，各組織をつなぐプラットフォーム組織の構築が極めて重要である。企業間の調整・連携にあたる人材が必要であるし，クラスターのマネジメントも重要である。企業連鎖が円滑に進むためには，企業相互の信頼関係が不可欠であり，クラスター運営のガバナンスも重要である。」

④ イノベーション・ブロック

　企業経営において，イノベーションが必要なことは周知の事実であり，多くの企業がイノベーションに取り組んでいる。しかし，容易にイノベーションの成果を獲得することはむつかしい。それは，企業内にイノベーション・ブロック（イノベーション阻害要因）が存在しているからである。近藤修司（1985）は調査研究の結果，イノベーションを阻害する要因として，以下の事項をあげている。[22]

　・過去の業績の成功による自己満足。
　・高度成長期や転換期の慣習にとらわれすぎ。

・現状組織における身分・地位の過保護。
・通信から組織運用についても外的変化に対して反応が遅れる。
・減量経営の経験の反動から、リスクを避け、変革に対し抵抗する。
・自分から仕掛けず、競争相手の動きを待つ消極策をとる。
・先端技術を導入する能力が欠如。
・市場の嗜好・需要変化への対応ができない。
・自分の地位を脅かす、若手や二番手つぶしにはしる。
・当面の担当製品の収益に依存し、将来の事業の芽を無視。
・導入技術主体で自主開発に対する対応がない。

また、岸川善光（2009）は、近藤修司（1985）が指摘した阻害要因を整理し、第1. 事業評価基準の古さ、第2. 過去の慣習へのとらわれ、第3. 組織の高齢化、第4. 革新に対する反応のにぶさ、第5. 部門間調整の困難さ、の5つに分類している。[23]

ここで、岸川善光（2004）が行った分類をもとに、イノベーションを阻害する要因について検討してみよう。

第1の要因は、事業評価基準の古さである。事業を評価する基準は、さまざま存在する。従来の事業評価基準でいえば、収益面においては売上を重視し、短期収益志向であった。生産面においては、積極的に設備投資を行い、技術力を重視するものであった。しかし、現在は長期収益を志向し、技術力よりもビジネスシステムを評価する傾向にある。このような事業評価基準の変化に適応できない場合、新たなイノベーションは阻害される場合がある。

第2の要因は、過去の慣習へのとらわれである。企業には、企業文化や経営スタイルが存在する。これらの慣習が成功していればいるほど、過去の慣習に固執しがちである。しかし、時代は変化するものであり、過去の慣習が成功要因であり続けるわけではない。1980年代の日本企業躍進を支えた日本的経営から脱却できずに苦しんでいる企業が多数存在しているように、過去の慣習へのとらわれは、イノベーションの阻害要因になる。なお、過去の慣習のとらわれというイノベーション・ブロックは、クリステンセン（Christensen, C. M.

図表4-9 イノベーションの疎外要因（イノベーション・ブロック）

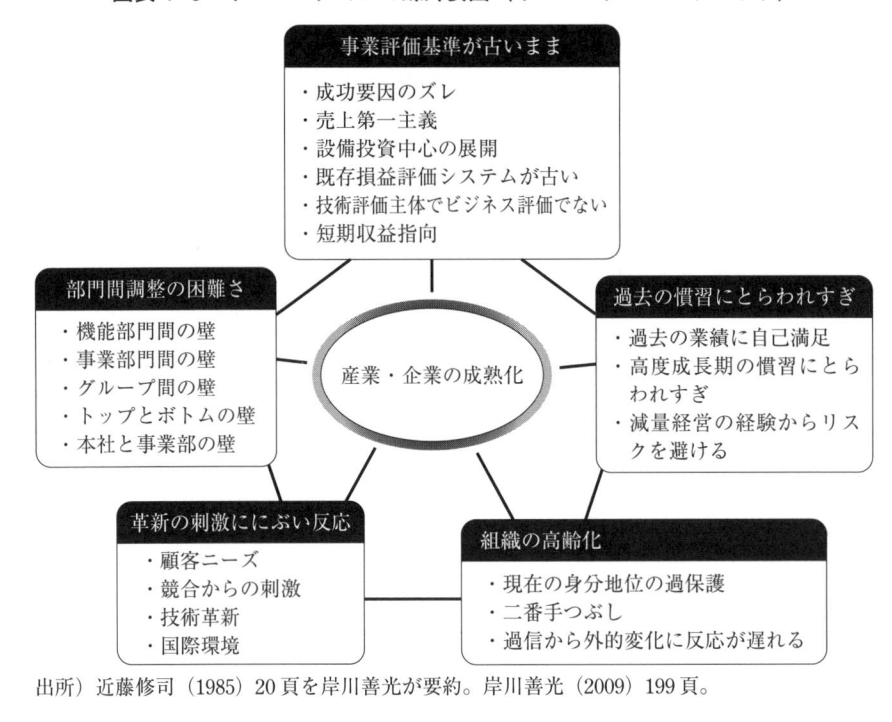

事業評価基準が古いまま
・成功要因のズレ
・売上第一主義
・設備投資中心の展開
・既存損益評価システムが古い
・技術評価主体でビジネス評価でない
・短期収益指向

部門間調整の困難さ
・機能部門間の壁
・事業部門間の壁
・グループ間の壁
・トップとボトムの壁
・本社と事業部の壁

過去の慣習にとらわれすぎ
・過去の業績に自己満足
・高度成長期の慣習にとらわれすぎ
・減量経営の経験からリスクを避ける

産業・企業の成熟化

革新の刺激ににぶい反応
・顧客ニーズ
・競合からの刺激
・技術革新
・国際環境

組織の高齢化
・現在の身分地位の過保護
・二番手つぶし
・過信から外的変化に反応が遅れる

出所）近藤修司（1985）20頁を岸川善光が要約。岸川善光（2009）199頁。

1997）が指摘した業界リーダーのジレンマに通じるものである。

　第3の要因は，組織の高齢化である。人間の体と同様，組織も高齢化が進行すると硬直化する。現状に満足し，現状を維持しようと努め，新たな挑戦には拒否反応を示すようになる。このような硬直化は，イノベーションにとって重大な阻害要因であるといえよう。

　第4の要因は，革新に対する反応のにぶさである。時代の流れは，顧客ニーズの変化，ライバル企業の動向変化，新技術の開発など，さまざまな形で，企業に対して革新の刺激を与える。しかし，これらの革新の刺激に無反応でいれば，時代の流れから取り残される。革新に対する反応のにぶさは，イノベーションに直結する阻害要因である。

　第5の要因は，部門間調整の困難さである。大企業病にかかっている企業

は，各部門間の縄張り意識が強くなり，部門間調整が困難になるといわれる。大企業病は，大企業だけが陥るものではなく，中小企業でもかかる企業の病である。特に日本企業は，伝統的にこの縄張り意識が大企業・中小企業ともに強いといわれている。部門間調整の困難さは，日本企業に特に強く現れるイノベーションの阻害要因である。

　これら5つの要因の根底には，産業・企業の成熟化が存在している。アバナシー＝アッターバック（Abernathy, W. J. ＝ Utterback, J. M.）は，産業が初期の段階はプロダクト・イノベーション（製品イノベーション）が頻繁に起こるが，産業の発展とともにドミナント・デザイン（大量生産に適した標準化されたモデル）が登場し，製品を効率よく生産するためのプロセス・イノベーション（工程イノベーション）が活発化することを明示した。[24]

　プロセス・イノベーションが活発化すると，効率的な大量生産が可能になり，生産性は飛躍的に向上するが，革新的な製品を排出するイノベーションは起こりにくくなる。このような現象を"生産性のジレンマ（productivity dilemma）"と呼ぶが，生産性のジレンマ現象が進展すると産業も企業も固定期（成熟期）に突入し，イノベーションの阻害要因の根源となるのである。

注　第4章　企業イノベーションの展開
1）　新村出編（2008）『広辞苑　第六版』岩波書店，193頁。
2）　Schumpeter, J. A.(1926) *THEORIE DER WIRTSCHAFTLICHEN ENTWICKLUNG, 2*, Virtue of the Authorization of Elizabeth Schumpeter. 塩野谷祐一ほか訳（1977）『経済発展の理論（上・下）』岩波書店，182-183頁。
3）　『日本経済新聞』2007年1月4日朝刊。
4）　伊丹敬之（2009）『イノベーションを興す』日本経済新聞出版社，2-4頁。
5）　同上書，7-16頁。
6）　Drucker, P. F., *The Practice of Management,* Harper & Low., 上田惇生訳（1996）（1954）『新訳　現代の経営（上）』ダイヤモンド社，48-49頁。
7）　同上訳書，49-52頁。
8）　同上訳書，52頁。
9）　同上訳書，53-54頁。
10）　藤芳誠一（1975）『蛻変の経営』泉文堂，3-7頁。

11) 同上書 9-10 頁。
12) Hamel, G.（2007）*The Future of Management,* Havard Business School Press. 藤井清美訳（2008）『経営の未来』日本経済新聞出版社，21-24 頁。
13) 同上訳書，85-87 頁。
14) 同上訳書，88-91 頁。
15) 同上訳書，92-94 頁。
16) 吉村孝司（1986）『企業イノベーションマネジメント』中央経済社，36-37 頁，102-110 頁。
17) 谷井良ほか（2004）『イノベーション要論』同文舘，155 頁。
18) 藤芳誠一（1975）『蛻変の経営』泉文堂，14-15 頁。
19) 同上書，13-15 頁。
20) 佐々木利廣ほか（2009）『組織間コラボレーション』ナカニシヤ出版，1-2 頁。
21) 清成忠男（2010）『日本経済新聞』2010 年 1 月 13 日朝刊「経済教室」。
22) 近藤修司（1985）『「技術マトリックス」による新製品・新事業探索法』日本能率協会，21 頁。
23) 岸川善光（2009）『図説経営学演習　改訂版』同文舘，198-199 頁。
24) Utterback, J. M.（1994）*Mastering the Dynamics of Innovation,* The President and Fellows of Harvard College. 大津正和・小川進監訳（1998）『イノベーション・ダイナミクス』有斐閣，117-123 頁。

参考文献

今井賢一編著（1986）『イノベーションと組織』東洋経済新報社
野中郁次郎編著（2002）『イノベーションとベンチャー企業』八千代出版
奥村昭博（1986）『企業イノベーションへの挑戦』日本経済新聞社
榊原清則（1992）『企業ドメインの戦略論』中央公論社
榊原清則（1996）『製品イノベーションと新しい企業像』*Business Review* 43（4），千倉書房
咲川孝（1998）『組織文化とイノベーション』千倉書房

第5章 自動車産業にみるイノベーション

1 フォードとGM

　1903年，ヘンリー・フォード（Ford, H.）は，フォード自動車会社を設立し，金持ちの独占物であった自動車を低価格で大衆に提供するとして，1908年にT型フォードの製造を開始した。

　このT型車の生産方式は，生産活動の上流プロセスにあたる部品生産の量産方式（部品の互換性・規格化）と生産活動の下流プロセスにあたる組立生産の量産方式（コンベアによる移動組立）を結合した一車種大量生産方式で，フォード生産方式と呼ばれるものである。そして，1923年にはT型フォードの生産はアメリカで57％のシェアを占有し，世界に君臨した。

　ところが，顧客のニーズは，経済車からスタイルを選ぶ高級車に変わってきた。フォードは，1927年にはT型車の生産を停止し，新しいエンジン開発などのイノベーションによってT型に代わってA型車，続いてB型車を登場させ一時的には業績の回復がみられた。しかしながら，所詮ゼネラル・モーターズ（GM）の車を計画的に陳腐化（ここでは数年単位で新モデルを売出し，以前に購入した車を旧モデル化させることを意味する）させるモデルチェンジ戦略には敵わず，GMの前に敗れることとなった。その結果低価格大量生産というフォード生産方式パラダイム（自動車生産を構想するときの思考枠）は揺らぎ始めたのである。

　GMは，それから長年にわたって世界の自動車産業の頂点に位置し，自動車再編が活発だった2000年頃には，M&A戦略で自動車メーカーを引き寄せ，

一大連邦を築いた。その GM が，2005 年，実に 1 兆 2 千 5 百億円の赤字を出した。それが，まさにトヨタ自動車の黒字額と同等であった。

GM がこのように沈滞したのは，放漫経営のせいでもあるが，原油高でドル箱だった大型車の売れ行きが悪くなったことによる。そのことは，同時に燃費の悪い車も売れなくなったということを意味する。そして，その後のリーマン・ショック，世界同時不況の影響も若干はあるが，GM は自らの失敗によって経営破綻したのである。詳しくは③自動車産業におけるパラダイムの転換で説明する。

2 トヨタ自動車

狭い道路と高額な石油の中で生まれてきた日本の自動車は「小型車で低燃費」を前提に作られてきたといってよい。いろいろなイノベーションを取り込んで，小型車で，低価格で，優秀な車を作るならば，日本の自動車が世界に躍り出る好機は十分にある。

トヨタ自動車は，フォード・システムを凌ぐ「トヨタ生産方式」を開発して世界生産台数において，2007 年，2008 年前半で年間生産台数 1,000 万台を目標に，世界最強のゼネラル・モーターズと首位を争っていた。[1] しかし，2008 年後半からサブプライム・ローン問題による景気減速，ガソリン高による需要減退，自動車主力素材の高騰が世界における自動車販売に大きな影を落とし，その結果一転して減産体制に入っている。

おそらく，トヨタの 2009 年の年間生産台数は 700 万台位まで減産されるであろう。そして，リコール問題があのようなグローバルかつ大規模なものに発展する以前の 2009 年 10 月ではあるが，豊田章男トヨタ社長は「今のトヨタはどん底に近い状態だが復活は可能」と述べ，つぎのような指摘をしている。[2]

自動車業界は 100 年に一度の変革が求められている。さまざまなエコカーが登場しているが大事なのは石油依存からの脱却であり，安価な原油を前提にガソリン車を大量生産するモデルを転換させる必要がある。そして，トヨタはハ

イブリッド車で先行しているが，今後，電気自動車（EV）や燃料電池車など環境車の全技術に対応していく考えを示し，「顧客が何を欲しがっているかをとらえ，技術を安く提供できる会社が今後の100年を生き抜いていける」と強調した。是非ともリコール問題のダメージも克服して，トヨタの復活とさらなる発展を期待する次第である。

3 自動車産業におけるパラダイムの転換

（1） グローバルM&A戦略の失敗

　ここ数年で，多くの大企業や名のしれた企業が倒産した。その中でも，最も驚いたのは，GMの倒産ではないだろうか。GMといえば，アメリカのシンボルともいわれた自動車・キャディラックを世に送り出したアメリカを代表する会社である。確かに最近のキャディラックは，一時代前のキャディラックとは違って，一目見ただけでは何の自動車かわからないように，GMという会社そのものが進むべき方向を見失っていたように思える。

　実は，そのような戦略ミスはGMだけではなく，フォードやヨーロッパの自動車会社にもみられたのである。まさにこれは，グローバル戦略の失敗なのである。この点に関して下川浩一は，(2009)『自動車産業　危機と再生の構造』中央公論新社においてつぎのように指摘している。[3]

「世界経済がグローバル化したなかで，自動車産業のグローバル化も着々と進展しつつあった。特に1998年のダイムラークライスラーの大西洋を越えた大合併を契機に，先進国主体のグローバルM&A（合併・買収）による世界的再編が脚光を浴びた。ダイムラークライスラーだけでなく，アメリカを代表する巨大自動車メーカーとして世界に君臨したGM，フォードも1990年代にあげた巨額の利益を背景にグローバルM&Aに乗り出した。……

　ダイムラークライスラーは2007年8月に，赤字が解消しなかったクライスラー部門を米系のファンドに売却し，合併はご破算になってしまい，クライスラーはその後倒産した。フォードもM&Aで手に入れた欧州系のブランドを

次々と手放し，GM は事実上倒産してしまった。……

　このグローバル M&A による世界的再編成という基本的発想そのものが，考え方によっては二十世紀型の大量生産，大量販売，大量消費を基本とした古い産業パラダイムの延長上に成り立つものであり，もはや時代遅れといえるからである。」

　このようにグローバル M&A 戦略は進む方向を見誤ったものとなったが，この戦略を展開したすべての自動車会社が破綻したわけではない。GM 倒産の主たる原因は，一時的に売れていたミニバンやピックアップトラック，SUV（sports utility vehicle）に力を入れ，主力となるべき燃費の良い乗用車の開発が遅れたこと，そして GMAC という自社の自動車販売金融会社を通してサブプライム・ローンや住宅金融をはじめ多くの金融商品に手を出したということにあるのは明らかである。

（2）　パラダイム転換の方向性

　今までグローバル戦略で受け身であった日本の自動車メーカーに新たなビジネスチャンスが生まれつつあるとし，下川浩一は，さらにつぎのように述べている。[4]

　「これ以上のグローバル M&A の可能性は減退するとしても，必ずしも合併によらないアライアンス（提携）の可能性は残されている。特に環境技術や新しい技術開発が絡んだアライアンスや，サプライヤーの共同活用，車輛（りょう）の相互補完など，テーマのはっきりしたアライアンスは，今後さまざまな形で拡大していくことになろう。この場合，相互の利益にかない，双方のもつ経営的・技術的長所と短所を相互に補完でき，テーマによってはシナジーが期待できる形をとることが望ましい。

　今後の展望のなかで特に重要性を帯びるのは，中国，東南アジア，インド，中南米，ロシアなどに代表される新興市場諸国である。……

　そして環境問題，石油などのエネルギー問題を考えるとき，省資源型，環境技術対応型の自動車産業こそ新興地域にふさわしいものであり，日本のとりつ

つあるリーン生産方式とこれに組み込まれたフレキシブル生産こそ新興地域のメーカーが追求するべき方向性であろう。……

　新興諸国は先進国のこれまでの経験，特に単純な大量生産，大量販売，大量消費のパラダイムだけではいずれは行き詰まることになりかねず，化石燃料依存による資源高騰問題と環境問題への対処なしには根本的解決にはならない。したがって省エネルギーと環境問題をワンセットで解決する戦略こそが新興市場での競争力の決め手となる。同時にそのようなイノベーションを誘発する社会的サポートシステムを，官民そしてユーザーもあわせて，社会全体でこの問題に向きあう姿勢が必要である。」

　このように自動車産業全体のパラダイムが転換しつつあり，その方向性は以下の3つにまとめられる。

　第1は，脱化石燃料へ向けた環境車の創出。
　第2は，環境性能と安全性能を両立させた廉価車の創出。
　第3は，自動車産業新興国における市場の創出。

　前節で取り上げたトヨタ自動車社長の発言にも，ほぼ同様な見解が示されている。

　また，自動車市場に生まれる新たな2大潮流として，「今後成長する自動車市場は，従来とは異なる二つの特徴を持って成長する。一つは新興国中心に生まれるULCC（ウルトラ・ロー・コスト・カー）。もう一つが，先進国巨大市場で起こる電動パワートレーン化，つまりEV（電気自動車）化の流れである」と[5] A.T.カーニー，川原英司ほか著，日経 Automotive Technology 編集（2009）『電気自動車が革新する企業戦略』日経BP社において指摘されている。

　そこで，次節では環境車の代表として電気自動車を取り上げることにする。

4 日産自動車と電気自動車

(1) ガソリン自動車から環境車へ

　従来からの自動車は，ガソリンや軽油という化石燃料を使用して，エンジンを動力源として動く。それに対して環境車の代表格である電気自動車は，エンジンではなくモーターを動力源として動く。

　日本の自動車メーカーによる電気自動車は，2009年7月に三菱自動車の「i-MiEV」（アイ・ミーブ）」と富士重工業の「プラグインステラ」が発売されている。そして，日産自動車が2010年，トヨタ自動車が2012年までに販売を予定している。

　このように電気自動車への流れは，着々と進んでいるのだが，現在ではその移行過程としてガソリン車と電気自動車の中間的存在としてのハイブリッド車も存在する。ハイブリッド車（HV車 = hybrid vehicle, hybridとは混成という意味である）は，トヨタとホンダが先行しているが，さらにトヨタは家庭用コンセントで充電できる「プリウス」のプラグインハイブリッド車（PHV車 = plug-in hybrid vehicle）を2010年に法人向けリース販売，2011年に市販すると発表している。

　プラグインハイブリッド車とは，家庭用電源で充電できる新世代のハイブリッド車で，蓄電容量が大きい高性能電池を積み，通常のハイブリッド車と電気自動車の特徴を併せもつ。発進時から短距離までは電気自動車と同様に電動モーターの力だけで走る。電池に蓄えた電力が切れると，ガソリンエンジンが起動して長距離を走行できる。通常のハイブリッド車に比べモーター走行の比率が高まるため，燃費効率や環境性能が大幅に向上することが期待できる。[6]

　プラグイン式を含めてハイブリッド車は，現段階では極めて実用性が高く，今後日産自動車など他メーカーもハイブリッド車を登場させるであろう。しかしながら，エンジンとモーターの混成である限り，走行中の二酸化炭素（CO_2）の排出がゼロになることはない。したがって，環境対応エコカーであっても，

真の環境車とはならないのである。そうなると，やはり化石燃料からの脱却を前提とした環境車の本命は，電気自動車と位置づけたい。

この電気自動車の開発ならびに電気自動車事業について，日産自動車のカルロス・ゴーン社長はつぎのような見解を示している。

トヨタ自動車が10年以上かけてハイブリッド車を普及させたことからもわかるように，新技術は投資してすぐ結論が出るわけではない。業界のリーダーになるには忍耐と一貫性が必要である。電気自動車は電池のコストが高いのがネックであるが，原油価格が1バレル80ドル以上で推移すれば，ガソリンを燃料に使う車より，電気自動車の方がコストで優位に立てる。そして最大の利点は，走行中の二酸化炭素（CO_2）の排出がゼロであることで，各国政府と連携していきたいという内容である。これには，電気自動車事業に本腰を入れて取り組み，業界のリーダーを目指すゴーン社長の意欲が感じられる。

（2） 電気自動車（EV）と新たなビジネス

筆者は本書において，電気自動車を（EV = electric vehicle）をわかりやすく解説するとともにガソリン車との比較を行いたいと考えていた。そこで，学生時代より長年公私にわたって親しくしている日産自動車株式会社のマーケティング本部，販売促進部部長である貴田晃氏に協力をお願いし，企画・先行技術開発本部，テクノロジーマーケティング室室長の土井三浩氏とゼロエミッション事業本部，ゼロエミッション・コーポレートプラングループ部長の牧野英治氏より直接説明をしていただき，筆者からの質問にもお答えいただいた。まさしく技術の最先端や第一線の現場で活躍されている方々からの話は，大変有意義であり楽しいものであった。土井氏，牧野氏，貴田氏，そしてミーティングのサポートや資料作りをしてくださった販売促進部の橋場尚樹氏に心から感謝申し上げる。[7]

さて，日産自動車の電気自動車への取り組みの歩みは，60年以上という思っていたよりも長い歴史であることに，まず驚いたのである。

電気自動車の第1号は「たま電気自動車」（取替え式鉛酸バッテリーを使用）

と呼ばれ，日産と合併することになるプリンス自動車の前身である東京電気自動車によって1947年に作られ，最高時速は35キロ，航続距離は65キロで主にタクシーとして利用され，1950年まで生産された。

そして，1995年に当時一般的だったニッケル水素電池ではなく，より自動車への応用性・可能性が高いと確信したリチウムイオン電池を世界で初めて搭載した「プレーリーEV」を発表，1997年には「アルトラEV」（日本名ルネッサEV）を登場させ，このミニバンは日米で約200台が販売され，1999年にはアメリカで多くの賞を受賞したのである。

そして，小型コンセプトカーからの技術を集結させ，高性能なリチウムイオン電池を搭載し，航続距離も160キロとなった次世代EV「リーフ」を2010年に販売するのである。

ここで，電気自動車についてわかりやすい説明を試みる。なお，これ以後，電気自動車はEV車と記述する。EV車の構造は，動力源であるモーター，モーターに電流を供給するインバーター，そして蓄電するバッテリー（電池）の3要素によって成り立っている。

ガソリン自動車で内燃機関と呼ばれているエンジンは，EV車には存在しないのである。したがって，内燃機関の複雑さと比較すれば，EV車の方が構造は単純であり，動力源に使用する部品点数にもかなりの差があるとされている。ネジ1本までを1つの部品ととらえるのか，どのような基準で1つの部品とするのかによって大きな差が生じるが，ガソリン車のエンジン部品点数が1万点以上，EV車のモーターは100点未満という見解もある。しかし，日産自動車では部品点数は具体的な数字を出しておらず，むしろEV車のモーターには部品点数を越える高度な技術の必要性を指摘している。

EV車の利点は，エンジン，変速機，燃料タンクなどを有する従来のガソリン車に比較すれば，長さの調整や配置が比較的自由で自動車設計の自由度が大幅に向上することである。これは最新式の軽量化されたリチウムイオン・バッテリーの効果でもある。その結果，車のデザインがいろいろな制約から解放され，空力やスタイルに大きく貢献することになる。

図表 5-1 ガソリン自動車と電気自動車の比較

項目	ガソリン自動車	電気自動車
動力源	エンジン	モーター
エネルギー源	ガソリン	電力
操作・駆動	機械的油圧制御（現在は電子制御）	電子制御
パワー表示	排気量および馬力	モーター出力（kw）
エネルギー保有方法	ガソリンタンク	バッテリー（蓄電池）
100キロ走行のコスト	750円（日産ティーダ）	100円（日産リーフ）
エネルギー供給方法	ガソリンスタンド・設置費用高い	原則は家庭での充電・緊急用急速充電スタンド・設置費用安い
CO_2	削減費用高い 最大30%削減が技術的限界	走行中のCO_2はゼロ，さらに電力源を化石燃料から太陽光や風力・水力などの自然エネルギーに転換
製造特質	インテグラル（すり合わせ）傾向	高度モジュール（組み合わせ）傾向
動力源の部品数	約1万	約100
製造コストの特質	30%はエレクトロニクス関係，70%は鉄・ゴム	70%はエレクトロニクス関係，30%は鉄・ゴム
部品供給業者	従来の下請・協力・取引会社	新たな供給会社の開拓
安全目標	衝突被害最小化（現在は衝突回避）	衝突回避
商品価値	走行状態	走行状態と停車状態

出所）藤芳明人作

　自動車設計の自由度の向上と複雑な内燃機関というエンジン開発の排除は，自動車産業以外からの参入を可能とする。たとえば，アメリカ，カリフォルニアのシリコンバレーにあるベンチャー企業のテスラ・モーターズがその代表であり，その他中国，インド，韓国からも続々と新興メーカーが市販化を進めている。新興メーカーが魅力ある商品を送り出すことは望ましいが，「人を乗せて安全に移動する」という安全性能に疑問をもたざるをえない。なぜならば，

「世界中のどこでも，発売時点で高い品質をもち，時間が経過してもその高い品質を維持できる製品づくりをする」のが一流メーカーであり，そんな簡単には一流メーカーにはなれないのである。

　前頁に掲載した図表5-1は，筆者が作成したガソリン自動車と電気自動車の比較表である。

　この比較表を通して，さらに説明を続ける。バッテリー（電池）の重さは約200kgなので，業者による交換ビジネスは普及するが，当面自宅での交換はむずかしい。しかし，自宅の200V電源を使用して約8時間で充電が完了し，約160キロは走行が可能（日産リーフ）なので，通常の使用ならば十分であろう。したがって，今後さらに電池性能の向上と軽量化は必要ではあるが，それがあまりにも高価になるならば，自動車の価格を高める結果となってしまう。このバランスが重要であろう。

　また，緊急用の急速充電スタンドの設置も大きな工事ではなく，その費用も高いものではないであろう。これは，コンビニエンスストアや外食産業などとの新たなビジネスへと展開するであろう。すでに大手コンビニエンスストアのローソンは，いち早く充電インフラ設置に名乗りをあげている。

　そして，EV車の普及を決める3要素は，図表5-2に示してあるように「電池のコスト」，「電池の性能」，「充電インフラの整備」の3要素に集約できるといわれている。

　さて，走行中のCO_2の排出はゼロであるが，さらに電力源を化石燃料から太陽光や風力・水力などの自然エネルギーに転換させることは，充電する際の電力の源を意味しているのである。すなわち，自宅に太陽光システムを導入していれば，充電する電力もCO_2がゼロのものとなるわけである。CO_2がゼロのエネルギーとは，原子力と水力，風力，太陽光の自然エネルギーであり，特に自然エネルギーは短いサイクルで取り出すこと可能で，再生可能な太陽光などを積極的に活用していくべきである。

　実は，これがEV化時代の社会的基盤を提供するグリーンITと深くかかわるのである。このグリーンITについて，A. T. カーニー，川原英司ほか（2009）

図表 5-2　EV 車普及の鍵となる 3 要素

```
                    ┌──────────────────────┐
                    │     電池のコスト       │
   性能が向上すれば搭    │・車両価格の最大の変動要因 │   インフラが不十分でも
   載量を減らして低コ    │・当面は政府補助金で一部補填も│  コスト低減により搭載
   スト化できる        └──────────────────────┘   量を増やせば航続距離
                                                を伸ばせる

              コストが低下すれば，      充電インフラの整備で
              搭載量を増やして航続      電池搭載量を減らせる
              距離を拡大できる

   ┌──────────────┐   インフラが不十分でも   ┌──────────────────┐
   │  電池の性能   │   航続距離が伸びれば問    │  充電インフラの整備  │
   │・航続距離の最大の変動要因 │   題ない              │・急速充電器の設置拡大 │
   │・特にエネルギー密度が重要 │                      │・住居や店舗への充電器の設置│
   └──────────────┘   航続距離が短くても，    │・出張充電サービスなど │
                     充電インフラを整備す    └──────────────────┘
                     ればそれを補える
```

出所）A. T. カーニー，川原英司ほか，日経 Automotive Technology 編集（2009）13 頁．

は，「EV 化時代の社会インフラを支え，最適な交通システム，充電課金などの新サービス，そして電力消費モニターや太陽光発電などのエネルギーインフラまでをカバーする運用システムと考えるべきである。……

太陽電池を用いた分散型発電（スマートグリッド）が実現した際に，その発電電力を使って充電するための機能や，夜間電力によって充電するためのタマイー機能，充電状態を監視して携帯電話にメールで充電の完了を伝えるような管理システムなども開発されつつある。……

さらに運転時には，周囲の充電ステーションや航続可能距離を表示したり，電力使用量を少なくするための運転支援機能なども盛り込まれるだろう。こうした EV にともなう IT システムをうまく立ち上げるには，社会基盤として標準的に採用されるシステムをいかに実現するかにかかっている。したがって，EV 化が本格化する前に想定されるサービスや機能を提供する事業者を囲い込み，その連携を共同で広げていく戦略が最も重要になる。

第 5 章　自動車産業にみるイノベーション

図表 5-3　EV を取り巻く環境と IT システム

EV/PHEV エコシステム

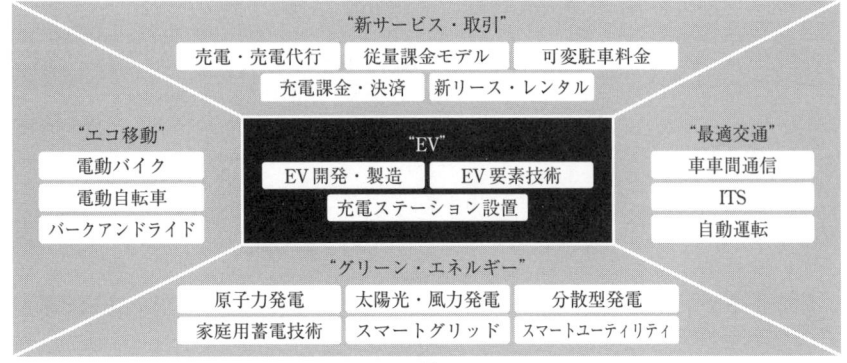

"新サービス・取引"
- 売電・売電代行
- 従量課金モデル
- 可変駐車料金
- 充電課金・決済
- 新リース・レンタル

"エコ移動"
- 電動バイク
- 電動自転車
- パークアンドライド

"EV"
- EV 開発・製造
- EV 要素技術
- 充電ステーション設置

"最適交通"
- 車車間通信
- ITS
- 自動運転

"グリーン・エネルギー"
- 原子力発電
- 太陽光・風力発電
- 分散型発電
- 家庭用蓄電技術
- スマートグリッド
- スマートユーティリティ

＋

グリーンロジスティクス付加価値基盤システム

EV/PHEV 運用システム
- ■店舗課金プラットフォーム
- ■家庭課金プラットフォーム
- ■エコドライブ管理システム
- ■エネルギーマッチングシステム
- ■エネルギー充電監視システム
- ■エネルギー売買機能

出所）A. T. カーニー，川原英司ほか，日経 Automotive Technology 編集（2009）125 頁。

　こうした社会基盤としてのグリーン IT を形成する事業者連携として，自動車メーカー，携帯電話などの通信キャリア，電力会社，スマートメーターなどの電子機器メーカー，電池メーカー，各種制御装置ベンダー，ガソリンスタンドやコンビニなどのサービス事業者，そして課金のための金融機関が係わってくる。」[8]

　住宅の多くが太陽電池を用いた分散型発電を行い，発電電力を EV 車の充電に使用した場合は，EV 車は停車状態でも商品価値を発揮することになる。数千万円するメルセデス・ベンツのマイバッハやベントレー，ロールロイスでさえ，車を止めてしまえばそれ自体が特別な価値を生み出すわけではない。ところが EV 車は，止まっていながらエネルギーを蓄えることができるし，社会に

おけるエネルギー交換にも参加できるのである。

　そして，EV車の量産化を目指す日産自動車では，当然前記のグリーンITに相当するサポート体制によって，従来の自動車では実現しなかったさまざまな付加価値の高いサービスを提供するビジネスを検討している。

　日産自動車のEV車には24時間つながる携帯電話を搭載しており，通信機器としての機能も携えている。たとえば外部通信を利用した航続可能範囲の表示や，近くの充電スタンドを移動状況に応じてリアルタイムに確認できる。また顧客の携帯電話とつなげることで車から離れた場所からの充電終了の連絡や，タイマー充電の設定などITを活用した多様なサービスを提供することで車とユーザーとの新たな関係を提案しようとしている。

　また，バッテリーの劣化にともなってバッテリー自体を入れ替えるバッテリー交換ビジネスやバッテリーの再利用ビジネス，そして法人やレンタカー会社を対象とした車両管理業務の展開を検討している。

　ところで，EV車について日産自動車を取り上げた理由の1つには，日産自動車は2012年までに世界全体で20万台生産を発表しており，10万台規模での量産を表明しているメーカーは他にはなく，計画通りに進めばEV車を牽引（けんいん）する中心になっていく可能性が大きいからである。

　そしてEV車の販売価格についても，もちろん補助金を利用してではあるが，ゴーン社長は「ガソリン車と同程度の価格に抑える」と発表しており，市場での普及に強い意欲を示している。

　このガソリン車と同程度の価格という内容には，購入時の価格だけではなく，使用期間の経費を含めたトータル・コスト・オブ・オーナーシップ（総保有コスト）がガソリン車と同等もしくはそれ以下でなければならないとゴーン社長の指示が含まれているようである。

　コストに大きく影響する電池（バッテリー）は，その生産過程において温度，湿度，ほこりに大変デリケートなものであるが，さらなる生産技術の向上とEV車の大量生産体制が確立されれば，将来的にはガソリン車よりも安いコストで生産できると思われる。

かつて日産自動車は,「技術の日産」といわれた。他の追随を許さない名車,日産 GTR を開発・販売できる現在の日産も,筆者は「技術の日産」であると思う。さらに電気自動車 (EV) によって「イノベーションの日産」と呼ばれることを期待している。

注　第 5 章　自動車産業にみるイノベーション
1) 藤芳明人 (2008)『解説　企業経営学』学文社, 69-70 頁。
2) 『日本経済新聞』2009 年 10 月 3 日朝刊。
3) 下川浩一 (2009)『自動車産業　危機と再生の構造』中央公論新社, 6-8 頁。
4) 同上書, 69-70 頁, 81 頁。
5) A. T. カーニー, 著, 川原英司ほか, 日経 Automotive Technology 編集 (2009)『電気自動車が革新する企業戦略』日経 BP 社, 40 頁。
6) 『日本経済新聞』2009 年 12 月 15 日朝刊。
7) 本項で電気自動車および電気自動車事業について書かれている内容は, 特に注) がない場合は日産自動車本社でのミーティングおよび資料にもとづくもの, ならびにそれに筆者が自分の見解を加えたものである。
8) A. T. カーニー, 著, 川原英司ほか (2009) 前掲書, 124 頁。

参考文献
三戸節雄・廣瀬郁 (2007)『大野耐一さん「トヨタ生産方式」は 21 世紀も元気ですよ』清流出版
『日経ものづくりエディターズノート　電気自動車は本物か　徹底取材：技術が変わる, 産業が変わる』(2009), 日経ものづくり／日経 BP 社
村沢義久 (2010)『電気自動車「燃やさない文明」への大転換』筑摩書房

第6章 知識創造とナレッジ・マネジメント

1 知識の概念

（1） 知識の定義

　1990年代に入る頃から，情報は今まで以上に重要な経営資源であると認識されるようになった。情報が企業経営にとって，重要な要因であることは疑いようがない。しかし，実際には，情報だけでは企業にとって有益なものになるとはかぎらない。企業が獲得するさまざまな情報を知識へと変換することが必要なのである。これからの社会は，知識創造社会であり，価値の本質が資本から知識へ変化しつつあるともいわれる。

　そこで，本章では，知識創造とナレッジ・マネジメントが現代の企業経営において，どれほどの重要性を有しているかを検討する。まずは，知識の概念について理解を深めることから始めよう。

　知識は，最初から個人の中に知識として獲得されるわけではない。データや情報という形で獲得され，分析されながら蓄積し，経験を培うことを通じて知識へと変容されるのである。そして，この知識に基づいた行動が目的達成に寄与すると，知識は知恵として認識される。ここで，データ，情報，知識，知恵のそれぞれの相違について整理する。

　データとは，それ自体では意味をもたない数字や記号の羅列である。情報とは，単なる数字や記号の羅列であるデータに状況や条件など各種の文脈を付加し，意味のあるデータに転換したものである。そして知識とは，目的達成のために高い価値をもつ情報のことである。社会には数多くの情報が氾濫している

けれども，目的達成のために役立つ価値ある情報はかぎられており，その限定された情報だけが知識となるのである。さらに，実際に知識をもとに目的が達成されるという成功体験が重なると知識は知恵として認識されることになる。すなわち，データの情報化，情報の知識化，知識の知恵化が行われることによって，徐々に重要性が高まるのである。

このように，データや情報など限定された事実から目的達成行動の基準となる知識への転換が重要となる。知識への転換がはかられて，はじめてデータや情報などの事実は，個人の行動に影響を与えるのである。

(2) 情報処理パラダイムと知識創造パラダイム

知識は，目的達成のための高い価値をもつ情報のことである。すなわち，知識の基は情報である。同様に，知識創造パラダイムも，情報パラダイムより発展したものである。そして，情報パラダイムの礎となっているのは，情報処理パラダイムである。情報処理パラダイムとは，サイモンによって提示された概念であり，組織の情報処理（情報収集・意思決定・伝達）という観点から，組織の効率的なあり方を説明したものである[1]。

この情報処理パラダイムが，後に情報創造パラダイム，そして知識創造パラダイムへと洗練化された，と考えられる。すなわち，環境変化により，情報処理パラダイムが限界を迎えるにつれて，情報創造パラダイム，知識創造パラダイムへと進化を遂げたのである。

情報処理パラダイムによる経営と知識創造パラダイムによる経営では，具体的にどのような相違が生まれるのだろうか。情報処理パラダイムは，効率性の追求にその本質があり，組織の効率性が重視される。一方，知識創造パラダイムは，効率性よりも，新たなものを生み出す創造性が重視される。寺本義也（1999）は，情報処理パラダイムによる経営を情報消費型経営，知識創造パラダイムによる経営を知創経営と表現した上で，図表6-1のように比較している[2]。

環境変化がいちじるしい現代において効率性を追求し，それが成功しても長

図表6-1　情報消費型経営と知創経営

	情報消費型経営	知創経営
目　　標	効率性追求 How to do	創造性実現 What & Why to do
評価基準	手段的	審美的
戦　　略	横並び	独自化
組織構造	クローズドな階層型	オープンなネットワーク型
資　　源	有形固定資産 フローとしての情報	無形知的資産・知識 フロー＆ストックとしての知識
コア人材	同質的	異質・異能
ビジネスモデル	収穫逓減 営利と非営利の分離	収穫逓増 営利・非営利の融合

続きはしない。知識創造による経営，これが21世紀の企業経営のキー概念であり，経営管理も効率性を追求した諸施策よりも，環境変化に適応できる創造性にあふれた諸施策が増加するであろう。

（3）　知識を活用した経営

　知識を企業経営に活かしたナレッジ・マネジメントを行った場合，どのような効果が得られるのだろうか。知識活用による効果としては，以下の点が考えられる。
　① 知識を用いて，占有可能性を高める：占有可能性とは，新技術がもたらす社会的な余剰のうち，新技術を開発した企業が利益として確保できる程度のことである。すなわち，知識を用いて占有可能性を高め，競争力を身につけることが可能になる。
　② 知識自身を商品にする：現在，サービスなど無形財市場が飛躍的に発展している。そのような市場では，知識そのものが商品として成立する。
　すなわち，知識活用は，知識を用いることによって競争優位性を確立することと，知識が商品となることによって，知識そのものが競争の武器となる効果

を発揮すると考えられる。

野中郁次郎（1999）は，知識を活かす経営には，つぎのようなパターンがあると述べ[3]，知識活用の効果を提示した。

① 知識を用いて競争力を高める：組織の知識資産を活用して現業の価値を高めようとする戦略。
② 知識を核に事業を再構成する：製品の内部に企業のもつ知識を埋め込んだり，知識を前面に打ち出して事業自体のあり方を変える。
③ 知識が商品そのものとなる：ハードがない無形商品の場合は，その商品自体を知識として提供する知識経営の展開もある。

現在，企業にとっての価値を生み出すものは，製品やハードだけではない。サービスや情報，製品を媒介にした問題解決（ソリューション）など知識を主体とするものが現れてきている。企業が知識を創造することによって，その知識が知的資産として企業価値の源泉となるのである。すなわち，企業で創造さ

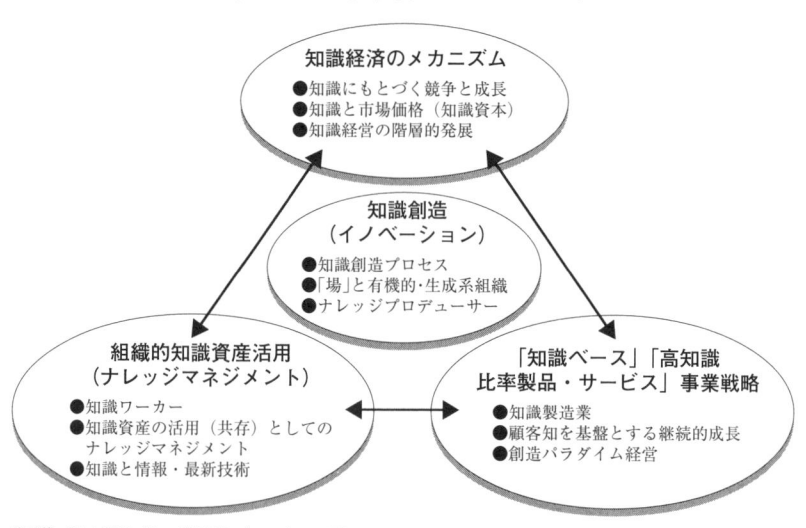

図表6-2　知識経営のフレームワーク

知識経済のメカニズム
● 知識にもとづく競争と成長
● 知識と市場価格（知識資本）
● 知識経営の階層的発展

知識創造
（イノベーション）
● 知識創造プロセス
● 「場」と有機的・生成系組織
● ナレッジプロデューサー

組織的知識資産活用
（ナレッジマネジメント）
● 知識ワーカー
● 知識資産の活用（共存）としてのナレッジマネジメント
● 知識と情報・最新技術

「知識ベース」「高知識比率製品・サービス」事業戦略
● 知識製造業
● 顧客知を基盤とする継続的成長
● 創造パラダイム経営

出所）野中郁次郎・紺野登（1999）11頁。

れる知識が，知的資産として競争力を高め，それが時には商品自身になることにより，新たな企業価値を創出する。これこそが，知識を活かす経営であるといえる。

すなわち，知識を活かした経営によって企業が成長することが最も重要なのである。そこで野中郁次郎・紺野登（1999）は，図表6-2のような知識経営のフレームワークを提唱している。

2 ナレッジ・マネジメントの概念

（1） ナレッジ・マネジメントの台頭

前節では，知識創造パラダイムを中心として知識概念の進化について考察した。近年では，この知識を基盤として実現される経営は，ナレッジ・マネジメント（Knowledge Management）と表現される。寺本義也（2002）によれば，ナレッジ・マネジメントとは，複雑化する業務，製品開発，組織構造の中で，企業がナレッジ（知識）を活用し，知識による新しいビジネスや新しい価値の創造を生み出すよう導く組織能力のことであり，そのために必要なのが個人と個人が出会い，専門的な知識や高度な知識が相互作用する"場"をデザインすることである[4]。

なぜ，このようなナレッジ・マネジメントが台頭してきたのだろうか。その理由としては，経営資源の重要度が変化したこと，情報技術が飛躍的に進歩したこと，諸外国が知識を基盤とした経営に転換していることなど，があげられる。

野中郁次郎＝紺野登（1999）は，ナレッジ・マネジメントが台頭してきた背景に関し，つぎの2つの大きな力が働いていると述べている[5]。

① 企業の内部資源への注目：企業が従来の戦略中心の経営に限界を感じ，外向きの戦略立案に力を注ぐ前に，立ち止まり，自身の内側に目を向けた。そこへ目を向けたことが，結局，知識を重視する下地を作った。

② 知識・デジタル経済への注目：アジルな（俊敏な）競争とは本質的に，知

識を刻々変化する市場機会と俊敏に結びつけて価値を生み出すことである。企業の知識資産と知識経済の結合が，成長力の源泉として認識されるようになった。従来とは異なる市場経済のメカニズムが認識されるようになった。

　ナレッジ・マネジメントの導入により，企業が目指すべきものは何だろうか。ナレッジ・マネジメントが知識を活用し，知識による新しいビジネスや新しい価値の創造を生み出すのであれば，その効果は，知識を生み出す従業員の変革，知識を生み出す場である企業の変革，知識を活かす場である利害関係者とのかかわり方の変革にあると考えられる。すなわち，ナレッジ・マネジメントを実施することによって，知識を生み出す存在である従業員や企業を変革し，新知識が創造されやすいシステムを構築すること，そして，それを活かすビジネス・システムを構築することが期待されるのである。アーサーアンダーセン・ビジネスコンサルティンググループ (1999) が，ナレッジ・マネジメントの目的として，① 人の視点，② 全社ビジネスプロセスの視点，③ バリューチェーンをあげた[6]のも，知識の創造，および活用のシステム構築という狙いを意図したものだと考察できる。

　それでは，ナレッジ・マネジメントは現実の企業にどのような方法で導入されるのであろうか。

(2) ナレッジ・マネジメントの方法論

　ナレッジ・マネジメントの実践においては，知識の種類によってその方向は大きく左右され，企業経営にも大きな影響を与える。しかし，知識をマネジメントすることは困難である。知識を計画的に創造し，管理していくことは極めてむずかしい。企業にできることは，知識をイネーブルし（実現を促進させる），創造された知識を企業経営に取り込んでいくだけである。すなわち，ナレッジ・マネジメントとは，知識を計画的に創造し，知識をマネジメントするというよりも，知識創造のイネーブリングに注力し，企業経営において効果的に知識を活用することを意味する。そのような状況では，創造された知識を効

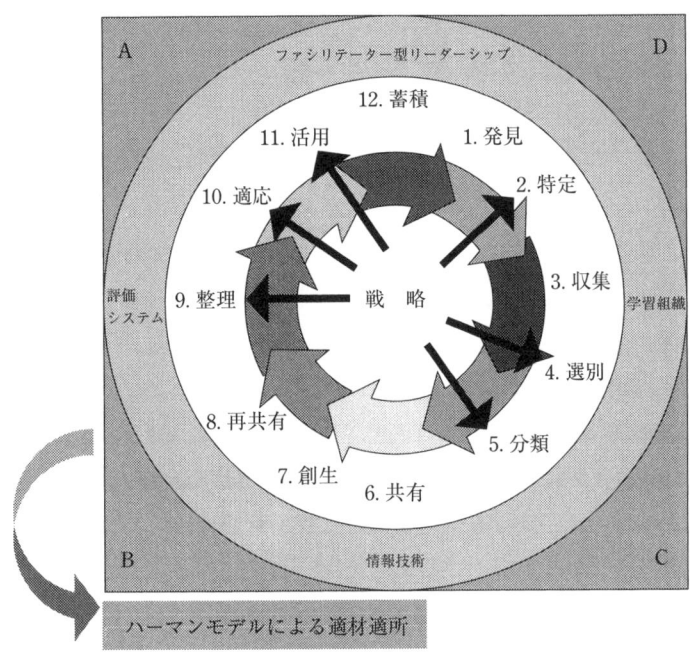

図表6-3　ナレッジ・マネジメント方法論

（A）ファシリテーター型リーダーシップ
12. 蓄積
11. 活用
10. 適応
9. 整理
8. 再共有
7. 創生
6. 共有
5. 分類
4. 選別
3. 収集
2. 特定
1. 発見
戦　略
評価システム
学習組織
情報技術
ハーマンモデルによる適材適所

出所）日本総合研究所・伊佐田文彦（2003）69頁。

果的に企業経営に取り込む方法論が重要になる。高梨智弘（2003）は，ナレッジ・マネジメントの方法論として，図表6-3のようなプロセスを提示している。

　また，ナレッジ・マネジメントの実現のためには，リーダーの役割も重要になる。リーダーが，積極的に知識創造をベースにした経営を志し，リーダーシップを発揮しながら，知識創造基盤のシステムづくりを行う必要がある。

（3）　ナレッジ・マネジメントのイネイブラー

　知識創造は現代マネジメントにおいて必要不可欠なものであるが，実際に実行することはきわめて困難である。そこで，経営者の役割は，知識創造のマネジメントを行うことではなく，知識創造の実現を促進する機会を敏感にとらえ

ることである，と指摘されており，知識創造の実現を促進する機会をナレッジ・イネイブラーと呼ばれている。クロー（Krogh, G. V.・一條和生・野中郁次郎，2001）は，「組織は知識をマネージ（管理）することはできず，イネーブル（実現可能にする）することだけができるのであり，マネジャーは知識創造をコントロールするよりも支援すべきである」[7]と述べている。

ナレッジ・イネイブラーとして考えられるものにはどのようなものがあるのだろうか。新しい知識を創造するイネイブラーとなる重要な要素とは，外部環境要因の変化である。

知識創造を促進する外部環境要因の変化としては，① 産業構造の変化，② 社会構造の変化，③ 消費者の変化などが考えられる。

第1に，産業構造の変化があげられる。現在は，従来のように各産業ごとの枠組みは存在しない。チャンスを求めて，産業間の相乗り，すなわち業際化が進展している。業際化の進展にともなう産業構造の変化は，新知識を創造することになる。

第2に，社会構造，特に人口構造の変化があげられる。人口構造が変化すれば，社会構造も変化し，新しい知識が必要となる。その結果，イノベーションのチャンスは大きく広がる。

第3に，消費者の変化があげられる。消費者の価値観・ニーズが変われば，求める製品・サービスも当然変わってくる。消費者の欲する新たな製品を開発するためには，新しい知識が必要となる。

これら外部環境のさまざまな変化は知の編成原理である形式知を大きく変化させ，知の方法である暗黙知を表出させる要因である。形式知の変化と暗黙知の表出によって新知識が創造される。

また，外部環境の変化だけではなく，内部環境の変化も知識創造のイネイブラーとなる。内部環境が変化することで，形式知や暗黙知が変わり，新たな知識を創造するのである。野中郁次郎＝竹内弘高（1996）は，知識創造のイネイブラーとして内部環境要因をあげている。野中・竹内によれば，① 組織の意図（組織の意図を明確にし，それを組織構成員に提示する），② 個人とグループの

図表6-4 知の5相関の環

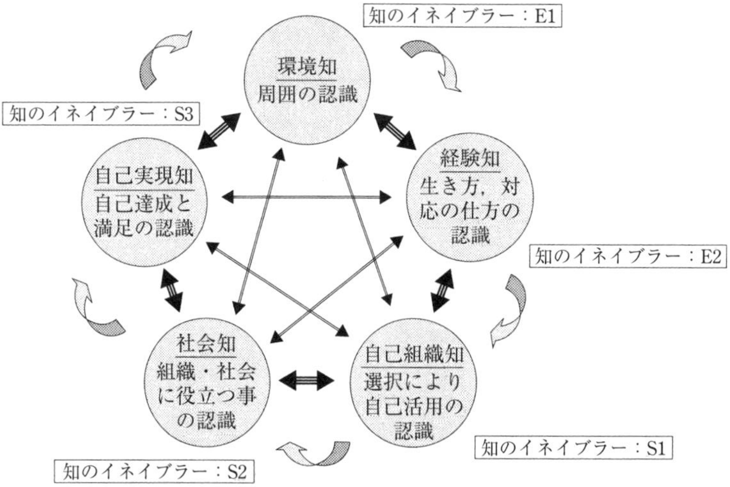

知のイネイブラー：E1
知のイネイブラー：S3
環境知　周囲の認識
自己実現知　自己達成と満足の認識
経験知　生き方，対応の仕方の認識
知のイネイブラー：E2
社会知　組織・社会に役立つ事の認識
自己組織知　選択により自己活用の認識
知のイネイブラー：S1
知のイネイブラー：S2

出所）日本総合研究所・伊佐田文彦（2003）74頁。

自律性，③ゆらぎ／カオス（組織の内部に「ブレイクダウン」を引き起こし，そこから新しい知識が生まれる），④情報の冗長性（情報を重複共有することは「暗黙知」と「形式知」の共有を促進し，相互の知覚領域に侵入することによって相互の学習をもたらす），⑤最小有効多様性（アシュビー（Ashby, W.）によれば，複雑多様な環境からの挑戦に対応するには，企業内部に同じ程度の多様性をもつ必要がある）の5つの要素が知識創造の促進要因として機能している[8]と指摘した。

このように知識創造を促進するイネイブラーには，外部環境要因と内部環境要因の変化があげられる。外部環境要因と内部環境要因の変化が，それぞれに形式知と暗黙知に影響し，新たな知識を創造する原動力となる。高梨智弘（2003）は，知識創造のイネイブラーとして，①環境知のイネイブラー，②経験知のイネイブラー，③自己組織知のイネイブラー，④社会知のイネイブラー，⑤自己実現知のイネイブラーをあげた[9]上で，これらのイネイブラーを企業の仕組みとして導入しやすくする方法論を図表6-4のように表している。

（4） 学習する組織

　外部環境や内部環境の機微な変化をとらえ，形式知と暗黙知に影響を与えることによって，新知識を創造する仕組みを構築することは，効果的なマネジメントに結びつくと考える。したがって，経営者にとって，知識創造を実現可能にする機会を生み出すことは，重要な役割となる。

　この知識創造は，換言すれば社内知の創造である。しかし，社内知の創造だけでは，一局に凝り固まった知識になりがちである。したがって，社内知の創造だけではなく，社外知を取り入れることも必要である。競争相手や優秀な経営を行っている企業の社外知を学び，自社の社内知と結びつけることによって，新たな知識を創造する。一般に，社外知の取り入れは，ベンチマーキングと呼ばれる。高梨智弘（2003）は，ベンチマーキングを「顧客価値を創造し業績をあげるため，業界内外の優れた業務方法（ベストプラクティス）と自社の業務方法とを比較し，現行プロセスとのギャップを分析し，自社にあったベストプラクティスを導入・実現することにより現行の業務プロセスを飛躍的に改善する，体系的で前向きな経営変革手法である。」[10]と定義した。

　社内知を変革し，社外知を取り入れることで新知識を創造し，イノベーションが生起しやすい体制を構築することもイノベーターの役割である。イノベーターがその役割を果たすためには，新知識を創造しやすい体制づくり，すなわち新知識が創造されやすい組織づくりも必要となる。

　そこで，新知識が創造されやすい組織を理解することも重要な課題となる。日本の場合，新知識が創造されにくい原因となっているのは，暗黙知が表出しないことにある。アメリカの場合，マニュアル化社会でもあり，個人がもつ暗黙知を表出し，形式知として組織内で共有する傾向がある。他方，日本では暗黙知が個人の知的資産となるケースが多く，暗黙知が表出化されにくい。したがって，日本において新知識を創造する場合，いかに暗黙知を表出し，組織内で共有するかが成功の鍵であり，暗黙知を有効に共有できる組織が必要になる。一般に，知識を創造するために，暗黙知の効果的な表出を可能にし，形式知化されることによって組織内で容易に共有できる組織のことを「学習する組

織」と呼ぶ。これが，個人知から組織知への変換がスムーズに行われる組織である。

　学習する組織とは，環境変化に適応して，組織メンバー全員が継続的に自己学習し，組織全体で自己革新する組織のことである。組織全体で自己革新するためには，個人の中に埋もれる暗黙知を組織全体で共有することが肝要である。したがって，学習する組織とは，新知識の創造が可能な組織システムともいえる。ガービン（Garvin, D. A., 2000）も，学習する組織とは「知識を創造，獲得，移転する技術をもち，既存の行動様式を新しい知識や洞察を反映して変容することができる組織」[11]であると定義し，学習する組織の本質が新知識の創造を可能にするシステムにあることを指摘した。

　センゲ（Senge, P. M., 1995）は，学習する組織の原動力として，①システム思考，②自己マスタリー，③メンタル・モデルの克服，④共有ビジョンの構築，⑤チーム学習の5つをあげている[12]。

3 「場」の概念

（1）「場」の特性

　知識創造により新たな知識が創造され，新たな製品・サービスが開発されると，その製品・サービスは新たな価値として普及する。この価値は，社会に普及する結果，社会の成員にとって新たな価値として認識され，知識が創造されるのである。

　その場合，社会への普及は，当然，個人の問題とは異なる。個人と個人，個人と企業，個人と社会などの関係において，コミュニケーションを結ぶ過程であるといえる。その際，重要になるのが，どのように伝達されるのかということであり，これは，コミュニケーション・チャネルの問題である。

　近年，このコミュニケーション・チャネルに関し，「場」という概念を用いて論じられるようになった。この「場」の存在が，社会における知識創造を促進させる要因となる。すなわち，「場」の問題は，ナレッジ・マネジメントの

図表6-5　場の概念図

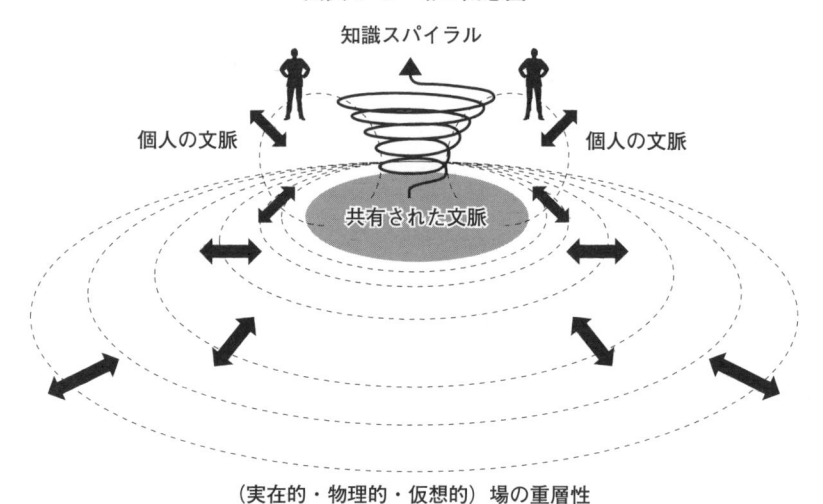

知識スパイラル

個人の文脈　　　　　　　　　個人の文脈

共有された文脈

（実在的・物理的・仮想的）場の重層性
場は SECI にエネルギーと質を与える時空間である
出所）國領二郎・野中郁次郎・片岡雅憲（2003）18頁。

重要な一側面であるといえよう。

　野中郁次郎（2003）は,「場」をつぎのように定義した。「われわれは,『知識』は個人の内に能力として蓄えられているが, 特定の時間, 場所, 他者との関係性や状況, つまりコンテクスト（文脈）の中で発揮され, その正当性が他者にも確認され, 修正され, 増幅されると考える。知識の性質でも指摘したように, 知は具体的な文脈の中の具体的行動や話法のプロセスの中でしか現れない。われわれは, このように共有された動的文脈を『場』と定義する。コンテクストは意味を生成するので, 場は意味が流動する地空間であるともいえる」。[13]

　伊丹敬之（2000）は,「場とは, 人々が参加し, 意識・無意識のうちに相互に観察し, コミュニケーションを行い, 相互に理解し, 相互に働きかけあい, 共通の体験をする, その状況の枠組みのことである。」と定義した。伊丹は, 場の枠組みとは, 人びとがさまざまな様式やチャネルを通じて情報を交換し合

い，刺激し合う，人びとの間の情報的相互作用の容(い)れものである[14]と述べた。

野中や伊丹を始めとして，「場」に関する代表的な定義をみると，「場」とは，時間や空間の関係，人びとの関係そして，それら全体が生み出す関係という関係性を構築するという特性がみえてくる。また，関係性が構築される中で，自己組織化が起こるという視点も見逃すことはできない。

（2） 知識と場のダイナミクス

知識創造と場がどのような形でかかわりをもつのかは，重要な命題である。野中郁次郎＝紺野登は，知識創造と場の関係について，以下のポイントをあげている[15]。

① 「場」は，組織の中に多様に存在していて，個々人の知識を共有したり共同で知識を創るための（文脈の）結節点になる（これにはいくつかのパターンがあって，知識経営のモデルを描くことができる）。

② 「場」は物理的オフィス空間からサイバー・スペースまでを貫く概念であり，複雑な現代的職場環境のデザインの重要な切り口になる。

③ 「場」は知識経営における情報技術活用のコンセプト，指針となる。

④ 「場」の考え方は，組織内部にとどまらない。それは，グローバルに活動する企業が場所や立地をどのようにとらえるか，という意味で見逃せないものである。

⑤ 知識企業の組織は，古典的企業のそれとは異なる。組織デザインの基礎（基本単位）となるのが「場」である。

⑥ 以上のような「場」についてよく理解し，デザインし，駆動させることのできる能力がこれからの企業のリーダーシップには重要な資質となる。

これらの指摘をみると，知識創造にとって場の存在が欠かすことができないのは，①場が知識創造の要となる，②イメージできる場とイメージできない場がある，③情報技術の効率的活用を促進する，などの理由からである。すなわち，場は，知識創造を促進する要因ととらえることができる。しかし，知識創造がすべて同じ場の中で生起するわけではない。場には，いくつかのタイ

図表6-6　4タイプの場

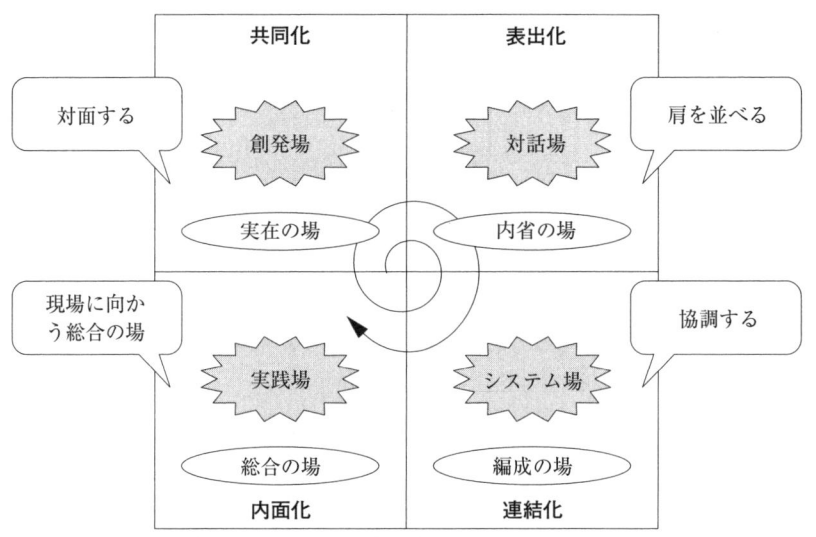

	共同化	表出化	
対面する	創発場	対話場	肩を並べる
	実在の場	内省の場	
現場に向かう総合の場	実践場	システム場	協調する
	総合の場	編成の場	
	内面化	連結化	

出所）伊丹敬之・西口敏弘・野中郁次郎編（2000）58頁。

プが存在しており，また知識創造の方法も異なる。その点を野中郁次郎（2000）は，SECIモデルに対応させ，4つのタイプに分類している。

図表6-6のように，野中郁次郎は場のタイプを①創発場，②対話場，③システム場，④実践場に分類した[16]。

① 創発場：お互いに認識している人びとの集まりであり，個人が経験や感情などの暗黙知を共有する場である。
② 対話場：意識的に選ばれた人々の相互関係の場であり，個人の暗黙知が場の中で共有化され，共通コンセプトとして表現される。
③ システム場：時空間の共有よりも，仮想空間で相互作用が行われる場合が多い。
④ 実践場：対話場が思考中心の相互作用であるのに比して，実践場では行動中心の相互作用となる。

これらの4つの場が組織内で絶えず循環的に生成されるような仕掛けが，知識創造のためには重要と考えられている。すなわち，これらの4つの場のなか

で関係性が生まれ，知識創造における SECI モデルと相互関連し，新たな知識が創造されるのである。

(3) 場のマネジメント

　場は，そこに所属するメンバーに心理的な影響を強く与える。また場の機能としては，共通理解の向上と心理的共振（共鳴）を人びとにもたらすのである。そのような場のマネジメントを行う場合には，2つの重要な視点が存在する。
　① 生成のマネジメント
　② プロセスのマネジメント
　伊丹敬之（2000）によれば，生成のマネジメントとは「場を生成させるためのマネジメント」であり，プロセスのマネジメントとは「場をいきいきと動かしていくためのマネジメント」である[17]。
　場の生成には，計画的な生成方法と自然発生的な生成方法が存在する。すなわち，企業内に場が生成される場合，経営者による計画的な場の設定と自然発生的な創発の2つの方法がある。
　そして，場の生成方法の差異は，場の特徴に違いを生み出す。そのような状況では，場のマネジメントを行うときに，マネジメント方法にも相違を生み出す。したがって，場のマネジメントは，設定と創発の2つの方法により生成された場を区分して考える必要がある。
　一方，場のプロセスのマネジメントとは，場が生成された後で，その場をどのようにして機能させ続けるかということである。伊丹敬之（2000）は場のかじ取りと表現した。その上で，かじ取りのステップとして，① ゆらぎを与える，② 切れ端を拾い上げる，③ 道をつける，④ 流れを作る，⑤ 留めを打つ，の5つを指摘した[18]。場のプロセスのマネジメントとは，これらのステップを通じて機能的な場に発展させることである。
　そして，場のマネジメントでは，場の生成から機能的な場に発展させることが重要な課題となる。

注 第6章 知識創造とナレッジ・マネジメント

1) 岸川善光（1999）『経営管理入門』同文舘，178頁。
2) 寺本義也（1999）2頁。(OMNi-MANAGEMENT，社団法人日本経営協会，1999年7月号)
3) 野中郁次郎・紺野登（1999）『知識経営のすすめ』筑摩書房，23-27頁。
4) 寺本義也（1999）1頁。(OMNi-MANAGEMENT，平成11年7月号)
5) 野中郁次郎・紺野登（1999）前掲書，13-19頁。
6) アーサーアンダーセンビジネスコンサルティング（1999）『ナレッジマネジメント』東洋経済新報社，14-17頁。
7) ゲオルク・フォン・クロー・一條和生・野中郁次郎（2001）『ナレッジ・イネーブリング』東洋経済新報社，序xvii。
8) 野中郁次郎・竹内弘高（1996）『知識創造企業』東洋経済新報社，109-124頁。
9) 日本総合研究所編・伊佐田文彦編著（2003）『"日本発" MBA 上［基礎編］』中央経済社，76頁。
10) 同上書，76頁。
11) ダイヤモンド・ハーバード・ビジネス・レビュー編集部訳（2000）『ナレッジ・マネジメント』ダイヤモンド社，74頁。
12) Senge, P. M.（1990）*The Fifth Discipline*, The English Agency (Japan) Ltd.（守部信之訳（1995）『最強組織の法則』徳間書店，14-19頁）
13) 國領二郎・野中郁次郎・片岡雅憲（2003）『ネットワーク社会の知識経営』NTT出版，14-15頁。
14) 伊丹敬之・西口敏弘・野中郁次郎（2000）『場のダイナミズムと企業』東洋経済新報社，13-14頁。
15) 野中郁次郎・紺野登（1999）前掲書，164頁。
16) 伊丹敬之・西口敏弘・野中郁次郎（2000）前掲書，58-59頁。
17) 同上書，27頁。
18) 同上書，31頁。

参考文献

伊丹敬之（1999）『場のマネジメント』NTT出版
日本総合研究所編・伊佐田文彦編著（2003）『"日本発" MBA 下［実践編］』中央経済社
野中郁次郎編（1997）『俊敏な知識創造経営』ダイヤモンド社
野中郁次郎・紺野登（2003）『知識経営の方法論』東洋経済新報社

第2部

経営管理論の系譜

第7章 管理の原点

1 テイラーの科学的管理法

　テイラー (Taylor, F. W.) は，1895年に A Piece-Rate System (*trans.A. S. M. E.,* Vol. 16,『ひとつの出来高払制私案』) を発表した。世にいう「科学的管理法」の登場である。テイラーは，1903年に Shop Management (*trans. A. S. M. E.,* Vol. 24,『工場管理』)，1911年には *The Principles of Scientific Management* (Harper,『科学的管理の原理』) を著し，科学的管理法を追求していったのである。1969年には，上野陽一訳・編『科学的管理法』(産業能率短期大学出版部) がテイラーの著作集として発刊された。

(1) テイラーの経歴

　フレデリック・ウインスロー・テイラー (1856-1915) は，弁護士の子としてフィラデルフィアで生まれた。目を悪くしたためハーバード大学法科への入学を断念し，19歳のとき，フィラデルフィアの小さなポンプ工場に入り木型工，機械工として働いた。3年後ミッドベール製鋼に移り，平工員から技師長になるまで12年間 (1878-1890) 働いた。ミッドベールを去ったテイラーはエンジニアとしてコンサルティング業を営み，1898年にベスレヘム製鋼に招かれて3年間，そこでは工場管理に関するさまざまな研究を行った。その後，テイラーは科学的管理法を実施することを条件にフィラデルフィアのテイバー社と，リングベルト社のフィラデルフィア工場で (1904-1906) 会社の業績回復に貢献した。その後，1909年ウオータータウン兵器廠で軍当局の科学的管理法実施

計画に対して労働組合の猛烈な反対が起こり，これが国会を動かして1911年テイラーの証言を求める「科学的管理法特別委員会」開催事件となり，テイラーはこれに対応しなければならなかった。

（2） 内部請負制度と組織的怠業

テイラーは南北戦争後のアメリカで活躍した機械技師で，能率増進運動の中心的な役割を果たし，後に科学的管理の父と呼ばれるようになる。

南北戦争後，アメリカは急速な工業化が進んだ。鉄道網が拡大していき，市場が急速に成長し，機械化の進展もあってアメリカは大量生産の時代を迎えつつあった。大量生産に必要となる多くの労働者は，ヨーロッパからの移民によってまかなわれたが，そのほとんどが，未熟練労働者であった。その結果，大量生産を可能にした機械化と未熟練労働者の増加は，従来のマネジメントに波紋を投げかけることとなったのである。

当時の工場管理制度は内部請負制度（inside contract system）と呼ばれ，経営者は労働者の雇用，賃金の支払い，仕事の段取りなどすべての工場管理の仕事を工場長に任せていた。この工場長は親方と呼ばれる熟練労働者から選ばれた。請負人である工場長は労働者の作業量を決めるのに個々の職長や熟練工に任せていた。これらの職長や熟練工は経験と恣意による「目分量方式」（rule of thumb method）の決め方であった。こうした当時の工場管理のありかたは「成り行き管理」（drifting management）といわれていた。

また，当時の労働者のあいだでは意識的，集団的に仕事をサボタージュする組織的怠業（systematic soldiering）が横行していた。労働者は自分たちが能率を上げると，作業能率向上の結果，過剰労働者が失業すると考え，相互に牽制して能率を上げないようにしていたのである。

（3） 課業管理の 4 原理

テイラーは新しい管理の中心に課業管理（task management）を置いた。課業（task）とは一日のなすべき公平な仕事量である。本来この一日になすべき公

平な仕事量は経営者の思惑で決まるのではない。また，労働者の思惑で決まるものでもない。課業は科学的に算出し，客観的に決められた作業量であり，科学的根拠にもとづいた仕事量こそが，経営者と労働者にとって公平な仕事量なのである。そのために，テイラーは労働者の作業をいくつかの動作に分解し（動作研究：motion study），動作ごとにストップウォッチを使って要する時間を測定した（時間研究：time study）のである。

テイラーは『工場管理法』の中で，課業管理の4原理を示している。

① 大いなる一日の課業（a large daily task）──会社にいる人はその地位の上下にかかわらず毎日なすべき課業をはっきりしておかなければならない。
② 標準条件（standard conditions）──各人にはその課業として十分な一日分の仕事量を与える。同時に労働者のためには標準化した条件と用具とを与え，確実に課業の達成ができるようにしてやる。
③ 成功したら多く払う（high pay for success）──各工員が課業を達成したら必ずたくさん払ってやらなければならない。
④ 失敗すれば損する──失敗すれば早晩そのために損をこうむらなければならない。

　この原理を実行すれば，課業管理の第1目標たる賃金を高くし同時に工費を下げることが実現できるというのである。

（4）　差別出来高給制度

上記の4原理の中の後の2つは差別出来高給制（differential piece-rate system）の原理と呼ばれている。

テイラーは，日給制をはじめとする従来の賃金制度に対し，つぎのように鋭く批判する。

① 日給制は労働者の積極性を阻害し，彼らの能力を低い水準で平均化してしまうし，何よりも労働者の個別性を無視するために不公平なものである。
② 単純出来高給制は高能率による生産増加，そして高賃金へとつながるところまでは順調だが，雇用者側が増大する労務費の削減をはかり，賃率を

差別出来高給制の例

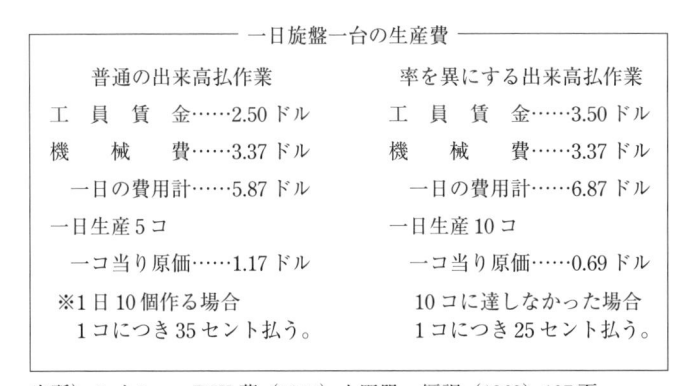

```
───────── 一日旋盤一台の生産費 ─────────
    普通の出来高払作業              率を異にする出来高払作業
 工 員 賃 金……2.50ドル       工 員 賃 金……3.50ドル
 機 械 費……3.37ドル       機 械 費……3.37ドル
   一日の費用計……5.87ドル        一日の費用計……6.87ドル
 一日生産5コ                 一日生産10コ
   一コ当り原価……1.17ドル        一コ当り原価……0.69ドル
 ※1日10個作る場合             10コに達しなかった場合
   1コにつき35セント払う。         1コにつき25セント払う。
```

出所）テイラー，F. W. 著（1947）上野陽一編訳（1969）107頁。

図表7-1　科学的管理法の体系

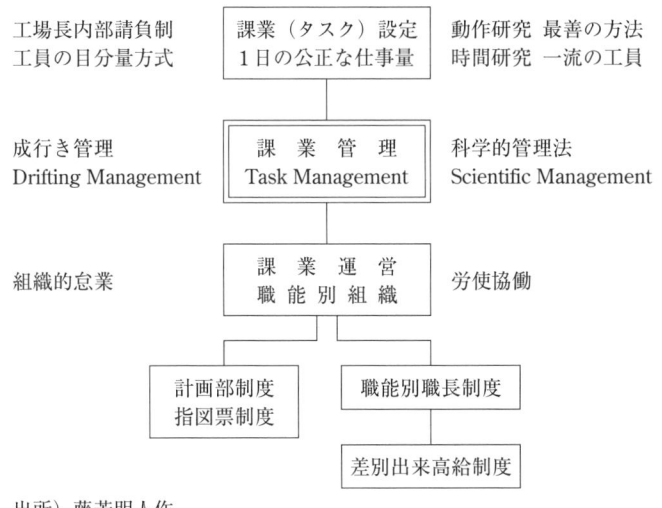

```
工場長内部請負制      課業（タスク）設定       動作研究 最善の方法
工具の目分量方式      1日の公正な仕事量        時間研究 一流の工具

成行き管理          ┌─────────┐          科学的管理法
Drifting Management │ 課 業 管 理 │          Scientific Management
                    │Task Management│
                    └─────────┘

組織的怠業          ┌─────────┐          労使協働
                    │ 課 業 運 営 │
                    │ 職 能 別 組 織 │
                    └─────────┘
                    ┌──────┐  ┌──────┐
                    │計画部制度│  │職能別職長制度│
                    │指図票制度│  └──────┘
                    └──────┘  ┌──────┐
                                │差別出来高給制度│
                                └──────┘
```

出所）藤芳明人作

下げる結果，失敗に終る。組織的怠業は避けることができない。
③ 利益分配制は，温情的制度ではあるが，団体に対するものであるために個人的野心を刺激しない。また労働者の損失負担の機会もない。
④ タウンの「分益制」（Toene's gain-sharing plan）とハルシー（Halsey, F. A.）

の「プレミアム制」（Halsey's premium plan）は改良された賃金制度であるにもかかわらず，日給制を基礎とする点や，標準作業量の決定が科学的でない点に根本的欠陥がある。

こうしてテイラーは，高低2種の賃率をもち信賞必罰的な性格をもつ「差別出来高給制度」を提唱したのである。

率を異にする出来高給制によって，高い賃金を支払うことが，いかに経済的であるかを知るというテイラーの差別出来高給制の一例を記しておく。

（5） 職能別職長制度

テイラーの主張する「課業管理」は，さらに「計画部」や「職能別職長制」（functional foremanship）を内容とする職能化原理の導入によってより確かなものとなった。テイラーは，工場は企業者や工場長，職長などの"人"によって管理されるものではなく，「計画部」によって管理されなければならないと述べ，ここにはじめて"組織によるマネジメント"を提唱した。「計画部」は計画的管理職務を集中することによって，工場全体を管理する管理組織として位置づけられるものであった。

また，テイラーは，これまでの支配人→工場長→職長→副職長→組長→労働者への命令系統から成る「軍隊式組織」において，職長や組長は「生まれつき素質のよい人で，多年特別の訓練を経た人」がなっているのであって，このような適材を得ることは，むつかしい問題であるとした。その上で，軍隊式組織をやめて職能組織または「機能式」組織を導入する。つまり職長の管理職能をつぎの8種類の職能に専門化し，生産工程に即してそれぞれの職長を置く「職能別職長制」を提示したのであった。

計画部職長
① 仕事の順序・手順係職長（ordar of work and route clerk）
② 指図票係職長（instruction card clerk）
③ 時間および原価係職長（time and cost clerk）
④ 工場紀律職長（shop disciplinarian）

作業現場職長

⑤ 準備係職長（gang boss）

⑥ 速度係職長（speed boss）

⑦ 検査係職長（inspector）

⑧ 整備係職長（repair boss）

テイラーは，この職能別職長制の利益として，① 職長の養成期間の短縮，② 職長にも一日中になすべき課業を与えることをあげている。

（6） 科学的管理の原理と精神革命論

テイラーは主著『科学的管理の原理』の中で，科学的管理法（scientific management）の根本として以下の科学的管理の原理をあげている。

① 工具の仕事の各要素について科学を発展させ，目分量方式をやめること

② 労働者の科学的選択，教育，能力開発

③ 科学の原理に合せて仕事をやらせるように管理者は工員と心から協働する

④ 仕事と責任とを管理者と労働者に均等化して配分すること

テイラーが『科学的管理の原理』を公表した年にウォータータウン兵器廠事件が起こった。ウォータータウン兵器廠のストライキに端を発したテイラー・システム反対運動は急速に拡大していき，テイラーは議会特別委員会の公聴会に証人として喚問されたのである。

公聴会の証言の中でテイラーは差別出来高給制などの手法が科学的管理の本質ではなく，また，能率増進が科学的管理の中心的使命ではないと述べた。労使双方による完全な精神革命（mental revolution）こそが科学的管理の本質であり，労使双方の協調を促進することがその使命であると述べた。こうした労使の親密な協力という理念は，テイラーリズム（Taylorism）と呼ばれている。

結局，テイラーが公聴会で証言した特別委員会は，工場管理に関する法律制定を勧告する時期ではないという結論を議会に報告している。

(7) 「科学的管理」の発展

① テイラーの後継者

　テイラーの「科学的管理」はその後幾多の曲折を経て次第に産業界で浸透していった。それは特にテイラーの死後（1915年），テイラー協会とその指導者たち——バース（Barth, C. G.），ガント（Gantt, H. L.），ギルブレス（Gilbreth, F. B.），エマーソン（Emerson, H.）など——の努力に負うところが大きかった。

　たとえば，ガントはすでに「タスク・ボーナス制」（Gantt task and bounus system）という，テイラーの「差別出来高給制」を基礎にした賃金制度を提唱していたが，さらに「ガント・チャート」（Gantt chart）と呼ばれる工程計画・統制システムを提唱して作業管理の合理化に貢献した。そして彼はテイラーの「科学的管理」を支持しながらも，マネジメント問題における人間的要素の重要性を指摘していた点では特異な存在であった。

　ギルブレスは動作研究の創始者として知られている。彼はマネジメントの科学を仕事の唯一最善の方法による能率の向上に寄与すべきものととらえ，時間研究よりも動作研究による作業の合理化が重視されるべきであるとしていた。彼の微細動作研究（micro-motion study）——「要素動作」(サーブリック)（therblig）はそこから考案された——はテイラー・システムを補完するものとして，「科学的管理」の発展に大きく貢献したと評価されている。

② フォード・システム

　テイラー派には属さないが，この時期に実業界で活躍し，テイラー・システムを発展的に適用したフォード（Ford, H.）の功績をみのがすことはできない。フォーディズムを具体化するマネジメント「フォード・システム」の内容は，① 標準化（standardization）② 移動組立法（moving assembly method）からなっている。

　標準化は，ⓐ 単一製品の原則，ⓑ 工場の専門化，ⓒ 部品の互換性，ⓓ 製造の正確性，ⓔ 単一目的機械，ⓕ 作業の単純化，を具体的内容とするものであり，移動組立法はコンベアによる流れ作業システムとして実現した。そこでの

作業原則とは，労働者はできれば一歩も歩かず，腰も曲げるべきではない，という原則である。労働者は作業の順序に配列され，コンベアによって運ばれた各部品が労働者の定位置におかれることによって労働者はその場で作業する。すなわち，組立ラインの移動速度によって管理されることになるのである。

2 ファヨールの一般管理論

ファヨールは1916年に，*Administration Industrielle et Generale, Dunod.*（山本安次郎訳『産業ならびに一般の管理』ダイヤモンド社，1985年，佐々木恒男訳，未来社，1972年）を著し，経営管理の概念をはじめて明確にしようとし，さらに1921年には *L'incapacite industrielle de l'Etat, P. T. T., Dunod.*（佐々木恒男編訳『経営改革論』文眞堂，1989年）を著している。

ファヨールは，管理教育の必要性を主張した最初の人であり，アメリカの経営管理，特に管理過程学派に多大な影響を与え，「経営管理論の真の父」と称されている。

(1) ファヨールの経歴

アンリ・ファヨール Heri Fayol（1841–1925）はテイラーの誕生より16年前の1841年，建設会社の技師であった父親の任地先コンスタンチノーブル（現在のイスタンブール）で生まれた。1860年19歳のときサン・テケエンヌ鉱山学校を卒業し，ただちにコマントリー・フールシャンボー鉱山会社に入社，傘下のコマントリー炭鉱で技術者として1866年まで働いた。そして25歳のとき立て杭の管理者に昇進し，その6年後には炭鉱全体の管理者に昇進していた。1880年総支配人となったとき，会社は破産寸前という苦境に陥っていたが，彼の手腕によって業績は回復した。1888年最高経営者に就任し，1918年引退した。その後も平取締役としては終身その任に就いた。引退後は自分の管理学説の普及につとめ経営研究所を設立した。テイラーが1903年に *Shop management* を1911年に *The Principles of Scientific Management* を出版してい

るのに対して，ファヨールの代表作 *Administration industrielle et générale* は単行本としては1925年（協会の会報としては1916年）という大変遅い出版であった。

（2） 経営活動と管理活動

　ファヨールは，事業が単一であれ複合であれ，大規模であれ小規模であれ，企業が営む経営過程で生起するすべての活動は，つぎの6種類のグループ活動または本質的職能に分類されるとした。

　① 技術活動（生産・製造・加工）
　② 商業活動（購買・販売・交換）
　③ 財務活動（資金の調達と運用）
　④ 保全活動（財産と従業員の保護）
　⑤ 会計活動（棚卸・貸借対照表・原価計算・統計）
　⑥ 管理活動（計画・組織化・命令・調整・統制）

　そしてファヨールは，経営と管理を明確に区別して，つぎのように定義づけている。

　経営するとは，企業に委ねられているすべての資源からできるだけ多くの利益をあげるように努力しながら企業の目的を達成するよう事業を運営することである。本質的6職能の進行を確保することである。

　管理は，経営がその進行を確保せねばならない本質的6職能のひとつにすぎないのである。しかし，それは経営者の役割の中で，時にはこの経営者の役割がもっぱら管理的であるかのようにみられるほどに大きな地位を占めているのである。

　ここでひとつの大きな問題が残されている。それは，ファヨールが，経営と管理とは混同しないことが大切だと指摘しているにもかかわらず，マネジメント（management）という用語をめぐって，現在でもその解釈はまちまちである。わが国ではマネジメントは「経営」とも「管理」とも「経営管理」とも訳されているのが実状である。日本語版への訳者山本安次郎は1949年にピット

マンから出版されたコンスタンス・ストーズ女史の第2の英訳がadministrationを単純にmanagementに置き換えて英訳したことから，この混乱がはじまったと言及されている。

（3） 管理活動の内容

　ファヨールは管理活動（管理的職能）をつぎの5つの管理要素で構成されると考えた。
　① 計画（将来を探究し，活動計画をたてること）
　② 組織化（事業経営のための物的および人的二重機構を形成すること）
　③ 命令（従業員を職務に精進させること）
　④ 調整（すべての活動・すべての努力を結合し，統合し，調和させること）
　⑤ 統制（すべての行為が定められた規則や与えられた命令に即して行われるべく監視すること）

　ファヨールの管理要素はアメリカの管理過程学派に脈々と受け継がれている。管理要素は管理過程学派の中でも3要素から7要素ぐらいまで相違がみられるが，最も簡略化すれば計画（プラン＝Plan）→実施（ドゥ＝Do）→統制（シー＝See）という管理過程（マネジメント・プロセス）となる。管理過程学派においては，統制の結果はつぎの計画に活用される点で，管理要素が循環すると考えられている。これはマネジメント・サイクル（management cycle）とも呼ばれている。管理要素は時代の流れによって動機づけ，意思決定，革新などが加えられていったが，その源流はファヨールにあり，ここにファヨールが「経営管理の真の父」と呼ばれる所以（ゆえん）があるといえよう。

（4） ファヨールの法則

　テイラーが管理職能の専門担当者と作業職能の担当者とを分離したのに対して，ファヨールは構成員全員が担当比重は異なるが経営管理機能の担当者とみなした点で，両者は大きく異なる。ファヨールによれば，たとえば販売員は販売活動のみならず，何らかの経営管理職能を遂行するというのである。

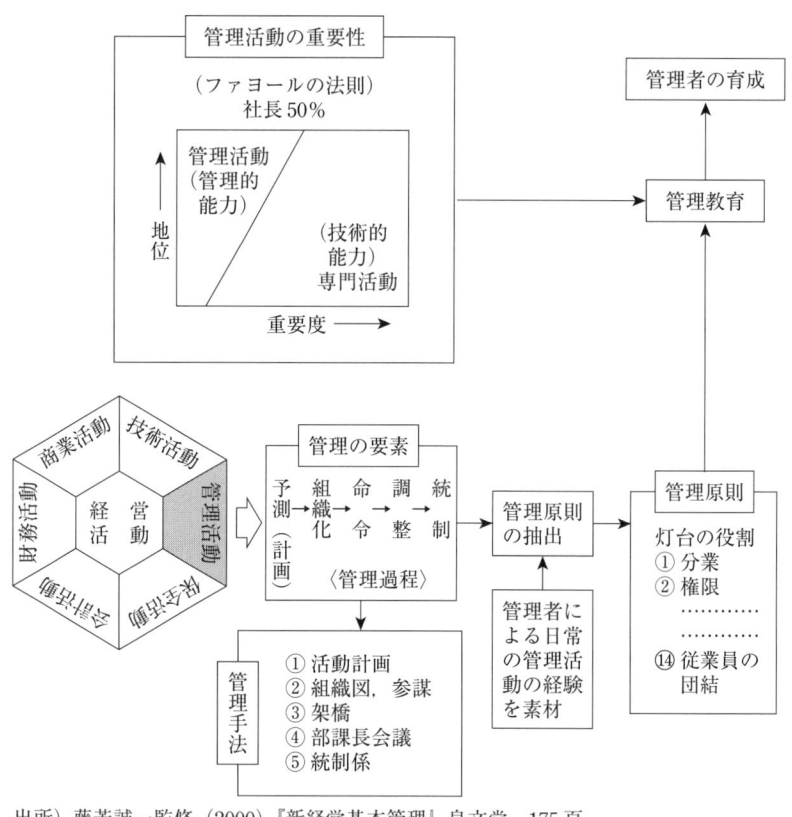

図表7-2　ファヨール理論の体系

出所）藤芳誠一監修（2000）『新経営基本管理』泉文堂，175頁。

こうしてファヨールは，各人は6種の職能すべてを担当職務に応じて何らかの形で遂行しなければならず，それぞれに対応する能力をその重要度に応じて有する必要があるという基本命題を提示する。彼は自らの30余年の経験をもとに，つぎのような，いわゆる「ファヨールの法則」と呼ばれる結論を導き出している。

① 下位の担当者の主要な能力は，当該企業に特徴的な職業的能力であり，上位責任者のそれは経営管理能力である。
② 企業規模が拡大するにつれて，責任者の経営管理能力の相対的重要性が

増大し，職業的能力の相対的重要性は減少する。

企業構成員の階層別能力比率（管理的活動＝能力：専門的活動＝能力）をウルリッヒ（Ulrich, H.）によってファヨールの法則（das Fayoloshe Gesetz）と名づけられた。

ファヨールはただ単に経営管理能力の重要性を指摘したばかりでなく，その能力の育成の問題，すなわち管理教育の必要性を主張した点において現代的意義をもつのである。こうしてファヨールの管理職能論は，管理能力論を媒介として管理教育論へと展開してゆく。

（5）　管理教育の提唱と管理原則

そもそも，なぜファヨールが『産業ならびに一般の管理』を著したのか。ファヨールは会計や技術といった専門的能力が学校教育の場で獲得されているのに対して，管理的能力が教えられていないことに不満をもっていたのである。管理的能力が学校で教えられるようになるためには，経験によって検証され証明された原則，基準，方法，手続の体系を構築するためのいわば管理の一般原理が必要不可欠であると考えた。この管理教育の提唱こそファヨールの主張であり，管理教育の前提条件としての管理理論の確立こそファヨールの狙いであった。そこでファヨールは管理理論の確立のタタキ台となるべき管理原則を提示している。

ファヨールが提示した原則はつぎの14原則である。
① 分業（仕事は分業化して行うこと。それに応じ権限は分割される）
② 権限と責任（権限とは命令権力であり，責任とは権限に付随する賞罰である）
③ 規律の維持（企業と従業員とを明確に結びつける規律を設けること）
④ 命令の一元性（命令はひとりの責任者から受けること）
⑤ 指揮の一元性（1人の責任者と1つの計画のもとに指揮されること）
⑥ 個人的利益の一般的利益への従属（従業員の利益よりも企業の利益を優先させること）

⑦ 報酬（報酬は労使双方が満足する形で公正でなければならない。唯一絶対の報酬制度は存在しない）
⑧ 権限の集中（分業によって分権化された権限は他方において集中させなければならない。分権化と集権化は程度の問題である）
⑨ 階層組織（組織は権限階層にそくして形成される）
⑩ 秩序（適材適所の原則）
⑪ 公正（従業員が熱意と積極的貢献を示すためには，公正の意識が浸透していなければならない）
⑫ 従業員の安定（適正な配置転換）
⑬ 創意の気風（知的活動を大事にし，従業員に創意工夫を励行させる）
⑭ 従業員の団結（文書連絡を乱用したりして従業員の心を離反させ，団結力を弱まらせてはならない）

これらの管理原則について，サイモン（Simon, H. A.）が指摘するように，管理原則内の矛盾や管理原則間の矛盾が部分的に存在している。その意味で管理原則は理論として不十分であるともいわれている。この点に関しては，ファヨール自身も管理原則が絶対的なものではないと述べ，管理原則の役割を灯台と船のたとえで説明している。すなわち，管理原則は経営管理の方向を教えてくれるという点で灯台の役割を果たすが，灯台が航路を知っている人々だけを案内できるように，経営管理を心得た人のみが役立てられるもので，決して万能薬ではないのである。

（6） ファヨールの管理手法

ファヨールの提唱する主たる管理手法はつぎの諸制度である。
① 予測—活動計画
② 組織化—組織図，参謀（スタッフ）
③ 命令—「かけ橋」
④ 調整—部課長会議

⑤ 統制―統制係

① 活動計画

　活動計画は経営管理職能の合理的遂行に不可欠のものであることを強調する。すなわち，それは企業の資源の有効利用を可能にし，企業目的に対する手段の合理的選択を可能にし，躊躇・誤りを減少させ従業員の進歩に貢献する。

　活動計画に要求される条件は，ⓐ 部下を扱う技術，ⓑ 活動力，ⓒ 道徳的勇気，ⓓ 指導者の安定的施策（不用意な配置転換は計画立案の障害となる），ⓔ 職業的能力，ⓕ 事業に関する一般的知識，である。

② 組織図と参謀（スタッフ）

　ファヨールは組織図の効用について，記述式で組織を表現するよりも図として表現した方が一見して組織の全体，部門とそれらの範囲，階層組織の段階地位を把握できるという。

　さらにファヨールはスタッフ（etat-major）の機能の重要性を指摘する。

　スタッフ（参謀）とは本来軍隊で活用されているものであるが，それは全般的経営管理者に対する補助者として不可欠なものである。企業では，通常，秘書・顧問・諮問委員会・研究室・実験室というスタッフが存在する。これらの専門家ないし専門組織は，ファヨールによれば全般的経営管理者からのみ命令を受け，彼らに対してのみ責任を負うという基本的特徴をもつものであるという。

③「かけ橋」

　これは，階層組織の管理原則に深く関連する手法である。命令一元性の原則と権限階層の原則によって形成される直系組織は，必然的に伝達経路が長いものとなる。そこで用いられているのが「かけ橋」＝「渡り板」（passerelle）である。つまり，日常的業務の場合，担当者（部門）同士の協議・決定を行う権限をあらかじめそれぞれの上司が与えておけば，階層組織の階梯を登り降りする

第7章　管理の原点　155

無駄を省くことができる。三角形の二角（担当者）を連結する底辺がかけ橋のごとき役割を果たすのである。

④ 部課長会議

ファヨールは，企業全体の要素を調和させる調整の必要を述べながら，実際にはいわゆるセクショナリズムがはびこり，部門間の調整がとられていない事実を指摘する。そしてそのような問題の克服策として，部門責任者の週例会議を奨励する。

⑤ 統制係

ファヨールのいう統制とは，すべての作業と経営管理が，計画や命令，管理原則に従って行われているかどうか，組織化や調整が機能しているか否かを確かめ，監視する機能を意味する。統制は諸部門の担当者によって行われるが，統制範囲が広範にわたり，統制の仕事が複雑かつ多量である場合には，特別の専門家——統制係または監察係（controleur）——が必要になる。

(7) ファヨール理論の継承

ファヨール理論はフランス国内で継承されるよりも，むしろイギリスに移入され（1929年英訳），すでに高い評価を得ていたシェルドン（Sheldon, O.）の経営管理論（*The Philosophy of Management*, 1923. 田代義範訳『経営管理の哲学』未来社，1974年）と結合し，アーウィック（Urwick, L. F.）やブレック（Brech, E. F. L.）らによって継承された。

他方，アメリカでは，ファヨールの主著が米国内で翻訳出版されたのが1949年のことであったため，ファヨール理論そのものが普及したのはその後であった。管理職能論と管理原則論をテイラーとは異なる観点と方法で提示していたチャーチ（Church, A. H.）の経営管理論（*The Science and Practice of Management*, 1914.）が，ファヨール理論を導入する素地を築いていた。その後，デイビス（Davis, R. C.）の著作，さらに，ムーニーとライリー（Mooney, J.

D. and Reiley, A. C.) やブラウン（Brown, A.）の組織原則論があらわれ，いまやファヨール理論の導入を待つばかりとなっていたが，1953年のテリー（Terry, G. R.），1955年のクーンツ＝オドンネル（Koontz, H. and O'Donnell, C.）の経営管理論が出るに及んで，いわゆる「マネジメント・プロセス学派」が形成され，この流れが「伝統的管理論」と呼ばれて"英米経営学"の主流を占めることになったのである。

このように，イギリスやアメリカを舞台として確立された「マネジメント・プロセス学派」も，異なるアプローチをする学派の誕生によって，批判の浮目をみるようになった。その最も先鋭な批判は，「意思決定論学派」を主導した，ハーバート・サイモン（Simon, H. A.）によるものであった。

参考文献

Taylor, F. W.（1895）A Piece-Rate System, *trans. A. S. M. E.,* Vol. 16.
Taylor, F. W.（1903）Shop Management, *trans. A. S. M. E.,* Vol. 24.
Taylor, F. W.（1911）*The Principles of Scientific Management,* Harper. 上野陽一編訳（1969）『科学的管理法』産業能率短期大学出版部
Gantt, H. L.（1910）Work Wages, and Profits; Their Influence in the Cost of Living.
Ford, H.（1926）*Today and Tomorrow.* 稲葉襄監訳（1968）『フォード経営』東洋経済新報社
Fayol, H.（1916）*Administration Industrielle et Generale de l'Etat,* P. T. T., Dunod. 山本安次郎訳（1985）『産業ならびに一般の管理』ダイヤモンド社.
Fayol, H.（1916）佐々木恒男訳（1972）『産業ならびに一般の管理』未来社.
Fayol, H.（1921）*L'incapacite industrielle de l'Etat,* P. T. T., Dunod. 佐々木恒男編訳（1989）『経営改革論』文眞堂
Sheldon, O.（1929）The Philosophy of Management. 田代義範（1974）『経営管理の哲学』未来社

第8章 人間関係論アプローチ

1 ホーソン・リサーチ以前

(1) 精神技術学

　テイラーの「科学的管理」がアメリカ産業界において注目されはじめていたころ，テイラー・システムの支持者でもあるミュンスターベルク (Münsterberg, H.) やギルブレス夫人 (Gilbreth, L. M.) によって，産業心理学的提言がなされた。このように初期の産業心理学は，テイラー・システムの発展と密接な関連をもって登場したのである。つまり，ミュンスターベルク自身が名づけているように，当時の産業心理学は経済的諸問題の解決に役立つ「精神技術学」であり，各種の心理テストを用いて人間の行動や能率を操作する技術とみなされていた。

　第1次大戦時における軍隊テストによってその実践的効用を認められた産業心理学は，次第に産業界にも浸透して，採用試験などにも利用されるようになった。そして，いわゆる産業心理コンサルタントも出現し，当時の産業界にあっては，テイラーイズムの需要に適応する能率心理学は歓迎すべきものとなった。

(2) 生理学的研究

　他方，産業疲労や単調感については，生理学諸問題として研究されていた。イギリスでは，1921年に「全国産業心理学研究所」が設立され，マイヤーズ (Myers, C. S.) が中心となって，作業と肉体的疲労の関係を生理学的方法にも

とづいて研究していた。またアメリカでは，ヘンダースン（Henderson, L. J.）らが「ハーバード大学疲労研究所」において，同様の実験研究を行っていた。

しかしながら，これらの生理学的研究の成果は，労働と疲労に関する産業における人間問題として応用しようとする場合，必ずしも十分なものとはいえなかった。疲労とは，生理学的実体としてあらわれる 1 つの肉体的現象としてとらえられるよりも，複雑な状況の中で作用し合う多くの要因によって形成される肉体的・精神的現象ととらえるべきである。単に生化学ないし生理学の領域で取り扱われるのではなく，広く「産業心理学」的研究として展開されなければならないことが，次第に認識されるようになったのである。

（3） 古典的人事管理論

ところで，マネジメントの分野では，すでに 1920 年，ティードとメトカルフ（Tead, O. & Metcalf, H. C.）による人事管理論の古典的業績（*Personnel Administration*，高田琴三郎訳『人事管理』厳松堂，1950 年）が現れ，その後スコット（Scott, W. D.）らの初期的人事管理が 1920 年代に相ついで登場した。この時期における人事管理論は労働力のみを対象とするのではなく，人間としての労働者をも問題にすべきことを指摘した点において先駆的意義をもつものであった。

（4） 照明実験

ウェスタン・エレクトリック会社のホーソン工場では，「全米学術会議」の協力のもとに，「産業における能率に対する照明の質と量の関係」を研究する「照明実験」が行われた（1924 年 11 月〜1927 年 4 月）。しかし数年にわたるいくつもの実験にもかかわらず，照明と作業能率の間に何ら積極的な因果関係を見い出すことができずに実験は中止された。しかしながら，実験者たちは，照明そのものは作業能率に対して余り大きな影響を与えるものではなく，むしろ作業者の精神的・心理的要因が大きな影響を与えることが判明したとし，一応の収穫としたのである。そして，実験担当者のペノック（Pennock, G. A.）は，

当時すでにハーバード大学に移籍していたメイヨー（Mayo, E.）を訪ね，研究の指導を依頼し，ここにホーソン工場とメイヨー一派との共同研究が開始されることになったのである。

2 ホーソン・リサーチ

（1） ホーソン・リサーチの概要

「ホーソン・リサーチ」は，1927 年 4 月から 1932 年 5 月までの 5 カ年の長期にわたって実施された，マネジメント史上最大の実証研究である。それはつぎのような主要実験から構成されている。

① 継電器組立作業実験室（Relay Assembly Test Room）1927 年 4 月～1932 年 5 月
② 面接計画（Interviewing Program）1928 年 9 月～1930 年 9 月
③ バンク巻線作業観察室（Bank Wiring Observation Room）1931 年 11 月～1932 年 5 月

まず，「継電器組立作業実験」は 5 カ年に及ぶ「ホーソン・リサーチ」の期間中，継続して行われた唯一，最大の実験である（ただし，第 13 期までの 2 年 2 カ月の結果を 1929 年 7 月にまとめ，ここまでがこの実験の主要部分をなしている。その後は同様の繰り返しであった）。この実験は，一定期間の作業に環境条件の変化を加え，その結果としての生産能率との因果関連をさぐるものであった。しかし，この実験も「照明実験」と同様，その半分を経過した時点（13 期）で当初の予想をくつがえされた。たとえば，6 名の被検者（女子工）は，休憩時間と回数，賃金支払方法，終業時刻，軽食の提供，作業場，などの作業条件についてしばしば変更を加えられた。当然のことながら，実験者たちは，有利な作業条件は生産能率を向上させると予想したにもかかわらず，実際にはいずれの場合も次第に生産高は増加し，不利な条件下においても同様であるという奇妙な結果になった。ここで，まだ明確なものではなかったが，実験者たちは，被検者の心理的態度（モラール）の変化が重要な要因であることに気づきはじ

めたのである。

　つぎに,「面接計画」は当初,作業条件についての感想を聞くこと,監督者の訓練,労使の信頼関係を作ることなどを目的として小規模なものとして出発したが,次第に拡大し,最終的に約29,000余名の従業員のうち,約21,000余名に及ぶ人々を対象とすることになった。この面接の結果,労働者の感情的要因が彼らの行動において占める重要性を確認することになった。

　最後に,「バンク巻線作業観察室」はつぎのような特徴をもつものであった。これは,これまでの観察対象が主として個人に向けられていたのに対し,作業集団を当初からの対象として設定したことに特徴がある。すでにこれまでの経験から,実験者たちは,職場の中に自然発生的に形成される「人間関係」が個人の行動にある種の拘束力をもつことに気づき,これを検証しようとしたのであった。14名の作業員（男子工）を対象に観察と面接を行い,彼らの人間関係にポイントをおいた調査が行われた。

（2）「継電器」実験

　ここで実験の結果について総括してみよう。

　まず「継電器」の基本的仮説は,当時産業界で注目されていた科学的管理法における人間仮説——「マシン・モデル」——に依拠したものであった。すなわち,作業者は与えられた物理的作業条件に忠実に反応するという仮説であり,「照明実験」の延長線上のものにすぎなかった。前述したように,この実験も「照明実験」と同様に失敗したのであるが,ここから出された結果が,実験の方法そのものに深く関連していたことは皮肉であった。

　すなわち,この実験の過程でとらえたいくつかの要因が結びついて,いわゆる「ホーソン効果」を生み出したのである。「ホーソン効果」の条件とは,

① 最初に仲のよい2名を選抜し,彼女たちに他の女工を選ばせた（交友関係による小集団の発展）。

② 実験の目的と方法を説明し,協力を依頼した（誇り）。

③ 作業中の自由な会話を認めた（自由）。

④ 寛大な監督（解放的）。
⑤ 実験の進行についての相談と会議（参加意識と責任感）。
⑥ ほかの作業班との完全な区別（エリート意識）。

などである。もはや彼女たちは"普通"ではなかった。彼女たちは大いにモラールを高め，作業条件それ自体は大きな問題ではなかったのである。

（3）「面接」実験

「面接」において重要なことは，面接方法を質問方式から「非指示的方法」（非誘導的方法）へ改善したことであった。これは面接担当者はできるだけ発言を控え，被面接者に自由に会話させるというものであった。

従業員は，自分たちの意見を述べる機会を与えられたことに大いに満足した。自分たちの意見が作業条件や監督方法に反映されることを知り，いわゆる参加意識を大いに高めたのである。また，面接で自由に不平不満を述べることによって，それが解消されるケースがよくみられた。これらのことから，実験者たちはつぎのような結論を得ることになった。

① 人間の行動を，個人の感情（sentiments）から切り離して理解することはできない。
② 感情は容易に偽装される。つまり感情の表現は多くの異なる形式をとってなされる。
③ 感情はその人間の全体的状況に照らして理解されるべきである。

そこで実験者たちは，「継電器」の過程で採用していた人間行動仮説を修正する必要性に気づいたのである。すなわち，物理的・物質的条件の変化に忠実に反応するのではなく，その反応は精神的側面や個人の感情ならびに価値観に強く影響を受けるのである。

したがって，個人の変化に対する態度（attitude）は必ずしも論理的なものばかりではなく，非論理的・感情的要因や価値観によって満たされていることを明らかにした。しかも，それは社会的脈絡（Social context）の中においてのみあらわれてくるものと理解され，そこから個人的来歴（personal history）と職

場の社会的状況（social situation at work）という2つの要因が摘出されることになった。

（4）「バンク」実験

「バンク」では，その直前に集中的に行われた小規模の面接から示唆されていた自然発生的小集団の社会的規制力について調査することになった。個人を対象としたこれまでの実験から，小集団を対象としたところに「バンク」の特異性がある。そしてついに実験者たちは，いわゆる「インフォーマル組織（informal organization）」の確認に成功したのである。

「バンク」における観察によれば，14名の男子工（9名の巻線工，3名の溶接工，2名の検査工）からなる観察室の内部に，2つのグループに分かれた人間関係が形成されていた。そしてこの2つのグループには，ほぼ同じような集団規範がみられ，しかもそれがグループ構成員の行動を規制する力として大きな役割をはたしていることを確認した。それは，

① あまり働きすぎてはいけない。
② あまり怠けすぎてはいけない。
③ 上司に仲間の不利益になることをいってはならない。
④ 社会的距離（social distance）を誇示したり，職種をかさにきてはいけない。

というものであった。

図表8-1　ホーソン・リサーチの発展

「継電器」	「面接」	「バンク」
「マシン・モデルの否定」モラールへの着目　心理的側面（感情）の重要性を示唆	感情・個人的価値にもとづく非論理的行動の発見（感情的行動の特性）	社会的感情と非公式組織の発見

出所）藤芳誠一（1998）『経営基本管理』泉文堂，190頁。

①②は，生産高統制に関する規範であり，特に①によってクリークの社会統制をはかり団結を守るための生産高制限を行っていたことは興味深いことであった。テイラーのいう「組織的怠業」(生産高制限) は，この場合，インフォーマル組織の集団防衛メカニズムとして理解されるのである。

このようにして，ホーソン・リサーチは，約5ヵ年に及ぶ観察実験のなかから，試行錯誤のうちにも職場におけるいくつかの人間問題を摘出し，「人間関係論」の理論的基礎を準備することになったのである。

3 メイヨーの「人間関係論」

ホーソン・リサーチを指導したメイヨーは，「人間関係論」の生みの親ともなった。メイヨーの理論 (*The Human Problems of an Industrial Civilization*, 1933. 村本栄一訳『産業文明における人間問題』日本能率協会，1967年。*The Social Problems of an Industrial Civilization*, 1945. 藤田敬三・名和統一訳『アメリカ文明と労働』有斐閣，1951年) は，マネジメントの理論としては必ずしも積極的な評価を受けているとはいえないが，のちの「人間関係論」の展開をみるとき，彼の基本的思想と概念的枠組が大きな影響をおよぼしていることがわかる。ここでは，そのようなメイヨー理論の中から，マジメント研究に深いつながりがあるとみられる人間観や社会観に触れ，さらに彼の経営者論を要約して示してみよう。

(1) 社会的技能

メイヨーは，人間の物質的・経済的欲求を充足させる能力を「技術的技能」(tequnical skill) と呼び，精神的・人間的側面を充実させる能力を「社会的技能」(social skill) と呼ぶ。正常社会とは，この異なる能力が全体としてバランスのとれている社会である。産業化社会の混乱は，前者に対する後者の発展の立ち遅れに生起している。したがって，新たな正常社会としての「適応的社会」(adaptive society) を建設するためには，産業化社会が忘れた「社会的技

能」を十分に発展させ，「技術的技能」との間に均衡を回復させなければならない。メイヨーによれば，「社会的技能」とは，自発的協働（spontaneous co-operation）を促進し得るように，他の人々からコミュニケーション（意思伝達）を受け取り，他の人々の態度や考えに応答する能力を意味する。

　では，このような「社会的技能」を発展させるにはどうすればよいとメイヨーはいうのであろうか。それはまず，個人としては，自発的協働意欲をもつこと，そして組織体ないし社会としては，個々人が「社会的技能」を獲得し得るような環境を整備し，教育と訓練を行うことが必要であると指摘している。メイヨーの場合，特に後者の問題に重点が置かれ，のちに触れる人間観の変革，臨床的研究の必要性，経営者の役割などへの提言として具体的に示されることになったのである。

（2）「経済人」批判

　さて，メイヨーは，産業化社会が不完全な「適応的社会」にとどまり，「社会的技能」の発展が立ち遅れていることの根本的原因として，当時の産業化社会において採用されていた古典派経済学の誤れる人間仮説を批判する。彼は，リカード（Ricardo, D.）を例にとり，古典派経済学の人間仮説の特徴をつぎのようにとらえる。

① 社会は孤立した個人の群から成っている。
② 個人は自己保存ないし自己利益を確保すべく行動する。
③ 個人は自己目的の達成のために，その能力の最善をつくして論理的に思考する。

　メイヨーによれば，このような「烏合の衆仮説」（rabble hypothesis）は，現実の人間行動についての部分的説明ならびに異常時における人間行動について説明はできるものの，平常時における人間行動を説明するには不適切であると批判した。彼にとって人間とは，

① 孤立した個人ではなく，社会的人間であり，
② 自己の所属する集団の規範に強く規制されて行動し，

③非論理的側面を強くもつ個人であり，社会は，そのような個人からなる協働システムにほかならなかった。

　協働のシステムとしての社会が，メイヨーのいう「適応的社会」であるためには，協働が単なる協働ではなく，自発的協働でなければならない。メイヨーは，人間の非論理的行動であっても，社会的規範に合致し，社会的秩序と規律を形成する行動であれば，それが自発協働を生み出す源泉であると指摘している。

（3）　経営者の役割

　経営者の基本的役割は，これまでみてきたような自発的協働関係をそれぞれの組織体において確保することである。それは「社会的技能」，つまりコミュニケーション技能を発展させ，「技術的技能」との間にバランスを実現することにほかならない。そのためには，経営者は，経営者個人の感情や偏見にとらわれずに人間的・社会的諸事実を現実的に理解できるような人間でなければならない。そして組織構成員が全体における自らの位置を明確に認識できるように導いてやらなければならない。

　このような経営者の能力は，単に「技術的技能」や作業の組織化に関する知識のみではなく，自発的協働に関する適切な知識をもち，さらにそのような「抽象的知識」のみではなく，事実や状況の直接的経験から得られる「具体的知識」を身につけることによって培われるものである。つまり，「社会的技能」を発展させ，これを「技術的技能」と均衡させる困難な課題は，経営者自身の忍耐強い経験と，「具体的知識」を習得するための訓練，そして経営者教育が必要となるのである。

　このように，メイヨーのマネジメント理論の特徴は，確かに一面において文明批評的であり，あるいは経営者の精神革命論的なものであった。しかしながら，メイヨーの功績は，その後のマネジメント研究の発展の中で位置づけるとき，多くの点で「科学的管理」に対するアンチ・テーゼを準備したという点において，さらに今日的にも極めて示唆に富む経営者論であるという点におい

て，高く評価されるべきであろう。

　さて，「人間関係論」は，ホーソン・リサーチに参加したメイヨー，レスリスバーガー（Roethlisberger, F. J.），ホワイトヘッド（Whitehead, T. N.）をはじめ，ガードナー（Gardner, B. B.），ウォーナー（Warner, W. L.），ホーマンズ（Homans, G.），ホワイト（White, W. F.）らによってそれぞれ展開された。しかし，ここでは，ホーソン・リサーチの唯一の体系的報告書（with Dickson, W. J. *Management and the Worker*, 1939）をまとめ，人間関係論的組織論として理論化したレスリスバーガーの理論を取り上げて解説しておこう。

4　レスリスバーガーの「人間関係論」

　レスリスバーガーの理論は上記の主著のほか，『マネジメントとモラール』（*Management and Morale*, 1941. 野田一夫・川村欣也訳『経営と勤労意欲』ダイヤモンド社，1954 年）に示されている。彼の理論の特徴は「人間関係論」的組織論と表現することができよう。彼は，企業組織における人間理解の新たな試みとして独自の組織理論を提示し，そこから得られた一定の結論をもとにマネジメント問題に取り組んでいるのである。

（1）「社会人」の人間観

　レスリスバーガーは，ホーソン・リサーチの結果から，従来その正しさが信じられてきた人間仮説である「経済人」（economic man）ならびに経済人を前提とする理論構築が必ずしも適切とはいえないことを論じた。そして，新しい人間観として「社会人」（social man）と呼ぶべき人間仮説を提示している。すなわちホーソン・リサーチからは，むしろ人間は単に経済的欲求をもつものではなく，友情や安定感，集団への帰属感の要求を強くもち，それらに関連する要因に強く影響されて行動するものである，という結論が引き出されたのであった。

　レスリスバーガーによれば，組織に参加している個人は，他の人々と単に技

術的・経済的関連だけで結合するのではなく，他の公式的社会関係でとり結ばれ，さらには，上司，部下，同僚との間で自然発生的に形成された非公式な相互作用関係の中で強く結合されているという。すでに明らかなように，彼の主張は，非公式な相互作用から形成される行動様式が人間行動を理解する上において重要であることを強調するところに特徴がある。組織における個人は，「バンク」で確認されたように，「非公式組織」の中で形成される社会的価値・感情を共有し，各自の役割を担当しつつ社会的行動をとる，と彼は理解するのである。しかも，そうすることによって得られる個人の人間的満足は，公式的関係から得られるものをしばしば凌駕する故に，極めて重要なものであると指摘している。

（2）「公式組織」と「非公式組織」

　企業組織は，経済的組織として財（goods）やサービスを提供するという経済的機能を合理的に遂行しようとする。この側面については，これまでも十分な注意が向けられてきた。他方において，企業組織は，それが人間組織である以上構成員の満足を充足させる社会的機能を遂行していかなければならない。企業組織は，このような人間問題の本質的一側面をもつものであるにもかかわらず，これまで十分にこの問題を研究することがなかった，というのが，レスリスバーガーの論点である。

　つぎにレスリスバーガーは，企業組織における人間問題を正しく理解する必要から，企業組織を基本的に社会的システムとしてとらえ，そこには一定の社会的構造が存在し，それらが相互に密接な関係を有しているとみなす。ここでいうシステムとは，「各部分が他の全ての部分と相互依存の関係を有するために，全体としてとらえられなければならないもの」である。レスリスバーガーの企業組織論は社会システム論であり，以下に示すように，その内容は一般組織論となっている点に注意する必要がある。

　社会的システムとしての企業組織は，材料・機械・道具などからなる「技術的組織」と，共通目的の達成に向けて協働している個人からなる「人間組織」

とから構成されている。レスリスバーガーの前述したような論点から重視されるのは後者である。

　「人間組織」が個人を単位とするのは当然であるが，それが単なる個人の総和以上のものというのは，構成員間の相互作用から形成される社会関係がそこに存在するということを意味する。それは「公式組織」(formal organization) と「非公式組織」(informal organization) である。前者は，組織図や職務明細書に示されているコミュニケーション経路や権限関係など，企業の経済的機能もしくは技術的目的を効果的に達成するための社会関係であり，後者は，「公式組織」の中に形成される自然発生的人間関係であり，個人および集団が形成する感情や価値によって統制されている社会関係である。

(3)　観念組織

　このように，レスリスバーガーによれば，企業組織（経営組織）は，①「技術的組織」，②個人，③「公式組織」，④「非公式組織」，の4種類に区別される要素からなる社会的システムである。そして，①，③，④のそれぞれの構成要素は，組織内の行動規範ないし組織化の編成原理として独自のものをもち，それらが全体として「観念組織」(ideological organizaition) を構成しているという。すなわち，「技術的組織」のそれは，組織の経済目的を評価する観念としての「費用の論理」(logic of cost) であり，同時にそれは「能率の論理」(logic of efficiency) と名を変える。そして「費用の論理」は，人間組織を技術的生産の任務に関係づけ構成員の協働的努力を評価するものとして「公式組織」を統制する。そして「非公式組織」は，「感情の論理」(logic of sentiments) によって規制される。それは，人間のもつ感情や情緒・価値に根ざし，個人的相互関係の中で醸成される社会的感情・価値のシステムを表現するものである。

　以上が，レスリスバーガーの「社会システム」論の概要である。これら4種類の要素は密接な相互依存関係をもって全体システムを構造化しているのであるが，人間行動の非論理的側面を重視するレスリスバーガーは，「感情の論理」

図表8-2 人間行動と企業組織の構造

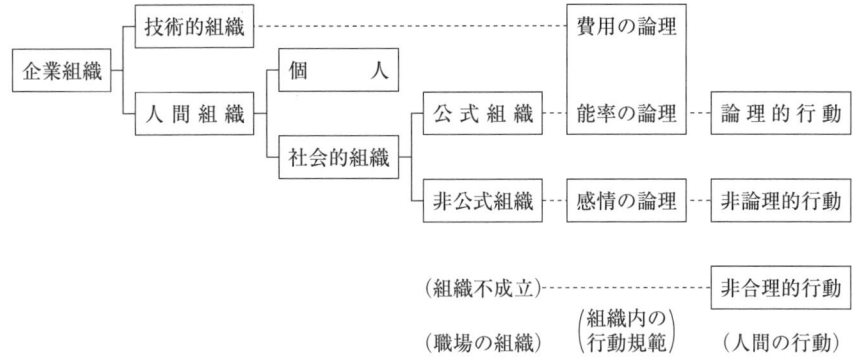

```
企業組織 ─┬─ 技術的組織 ──────────── 費用の論理
          │                                        ┌── 能率の論理 ── 論理的行動
          └─ 人間組織 ─┬─ 個 人
                       │                ┌─ 公式組織 ┤
                       └─ 社会的組織 ─┤              └── 感情の論理 ── 非論理的行動
                                        └─ 非公式組織

                     （組織不成立）················ 非合理的行動
                                    （組織内の
                     （職場の組織）   行動規範）   （人間の行動）
```

出所）藤芳誠一監修（2000）229頁。

によって編成され，それによって規制される「非公式組織」こそが，企業組織の構造的・機能的均衡をはかる上において決定的要因であるとする。こうして，彼の組織理論は，「非公式組織」の戦略的優位性を摘出して，「人間関係論」的マネジメント理論へ進んでいくのである。

（4） 企業組織における人間問題

さて，マネジメント機能の具体的課題として，レスリスバーガーは，「企業組織（経営組織）における人間問題」をつぎの3つの問題群に分類して提示している。

① 組織内コミュニケーションの問題
② 組織内の社会的均衡の問題
③ 個人の社会的システムへの適応の問題

第1の問題は，構成員の協力を確保するために彼らの人間状況を理解する下から上へ向けてのコミュニケーションの問題である。経営者や管理者は，通常，これを公式的コミュニケーション経路に頼っているが，それから得られる情報は必ずしも真実とは限らない。この点に関しては，特に監督者の職場状況（人間関係）を理解するための訓練が1つのマネジメント問題となる。

第2の問題は，経営組織内部の均衡の問題である構成員に社会的満足を与え，そしてモラールを高めて協働に参加させることが重要となる。この構成員の社会的欲求を充足させるための不可欠な条件としては，組織の社会構造を安定させることである。さらにそのためには，技術的組織と公式組織の変化に留意し，それから影響を受ける非公式組織が不適応をひき起こして，全体構造が不均衡となる危険性を回避しなければならない。

　第3の問題は，個人を取り巻く状況の変化に対する個人の適応の問題である。たとえば，採用・配置転換・昇進などの変化に対して，個人は新たな職務への適応だけでなく，公式組織はもちろん非公式組織にも適応してゆかなければならない。それに失敗したとき，彼は社会的満足を得られず，モラールを低下させることになる。

　このように，レスリスバーガーは，組織における個人の協力を確保する問題としてマネジメントの主要課題を摘出し，そのようなマネジメント機能を実現する経営者・管理者職能に関して，彼らの「社会的技能」の必要を強調したのであった。レスリスバーガーによれば，「社会的技能」とは，人間関係の処理技能，人間状況の診断技能であるという。それはあたかも診療医の技能のように，現実の特定の個人を彼の全体状況との関連で理解する技能として経営者・管理者に要求される技能である，と指摘している。

　さて，レスリスバーガーやメイヨー，ホワイトヘッドの「人間関係論」は，マネジメント実践の場において，「人間関係論」的マネジメント方策として導入された。それは，いわゆる「人間関係的管理」と呼ばれて，アメリカ，日本などにおいて，とりわけ1950年代の高度成長期の時代的流行となった。提案制度，人事相談制度，社内報，事前協議，福利厚生制度などのいわゆる"ソフト・マネジメント"が，人間関係を円滑にして従業員のモラールを高め，協働を促進するものとして積極的に導入されたのである。しかし，その後の景気後退期（1960年代のアメリカ）には，そのようなソフト・マネジメントに対する反省がなされるようになった。それだけではなく，理論面においても，非公式組織に重点を置くのではなくて，本来の公式組織に重点を置いてマネジメント

職能を解明する新たな展開がすでに行われていたのである。

　ところで，その後の50年の間も「人間関係的管理」の浮き沈みは景気に連動していたといえよう。1980年代後半のバブル経済の日本では，多くの企業が過剰とも思える福利厚生施設を購入したり，過度のソフト・マネジメントが見受けられた。バブル崩壊とともに，物質的・形式的ソフト・マネジメントは消え去ったが，公式組織や成熟した社会で役立つ真の「社会的技能」の重要性をわれわれは認識すべきであろう。

参考文献

Tead, O. & Metcalf, H.C. (1920) *Personnel Administration.* 高田琴三郎訳（1950）『人事管理』厳松堂

Mayo, E. (1933) *The Human Problems of an Industrial Civilization.* 村本栄一訳（1967）『産業文明における人間問題』日本能率協会

Mayo, E. (1945) *The Social Problems of an Industrial Civilization.* 藤田敬三・名和統一訳（1951）『アメリカ文明と労働』有斐閣

Roethlisberger, F. J. (1941) *Management and Morale.* 野田一夫・川村欣也訳（1954）『経営と勤労意欲』ダイヤモンド社

藤芳誠一監修（2000）『新経営基本管理』泉文堂

第9章 組織論アプローチ

1 ウェーバーの「官僚制」

　官僚制を社会科学的概念として確立したのはマックス・ウェーバー（Weber, M.）である。ウェーバーは，1864年ドイツのエルフルトに生まれ，ベルリン大学で法律学，経済史学などを学び，フライブルク大学を経て，ハイデルベルク大学に迎えられた。ウェーバーによる組織研究は *Wirtschaft und Gesellschaft,* J. C. B. Mohr, 1922.（世良晃志郎訳『支配の社会学（Ⅰ・Ⅱ）』創文社，1960−62年）や阿閉吉男・脇圭平共訳『官僚制』創文社，1954年に詳しく述べられている。

　官僚制は技術的にとても優れた制度であるが，官僚制は順機能だけではなく，逆機能も併せもっている。官僚制の逆機能とは，官僚制が非常に合理的な構造をもつがゆえに引き起される非合理的な"官僚制の予期されない逆機能的効果（unexpected dysfunctional consequences of bureaucracy）"をいい，主としてアメリカの社会学者マートン（Merton, R. K.）によって指摘された。

　マートンは1910年に生まれ，テンプル大学卒業後，ハーバード大学で学び，コロンビア大学に社会学教授として迎えられた。代表的著作として *Social Theory and Social Structure,* The Free Press, 1957.（森東吾・森好夫・金沢実・中島竜太郎訳『社会心理と社会構造』みすず書房，1961年）があげられる。

（1）　支配の類型

　官僚制（bureaucracy）という言葉は，引き出しのある机，あるいは机のある所，すなわち事務局（bureau）と政治（cracy）が合わさったものである。ウェ

ーバーは，事務局による政治とでもいうべきこの官僚制を定義するために，まず支配の概念について論じている。

ウェーバーは，なぜ被支配者は支配者に影響されるのか，という支配（Herr・schaft）の根拠に着目する。この支配の根拠はしばしば支配の正当性といわれるものである。支配の根拠（支配の正当性）は，①カリスマへの帰依，②伝統の神聖性，③諸規則の合法性の3つがあり，これにもとづいてウェーバーは支配の類型としてつぎの3つに分類する。

① カリスマ的支配（charis-matische Herr・schaft），支配者が超人的，非日常的な力をもち，英雄的で模範的だから被支配者は支配される。軍事的英雄や予言者による支配が代表的である。

② 伝統的支配（traditionale Herr・schaft）とは，支配者に従うのが習慣的で伝統的だから被支配者は支配されるのである。絶対君主制度，家父長制度などを指す。

③ 合法的支配（legale Herr・schaft）とは，支配者に従うのが規則だし，従わないと秩序が乱れるから被支配者は支配される。選挙制度，輪番制度などがあてはまる。

合法的支配は「合法的に制定された没主観的・非人格的な秩序と，この秩序によって定められた上司に対して，上司の命令の形式的合法性のゆえに，また指令の範囲内において服従がなされる」ものであり，合法的支配のうち最も純粋な型，いわゆる理念型（ideal type）こそが官僚制なのである。

（2） ウェーバーの官僚制の特徴

合法的支配の理念型としての官僚制は，個人にではなく，決められた規則に支配の正当性を求め，規則によって決められた上司によって支配されるという合法的支配の理念型である。それゆえ官僚制の根幹をなすのは，法や規則による運営である。つぎのような特徴をもっている。

① 規則による経営——職務規定・人事規定といった規定によって仕事（何をしたらよいか）が決められている。

図表9-1 ウェーバーの官僚制

```
                  ┌ 伝統的支配
支配の3類型 ─┤ 合法的支配 ──理念型──→ 官僚制
                  └ カリスマ的支配
```

特徴
① 規則による経営
② 権限と責任と配分
③ 階層制の原則
④ 職員の専門的訓練
⑤ 公私の分離
⑥ 文書主義

専門化　　　非人格化

技術的優秀性

正確性	迅速性
明確性	文書性
継続性	慎重性
統一性	服従性

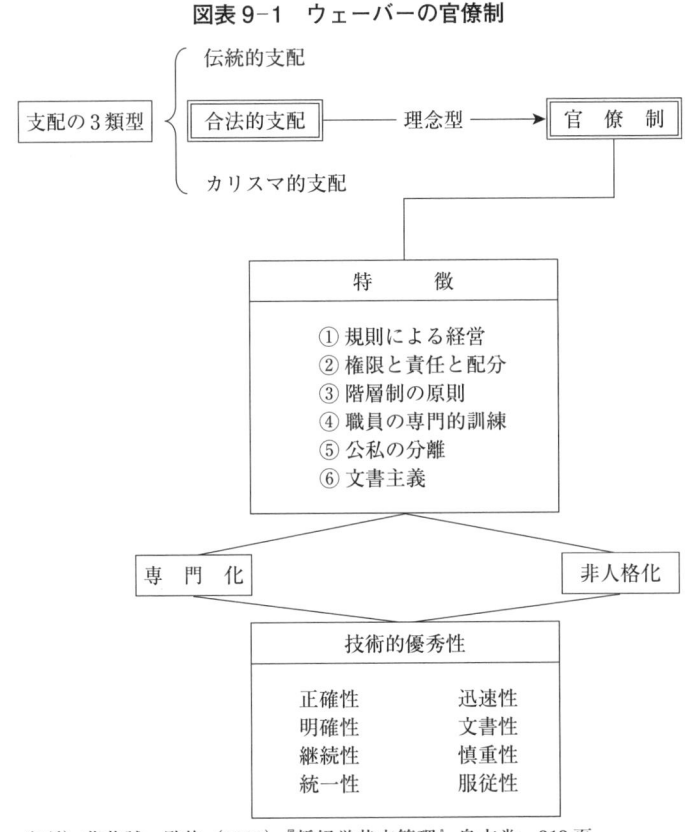

出所) 藤芳誠一監修 (2000)『新経営基本管理』泉文堂, 313頁。

② 権限と責任の配分——権限と責任は人に配分されるものではなく, 規則にもとづいて役職に配分される。ここでの権限とは, 配分された職務範囲内に付帯した命令権力を指す。

③ 階層制の原則——官僚制においては上司と部下の厳格な上下関係を形成する秩序が重んじられる。

④ 専門的訓練——仕事を行う上で高度な専門的知識が求められ, 専門的に訓練されたものが地位に就く。

⑤ 公私の分離——仕事に私利私欲, 私情をはさむことは許されない。事務と

家計が区別され，事務財産と私的財産が区別されなければならない。
⑥ 文書主義—文書にもとづいて業務が進められていくのが官僚制の特徴である。

（3） 官僚制の技術的優秀性

官僚制は，行政組織をはじめとする多くの組織に浸透している。なぜならば官僚制が技術的にとても優れているからである。官僚制組織のどこが優れているのであろうか。その答えは，官僚制組織のもつ専門化と非人格化という特徴によって支えられている技術的優秀性にある。技術的優秀性とは，正確性，迅速性，明確性，文書に対する精通，断続性，慎重性，統一性，厳格な服従関係などである。

官僚制の世界では，規則によって何をすべきかが厳格に決められており，また権限や責任は人にではなく地位に固定されている。そのため，仕事は人物のいかんに関係なく，怒りや興奮といった非合理的な感情の入り込む余地もない。したがって，仕事は非人格的に行われるのであり，官僚制は物事が計算可能となる制度である。

ウェーバーは，官僚制はあらゆる支配形態の中で最も計算可能性が高いものであると考えた。したがって行政機関だけではなく，企業などあらゆる組織の内部構造が官僚制化されるであろうとウェーバーは予測したのである（普遍的官僚制化と呼ばれている）。

しかし，官僚制はお役所的，形式主義，大企業病という言葉とともに否定的に用いられる。確かに官僚制はもうひとつの顔をもち合わせている。官僚制の非人格化と専門化という特性は技術的優秀性を生み出すものの，同時にさまざまな弊害をもたらすことになった。こうした弊害は官僚制の逆機能と呼ばれ，社会学者のマートン他によって研究が行われている。

（4） マートンの逆機能

① 目的と手段の転倒

　マートンは「ものをみるひとつの道はものをみないひとつの道でもあり，…」という文を引用し，正確性，迅速性，信頼性あるいは能率といった目標を達成するためにできた官僚制をもうひとつの視角から検討する必要があると主張する。官僚制の構造的特徴としてあげられるのはなによりもまず"規則の遵守"であろう。規則によって仕事が決められ，権限と責任が明確となる官僚制では，規則の遵守こそが組織メンバーに求められる行動規範である。官僚制は「方法的であれ，慎重であれ，規律に服せよ」という圧力を組織メンバーに絶えず加えている。しかし，改めてなぜ規則は遵守されなければならないかを問うならば，それは組織の目的を達成するためであり，したがって，規則の遵守は組織の目的を達成するための手段なのである。

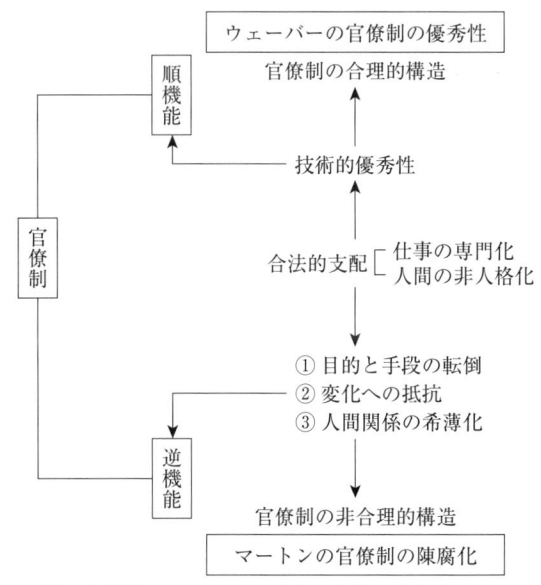

図表9-2　官僚制の逆機能

```
                    ┌─ ウェーバーの官僚制の優秀性 ─┐
        ┌─ 順機能 ──┤   官僚制の合理的構造        │
        │          │          ↑                   │
        │          └─ 技術的優秀性               │
        │                     ↑                    
  官僚制 ┤              合法的支配 ┬ 仕事の専門化
        │                         └ 人間の非人格化
        │                     ↓
        │          ┌─ ① 目的と手段の転倒
        │          │   ② 変化への抵抗
        └─ 逆機能 ──┤   ③ 人間関係の希薄化
                   │   官僚制の非合理的構造
                   └─ マートンの官僚制の陳腐化
```

出所）藤芳明人（2008）『解説　企業経営学』学文社，242頁。

ところが，いつのまにか「規則とは状況のいかんを問わず，規則に服することだ」というように規則の遵守が絶対視され，手段であったはずの規則の遵守が目的となってしまったのである。そして，規律への同調過剰による組織の目的と手段の転倒（displacement of goals）によって組織メンバーの行動は「融通のきかない杓子定規」なものとなり，形式主義，儀礼主義がはびこることとなる。

② その他の逆機能
　官僚制における昇進は先任順に行われる。したがって競争が最小限に抑えられ，組織メンバーは地位を保とうとして，地位を脅かすような変化に対して抵抗するようになる。さらに，官僚制が高度に専門化された知識を基礎にしていることも拍車をかけてしまう。自分たちの専門知識を「神聖化」してしまい，自分たちの専門知識を陳腐化させ，新しい専門知識を必要とするような変化に対する抵抗を生み出すことになる。官僚制はともすると変化に適応できないばかりか，変化に抵抗を示すようになってしまうのである。
　また，官僚制では非人格的な規則によって諸活動が決められるため，諸活動は計算可能なものとなる。しかし，非人格的な規則は同時に組織メンバーと組織メンバーの結びつきをも非人格化してしまい，人間関係も希薄化してしまう。このようないわば官僚制の負の側面が，対民間企業や対一般市民との間で表面化した場合には，非人格的な取り扱いを受けた顧客から横柄だとか，尊大だという批判を受けることになる。
　以上のように，マートンは官僚制の構造の特徴による逆機能の可能性を示し，官僚制組織には合理的側面と非合理的側面という２つの顔が存在することを指摘したのである。

2 バーナードの組織論的管理論

(1) バーナード革命

　バーナード理論は，1938年に登場している（*The Functions of the Executive*，山本安次郎・田杉競・飯野春樹訳『新訳・経営者の役割』ダイヤモンド社，1968）。実にそれは，「人間関係論」が体系的に理論化されたのと同時期であり，厳密にはその直前である。しかしながら，バーナード（Barnard, C. I.）の書物は難解なためか，その名が広く知られるようになり理論的影響力をもつようになったのは数年後のことであった。いまでは，「バーナード革命」といわれるまでに評価され，マネジメントの本格的理論として第1級の業績とみなされている。

　バーナードの問題意識は，集合主義的論理と個人主義的論理との対立から生じる問題を解決・克服するために，いかにしてその両者を統合すべきかというものである。ここでいう「集合主義」（collectivism）とは，個人の意思の自由を認めない，いわゆる決定論に立脚して，全体の利益を最優先させ，そのためには個人の利益はすべて抑制されなければならないとする考え方である。これに対する「個人主義」（individualism）とは，非決定論的な自由意思論に導かれて，個人をすべての中心としてとらえ，個人の完全・無制限な自由と決定力を強調する考え方である。

　しかし，バーナードによれば，いかなる協働においてもこの両原理が混在しており，協働の破綻を克服するためには，そのいずれにも偏向してはならず，両原理を同時に受容して均衡させる以外にないという。すなわち，バーナードは，まず，協働（組織）という社会事象に着目する。そして，それが全体社会と個人と連結する媒介項としての役割をはたしていることから，協働に内在する集合主義的論理と個人主義的論理とを統合させることによって協働の発展を実現することこそが，全体社会の健全な発展と個人の人間的福祉の実現にとって，決定的な意味をもつものであることを主張したのである。

(2) バーナードの組織本質論

①「主体的人間」としての人間仮説

バーナードは，理論の前提的仮説としての人間モデルをつぎのように提示する。

第1に，人間は物的，生物的および社会的存在として個人的に独立している。いかなる人間も個人としては独特の個別的存在である。第2に，人間は多様な動機をもって行動するものであり，決して経済的動機のみを主要動機として行動する「経済人」ではない。非経済的動機は経済的動機とともに人間行動の基本的動機である。

このようなバーナードの人間観は，少なくとも，テイラー・ファヨール，「人間関係論」の諸理論にはみられなかったものである。とりわけ，人間を機会の付属物であるがごとくとらえ，その主体的側面を軽視する「機械人」(machine man)や「経済人」(economic man)の仮説を排し，明確に，主体的人間，複合的欲求をもつ全人的人間としてとらえたことは，「バーナード革命」と呼ばれるにふさわしい画期的なことであった。

しかし，人間は個人として自由であっても，組織に参加する以上，組織に制約されることは避けられない。したがって人間には，ⓐ個人の非人格的ないし社会化(socialization)の側面（組織人格）と，ⓑ個人化(individualization)の側面（個人人格）とが併存する。

個人の「社会化」の側面は，組織への参加者として組織の行動に職能的に組み入れられる人間の行動側面であり，「個人化」の側面は，個人的な動機や目的を満足させる行動側面を指すのである。

つぎにバーナードは，このような個人が組織化される過程を解明する。

② 協働システムと組織

人間は個人的動機（目的）を満足させるべく活動する。そしてその目的が自力のみでは達成し得ず，他の人々の協力が得られれば可能となることを知るとき協働を選択する。そして，協働が生じると新しい状況が発生する。すなわ

ち，「協働システム」(cooperative system) の成立である。このような協働システムは，原理的には2人の人間の間でさえ成立する。しかしながら通常，協働システムは，われわれが客観的にその存在を知ることのできる永続的な公式組織（たとえば会社・学校・病院など）として具体化されている。いいかえれば，協働システムは経営体の構造を抽象化した概念であると理解することができる。

ところで，この協働システムを維持し，環境に適応させてその存続をはかる活動としてのマネジメントは，あらゆる協働システムに普遍的な現象であって，その性格と役割は協働システムにおける共通の要因に関連させて説明することができる。この要因が，バーナードのいう「組織」(organization) である。

それは通常いわれる組織（体）とは異なって，極めて抽象的な概念である。すなわち，バーナードによれば「組織」とは，「2人以上の人びとの意識的に調整された活動ないし諸力のシステム」と定義される活動システムなのである。

「組織」は他の構成要素と同様，協働システムの部分システムである。しかもそれは他の部分システム（人的システム・物的システム・社会的システム）を結合し体系化する中核的システムである。したがって，もしマネジメントが協働システムの維持・存続・発展を目的とするものであれば，それは協働システムの中核的システムである「組織」の機能として理解しうるのである。

③ 組織成立要件

バーナードは，つぎのように考える。最も単純な「組織」が成立するには，まず自己の活動を提供し，それを非個人化せしめようとする意欲が必要である。そして，そのような意欲を相互に認知し，共通目的の存在とその内容を知るためのコミュニケーションが必要となる。そのためには個人的動機がフォーマルなものとなった共通目的が存在しなければならない。

以上のことから，バーナードは「組織」成立の条件を

ⓐ 貢献意欲 (willingness to contribution)

図表9-3　組織の「成立と存続」条件

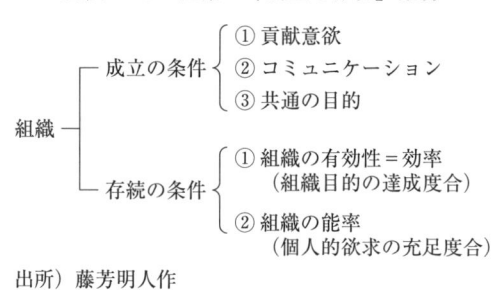

```
組織 ─┬─ 成立の条件 ─┬─ ① 貢献意欲
      │              ├─ ② コミュニケーション
      │              └─ ③ 共通の目的
      │
      └─ 存続の条件 ─┬─ ① 組織の有効性＝効率
                     │     （組織目的の達成度合）
                     └─ ② 組織の能率
                           （個人的欲求の充足度合）
```

出所）藤芳明人作

ⓑ コミュニケーション（communication）
ⓒ 共通目的（common purpose）

としたのである。これらの3要素は，個人活動を協働化する―調整し体系化する―役割を果たすものであり，そして相互依存関係にあるものである。

④ 組織存続の条件

バーナードは組織存続の条件としてつぎの2つの条件を提示する。

ⓐ 組織の有効性＝効率（effectiveness）

「組織」は目的の活動体系である以上，「組織」は目的を達成できないときは崩壊するほかない。目的を達成した場合でも，新たな目的が設定されないときは消滅する。

ⓑ 組織の能率（efficiency）

「組織」の基礎は，活動の源泉としての貢献意欲に求められる。したがって，個人の活動をいかに引き出すことができるか，いいかえれば，個人の満足をいかに高めることができるかが「組織」存続の条件である。

この組織の能率は個人の観点からは，個人的欲求の充足度合を示す概念として用いられる。

⑤ 複合公式組織

以上の展開は，単純な「組織」（「公式組織」）を念頭においていた。現実の

「協働システム」における「組織」は，より複雑な「複合公式組織」を形成している。

　1つの単純組織は，その伝達能力の制約から，一定の限度を越えて規模を拡大することができない。もし組織が成長を望むなら，ほかの単純組織と結合することによって成長する以外に方法がない。このように組織は，単純組織を単位組織として，単位組織と単位組織が結合することによって，より大きな複合組織として拡大する。

　単位組織が結合すれば，全体の調整を必要とする。つまり，より上位の単位組織が新たに必要とされる。そして複合組織は，マネジメント機能を中核として拡大することになる。さらにマネジメント機能を専門に担当する活動は，そのような活動のシステムとしての管理組織を形成させる。それは複合公式組織のコミュニケーション・システムであり，諸単位組織間を調整する調整システムである。

⑥ 非公式組織

　バーナードは，明確な目的をもたない活動のシステム—「非公式組織」—も，公式組織にとって密接な関連をもつものとして重視する。

　人間は非公式組織での接触・相互作用・集合において，その中に一定の態度・理解・習慣・制度などを作りあげる。これは，公式組織が成立する諸条件を準備することを意味するのであり，非公式組織は，公式組織の前提となるのである。

　また，非公式組織は，明確な目的をもっていないとはいいながら，いくつかの共通の基盤は存在するのであるから，そのシステムを維持しようとすれば，ある程度の公式化が必要となる。両者の関係は相互依存・相互補完の関係にあるといえる。したがって，複合公式組織はその中に非公式組織を含んでいる。非公式組織はコミュニケーション機能の強化と貢献意欲の高揚によって必要なばかりではなく，「人格，自尊心，自主選択の感覚を維持する」役割を担うものとして必要とされるのである。

(3) バーナードの組織過程論

バーナードは、協働システムにおける組織過程を、「組織」の成立要件と存続条件にもとづいて、① 専門化、② 誘因（貢献を引き出す過程）、③ コミュニケーションの諸過程として考察した上で、それらに共通する基本的組織過程である、④ 意思決定過程の分析に進んでいる。以下に簡単にこれらの諸過程のもつ意味を要約して示す。

① 専門化（目的の細分化）

まず、共通目的という組織要素を手がかりとして分析すれば、それは専門化という目的を細分化する過程が考えられる。

すなわち、すでに触れたように、組織の存続を規定する第1条件は、組織の有効性（目的の達成度合）であった。単位組織はその目的を適切に設定しなければならず、複合組織はその全般目的を、手段としての中間目的に細分して従属組織に配分しなければならない。その目的の細分化が適切に行われるか否かが、まさに複合組織の有効性を左右する。

② 誘因と説得の方法

個人の貢献意欲は、組織から与えられる誘因（incentives）に依存する。したがって、組織は、物的・社会的・心理的諸誘因を適宜適切に組合わせることによって個人の満足を高めるとともに、それらの誘因を蓄積する努力を行わなければならない。もしそのような「誘因の方法」が困難もしくは不可能な場合には、強制・宣伝・教育などによって個人の動機に働きかけ、その満足水準と動機の種類を変更させることにより、誘因の効果を相対的に高める方法をとらなければならないであろう。これは「説得の方法」と呼ばれるものである。

③ コミュニケーション（命令・権限受容説）

複合公式組織において、個人の活動はコミュニケーション・システムとしての管理組織によって調整される。したがって、コミュニケーションの主要な側

面は命令の問題である。命令がその機能を発揮するには，それが受令者に受け入れられなければならない。受令者による受容（同意）があったとき，初めてその命令のオーソリティ，すなわち受令者の行為を支配する能力が確認されるのである。このようにバーナードは，オーソリティの判定権は，伝統的理論とは逆に，組織構造の基礎である個人，受令者にこそあるというオーソリティの源泉に関する「権威（権限）受容説」を展開するのである。なおバーナードは受令者が上位者の命令を受け入れられるかどうかいちいち反問せず，命令を受領する領域を無関心圏（zone of indifference）と呼び，その無関心圏を拡げることを提案している。

④ 意思決定

　組織は活動のシステムであるが，同時に意思決定（decision-making）のシステムでもある。活動はそれが意識的なものである限り，一定の行為に先立つ思考過程，すなわち意思決定を含んでいる。複合組織が存続するためには有効性と能率を二大原理として組織の諸過程を調整し，同時に外部環境に適応することが要求される。組織行動とはこのような内部調整と外部環境への適応行動を意味する。その決定段階が「組織の意思決定」と呼ばれる過程なのである。

　組織における意思決定には，ⓐ 個人人格として，組織参加と参加継続に関連して行われる個人的意思決定と，ⓑ 組織人格として，組織目的の達成に関連して行われる組織的意思決定の2つがある。

　意思決定は，いうまでもなく個人が行う活動であるが，それが個人人格として行われるものと組織人格として行われるものとによって区別されるのである。個人的意思決定は委譲されないものであるのに対し，組織的意思決定は，多数の人々に分配され，そして統合されることになる。したがって，複合組織における意思決定は，コミュニケーション・システムの諸センターにおいて正しくなされなければならない。その役割を果たすのが経営者・管理者なのである。

図表9-4　組織過程

```
                        公式組織の3要素
          ┌─────────────────┼─────────────────┐
        共通目的         コミュニケーション        貢献意欲
          │                 │           ┌───────┴───────┐
        中間目的         無関心圏を拡大    参加者の欲求    組織の能力
          │                 │           └───────┬───────┘
        細部目的          伝達の受容              誘因と貢献
          │              権限関係の定着            のバランス
       目的の細                │                   I≧C
       分化と配           安定的なコミュ              │
       分による           ニケーション・          参加者満足
       単位組織              システム                │
       の複合化               │                  貢献の確保
        構造            コミュニケーシ              │
          │              ョン過程              誘引過程
       専門化過程             │                  │
          │                  │                  │
        有効性 ・・・・→   意思決定過程  ←・・・・   能　率
```

出所）藤芳誠一（1998）『経営基本管理』泉文堂，207頁

（4）バーナードの経営管理論

① 管理の基本職能

　バーナードの管理論は，以上の組織論を基礎理論として展開されているところに最大の方法論的特色がある。すなわち，経営管理の基本職能は，組織の3要素に対応して，計画化，動機づけ，組織化の3点に集約される。

ⓐ 目的の定式化（計画化）

　複合組織とそれを構成する従属組織は，目的の連鎖によって連結されている。したがって管理者は，一方において組織目的の重要性を末端にまで周知徹底させ，他方において末端における具体的状況と決定をつねに理解することが

要求される。管理者の役割は組織のあらゆるレベルで行われている意思決定を，組織目的に沿って調整をすることにあるといえるのである。
ⓑ 協働的活動＝貢献の確保（動機づけ）
　組織を構成する参加者の貢献を確保するマネジメント職能すなわち動機づけ職能が必要である。これは，誘因の方法と説得の方法によって，組織の能率を高めることである。
ⓒ 組織におけるコミュニケーション・システムの維持（組織化）
　管理者の職能は，伝達経路として作用する。したがって管理者は複合組織のコミュニケーション・システムを確立し，これを維持しなければならない。それはコミュニケーション・センターである管理職位と，そこで活動する人材とを結合する職能である。この職能の中には，コミュニケーションにとって不可欠な非公式組織の維持も含まれる。

② 道徳的リーダーシップ
　協働の成功は組織が適切なリーダーシップによってうまく運営されているかどうかに依存する。リーダーシップとは，バーナードによれば，「諸々の信念をつくり出すことによって協働的な個人的意思決定を鼓舞するような力」である。そのようなリーダーシップは協働の技術的側面の問題ではなく，協同の道徳的側面の問題であるとして，つぎのように論ずる。
　道徳（moral）とは「個人における人格的諸力，すなわち個人に内在する一般的・安定的な性向」である。したがってそれは，個人の私的行動準則を意味する。このような道徳の水準は，個人によってさまざまであろう。道徳の遵守という点からは，その水準よりも責任（responsibility）というものが必要とされる。責任とは道徳に従わせる力である。そして，責任がなければいかなる道徳も意味がない。この点で管理者のリーダーシップを考えると，管理者は極めて多様な準則に従わなければならない。管理者は，国家・社会・家族など多数の公的準則以外にも，協働体系における彼の職位からも課せられる。すなわち組織全体・部門・また公式・非公式のさまざまな組織準則を与えられ，複雑な

準則間の対立の中で苦悩している。管理者は，そのような道徳準則の複雑性に応じた高い責任能力を要求される。この管理者の責任能力がどのようなものによって裏づけられるかといえば，それは，識別能力や分析能力，想像力，工夫力，革新力などのいわゆる一般的能力もさることながら，決定的に重要なものは，道徳的創造能力である。

たとえば管理者は，組織の参加者に，個人的利害や関心を超越して協働全体の利益に従うように，そして彼らのモラールが高揚するような道徳準則を創造することによって，その意思を統一することができなければならない。あるいは，準則間の対立を避けるために新しい処置を考案したり，例外や妥協に対して道徳的正当性を与えるなどして道徳準則の遵守を確保しなければならないのである。このような道徳的創造性が，管理者のリーダーシップの本質である。協働すなわち組織の存続を決定づけるものは，道徳的創造能力と，その裏づけとなる高い管理責任をともなったリーダーシップにほかならないのである。

参考文献

Weber, M.（1922）*Wirtschaft und Gesellschaft,* J. C. B. Mohr. 世良晃志郎訳（1960，1962）『支配の社会学（Ⅰ・Ⅱ）』創文社

Weber, M.（1922）阿閉吉男・脇圭平訳（1954）『官僚制』創文社

Merton, R. K.（1957）*Social Theory and Social Structure,* The Free Press. 森東吾ほか訳（1961）『社会真理と社会構造』みすず書房

Barnard, C. I.（1938）*The Functions of the Executive.* 山本安次郎ほか訳（1968）『新訳・経営者の役割』ダイヤモンド社

飯野春樹（1978）『バーナード研究―その組織と管理の理論―』文眞堂

三戸　公（1973）『官僚制―現代における論理と倫理』未来社

第10章 意思決定論アプローチ

1 意思決定論の基礎

　マネジメント研究において，意思決定論的アプローチは一大潮流をなしている。しかしながら，ひと口に「意思決定論」といっても，そこにはさまざまのものが含まれる。その中でも，特に注目すべき「意思決定論」がある。それは，バーナード理論を起点として，サイモン理論によって発展し，さらにマーチ＝サイモン理論で確立された「組織行動科学」(近代組織論) と，これを基礎として企業行動の意思決定論に応用した「企業行動科学」である。この二者は「行動科学的意思決定論」ないし「記述的意思決定論」と呼ばれ，いわば意思決定論の近代的理論と位置づけられている。

（1） サイモンの問題提起

　「行動科学的意思決定論」の方法的基礎は，サイモン（Simon, H. A. 1945）の *Administrative Behavior*（松田武彦・高柳暁・二村敏子訳『経営行動』ダイヤモンド社，1965年）によって示されている。

　サイモンは，伝統的理論における管理原則論を批判し，マネジメント理論が真に実践的なものとなるための理論上の条件として，マネジメントに関する適切な用語と分析の枠組の設定をめざすべきであると主張した。すなわち，サイモンは，「物事を人々になさしめること」と定義されている管理（サイモンは administration という用語を用いている）がいかなる性格と役割をもつものであるか，いかなる状況で行われる活動であるかを明らかにするためには，管理原

則を提唱する前に，組織における管理状況を適切に叙述する必要があるというのである。

彼によれば，伝統的理論が管理状況（管理過程）の適切な理論化に失敗した理由は，その誤れる人間仮説，その誤れる科学観，そして人間行動における意思決定過程を見逃していた点にある。さらに，これまでのマネジメント研究は，行為に先立つ目的と手段の選択過程である意思決定過程に十分な注意を払うことなく，むしろ，意思決定の結果としての行為（実行過程）のみを技術論的観点から問題にしたにすぎなかった，と指摘している。

（2） 意思決定前提

意思決定とは，諸前提から結論（目的合理的手段）を選択する過程である。そのメカニズム自体は論理的に分析することができる。つまり意思決定の論理的構造は，①決定前提，②代替案，③選択，という要素からなり立ち，①→②→③のプロセスを経るものと認識することができる。

サイモンは，①の決定前提を意思決定の戦略的要因とみなし，②と③との関連で，「制限された合理性」の概念と「アドミニストラティブ・マン（管理人）」の仮説を提示するのである。

意思決定前提は事実前提と価値前提とに分けることができる。事実前提とは，それがいかに推測的であろうとも現実に関係する事実的要因であり，技術（技能と知識）と情報など数多くの要因が含まれる。価値前提とは，それがいかに確実であろうとも当為に関係する価値的・倫理的要因であり，組織目的，能率の基準，公正の基準，個人的価値などが主要なものであるという。事実的要因についての命題は経験的・科学的に検証可能であるが，価値的要因は検証不可能である。

（3） 「管理人」モデル

つぎに，サイモンは，意思決定の古典的理論で採用されている基本的前提―「経済人」（エコノミック・マン＝economic man）のモデル―を批判した上で，そ

れにかわる「管理人」(アドミニストラティブ・マン＝administrative man)モデルを提唱する。

　すなわち，サイモン理論における意思決定の問題とは，所与の目的を達成するために選択された手段が適切であるか否かの問題である。それは，目的に対する手段の関係が合理的であるか否かの問題である。サイモンによれば，意思決定の完全な合理性は，「経済人」のモデルを想定する限り達成できるが，「経済人」モデルはつぎの諸点において非現実的である。

① すべての代替案を列挙することは不可能である。
② 代替的行動の結果について完全に予測することは不可能である。
③ 1つの代替的行動の諸結果のすべてを，それが実現されたときと全く同様に評価することは不可能である。

　このように，サイモンは，完全な合理性は人間行動を理解する上において余

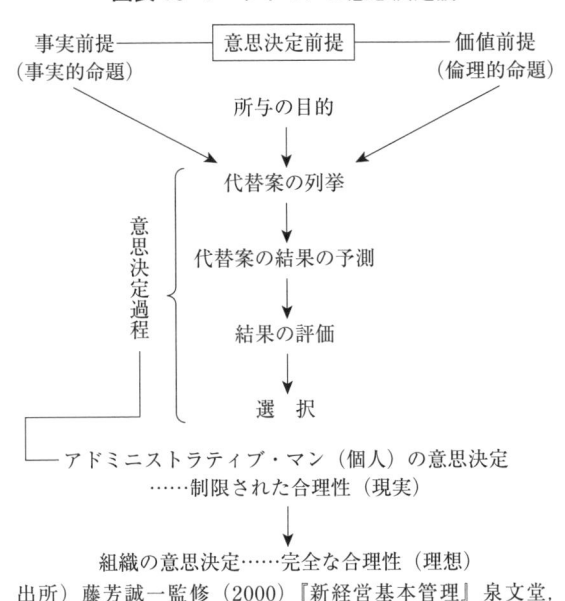

図表 10-1　サイモンの意思決定論

```
       事実前提 ──── 意思決定前提 ──── 価値前提
      (事実的命題)                    (倫理的命題)
                         ↓
                      所与の目的
                         ↓
         ┌──→      代替案の列挙
         │              ↓
  意思    │         代替案の結果の予測
  決定    │              ↓
  過程    │           結果の評価
         │              ↓
         └──→         選　択
                         
         アドミニストラティブ・マン（個人）の意思決定
         ……制限された合理性（現実）
                         ↓
         組織の意思決定……完全な合理性（理想）
```

出所）藤芳誠一監修（2000）『新経営基本管理』泉文堂，217頁。

り役立たない理論上の客観的合理性の仮説にすぎないとして退け，現実の合理性は多くの点で制約されたものになっていることを強調するのである。

　制限された合理性のもとで意思決定せざるを得ない「管理人（じん）」は"安全"を期待せず，ある程度で"満足"する形で行動する。そして，現実の意思決定人は，現実世界を自分の認識の範囲内で単純化してとらえ，意思決定にあたっては，最も関連があり，重要と思われる要因のみを考慮に入れるのである。

　しかしながら，個人の意思決定の合理性を高めることは可能である。サイモンは，意思決定の心理的環境を整備することによってそれが可能であるとする。マネジメントの役割は，個人の意思決定が，組織目的に対して可能な限り合理的になされるように，その環境を設計することにあると考えられているのである。

2　サイモンの組織影響力の理論

　サイモンは，現実の人間行動のパターンは，躊躇（ちゅうちょ）─選択型であるよりも，刺激─反応型であることが多いと指摘している。そして，目的合理的反応をもたらすであろう刺激を意識的に選択し統制する問題こそが組織影響力の問題であり，これを管理的決定の課題として重視する。これが「組織影響力の理論」と呼ばれるものである。組織における意思決定の影響には，内的影響の様式と，外的影響の様式とがある。

　前者は個人が組織目的によって有利な意思決定を行うような態度，習慣，心的状態を，組織メンバー自身の中に確立するもので，① 組織への忠誠心ないし一体化と，② 能率の基準を教育・訓練することによって個人に対して影響を高めることができる。

　他方，後者は組織の他の人間によって，別の場所で行われた意思決定を組織メンバーに受け入れさせるものであり，それは主として，③ オーソリティ＝権威の行使と④ コミュニケーションによる情報の提供によってなされる。

　① 組織への忠誠心＝一体化（organizational identification）とは，組織メンバ

ーとしての個人が組織と自己を一体化し，意思決定をするにあたって，組織目的の命ずるところに従って手段を選択する心理的要因である。これによって個人は，個人人格サイドからではなく，組織目的の観点に立って意思決定を行うことができるようになり，それが合理的意思決定への1つの可能性を意味しているのである。

　一般的にいって，個人が組織に対して強い忠誠心をもち，組織への一体化の程度が高いほど，組織にとって望ましいことはいうまでもない。このように組織忠誠心は個人の価値的決定前提に対して作用するのである。

② 能率の基準（criterion of efficiency）とは，一定の資源の使用から最大の成果を生む行動の選択を命ずる1つの価値前提である。それは"合理性"の基本的原理であり，意思決定の事実的側面の多くがこの基準によって決定される。能率の基準を個人に教育し訓練することによって，個人の事実的決定前提に作用し，それに導かれて"能率"志向の意思決定がなされるのである。

③ オーソリティ＝権威（authority）とは，他人の意思決定と行為を左右する意思決定を行うパワーである。組織におけるメンバーの行動は調整されている必要がある。調整にはほかの要因も必要とされるが，ほかのメンバー

図表10-2　組織の影響様式

実現の方法
個人の意思決定前提に影響を与える

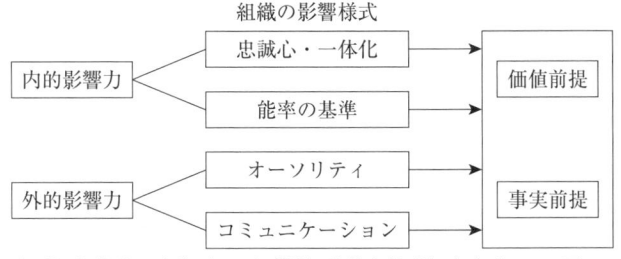

組織の影響様式

内的影響力 ─┬─ 忠誠心・一体化 ──→ 価値前提
　　　　　　└─ 能率の基準 ──────→

外的影響力 ─┬─ オーソリティ ─────→ 事実前提
　　　　　　└─ コミュニケーション ──→

出所）藤芳誠一監修（2000）『新経営基本管理』泉文堂，217頁。

（たとえば部下）が命令に対して抵抗することなく服従するようなパワー（オーソリティ）がともなわなければ達成されないのである。メンバーは，組織から与えられる「制裁」（罰と報酬）に応じて，各自の「受容圏」（バーナード理論における「無関心圏」に相当する）をもっている。オーソリティはその範囲内で受容されることになる。オーソリティによって，メンバーの価値前提が影響を受け，意思決定の専門化と権限―責任の連鎖が確立される体制が準備されるのである。

④ コミュニケーション＝伝達（communication）とは，意思決定の諸前提が組織メンバーに提供される過程である。そこでは，コミュニケーションの技術が問題となる。たとえば，意思決定の専門化は，意思決定センター（組織内でのいくつかの意思決定の中心点）への，またそこからの伝達経路の適切さに依存する。さらに，メンバーの事実前提である事実情報や価値前提である方針などは，組織内のコミュニケーション・ネットワークが適切に編成されているか否かに大きく依存し，正確に伝達されるには，伝達の手段と技術が重要な戦略的要因となるのである。

　サイモンによれば，組織はこのような組織影響力を通じて，各個人の意思決定を一定の刺激―反応のパターンに従属させ，それによって各人の意思決定を組織目的に向けて調整・統合し，その過程で意思決定の合理性を高める努力を行うものであるという。

3 マーチ＝サイモンの組織行動論

　マーチ＝サイモン（March, J. G. and Simon, H. A.）は，サイモンの理論的枠組を用いて，1958年に *Organizations*（土屋守章訳『オーガニゼーションズ』ダイヤモンド社，1977年）において意思決定論的組織行動論を展開している。

（1） 3つの人間仮説と組織論

　マーチ＝サイモンは，人間行動の命題を，人間の特色のとらえ方に応じてつ

ぎの3種に分類する。
① 人間を受動的用具と仮定する命題
② 人間を動機的・態度的存在と仮定する（人間を目的・価値・欲求をもつ存在とみなす）命題
③ 人間を意思決定者，問題解決者と仮定する命題

マーチ＝サイモンによれば，人間は複雑な存在であり，上記のすべての側面を合わせもつものであるという。つまり，マシン・モデル，動機モデル，意思決定モデルは，人間の部分的側面を強調するにすぎない。

他方，これまで展開されてきた各種の経営管理論を上記の分類に応じてつぎのように対応させることができる。
① マシン・モデル：「科学的管理」，伝統的理論，ウェーバーの官僚制モデル
② 動機モデル：官僚制の逆機能論，「人間関係論」，モチベーション論
③ 意思決定モデル：経済学的意思決定論，心理学的意思決定論

（2） 生産モチベーション

こうして，マーチ＝サイモンの人間行動の用具的側面に対する考察は，主として，マシン・モデルに立脚する諸説を批判する形で展開し，つぎに人間行動の動機的側面の検討に移る。この問題は，生産への動機づけの問題と，組織参加の意思決定に関する問題とに分かれる。

まず生産モチベーションの問題は，従来の「満足—生産性」仮説が余りにも単純なものであったために，ほとんど説明能力をもたないものであるとした。その上で，彼らは新たに，「不満足—生産性」仮説を提示する。

それによれば，不満足を知覚している従業員が，生産努力を傾けることによって不満足を解消しようとすれば，生産性の上昇がみられるという。そこで問題は，不満足を知覚した従業員をいかにコントロールして生産に動機づけるかということになる。

マーチ＝サイモンは，サイモンが開発した影響力理論を基礎に，生産モチベ

ーションは，① 想起される代替案の正確さ，② 各代替案の知覚された諸結果，③ 評価基準としての個人目標，の関数であるという命題を提示する。つまり，個人は決定前提を影響力によって変化させることにより，組織に有利な選択を行うよう影響される。そこで生産モチベーション研究の課題は，上記の諸変数を明らかにし，相互の関係を考察することに向けられるのである。

（3） 参加の意思決定

つぎに個人の組織参加の動機的決定であるが，この問題は「バーナード＝サイモン理論」の基本仮説である「組織均衡理論」を基礎に考察される。その基本命題は，「誘因効用（I）」と「貢献効用（C）」とのバランスがとれているとき，個人は組織に参加し参加継続する，というものであった。この理論仮説の最大の課題は，「効用」の測定の問題である。

マーチ＝サイモンによれば，効用関数についてつぎのような簡単な経験的仮説を置くことができれば，誘因の量と貢献の量の変化から，効用の変化を予測でき，効用関数の測定の可能性が拡大されるという。

① 各人の効用関数の変化は緩慢である。
② 各効用関数はそれぞれの誘因・貢献に対して単純比例的である。
③ 一定の下位文化集団内では，効用関数に大きな個人差はない。

つぎに，参加者の満足度の変化が，誘因と貢献の効用バランスの尺度として考えられる。満足度の測定は態度調査などにより行われるが，その場合，代替的機会の測定との関連において満足度が判断されることになる。すなわち，誘因と貢献の効用バランスは，① 組織を去る望ましさと，② 組織から移動する容易さ，との関数であるという一般モデルが，提示される。

（4） 合理性の認知的制約と組織行動

マーチ＝サイモンは，バーナードによって示唆され，サイモンによって強調された意思決定における合理性の限界を継承している。意思決定の客観的（完全な）合理性は，非現実的「経済人」モデルとして否定され，満足基準によっ

て相対的・適応的な合理性（主観的合理性）を確保する現実的人間モデルを採用するのである。

マーチ＝サイモン理論を含めて，いわゆる「バーナード＝サイモン理論」の理論枠組の特色は，このような人間の主観的合理性と組織とを関連させ，合理性の限界を組織によって部分的に克服する過程とメカニズムを意思決定論を通じて解明しようとしたところにある。換言すれば，組織自体がもつ合理性の限界を組織自体の主体的努力によって客観的環境に適応的に反応していく過程とそのメカニズムを，意思決定論的に記述しようとしたのである。

組織は客観的環境から情報を収集し，これを処理して意思決定を行い，環境に適応しようとする。組織は日常反復的行為（常軌的反応）に対する「行為プログラム」（標準的行為手続）を準備している。そして組織は環境の反復的刺激に対しただちに反応する。他方において，環境からの刺激が非反復的で新規である場合は，組織は探索過程を経て，新規の行為プログラムを開発し，環境に適応しなければならない（問題解決的反応）。

こうして蓄積された行為プログラムは，組織において統制と調整の機能を果たすことになる。つまり組織成員の行動は行為プログラムを基準として行われ，個人ないし集団間の行動も，その結果の予測可能性のために調整されることになる。したがって，組織行動の安定性は，行為プログラムのシステムに依存するのである。マーチ＝サイモンによれば，行為プログラムのシステムないし階層こそが組織の構造を構成するものと考えられている。彼らは，コミュニケーションの機能をも重視し，コミュニケーション・ネットワークもまた組織構造を形成するとみなすのである。

（5） イノベーション

つぎに，マーチ＝サイモン理論の最大の特色となっている「イノベーション」(innovation) の理論をその基本的部分に限って概説する。

イノベーションとは，新規行為プログラムの開発による組織行動の変化を意味している。すでに触れたように，マーチ＝サイモンは，組織の問題解決的反

応（革新的意思決定）を重視するのである。したがって，シュンペーターやドラッカーがいうところのイノベーションの概念とは全く異なるものであることに注意しなければならない。そこでマーチ＝サイモンは革新的意思決定の一般的モデルをつぎのように示す。

① 行為プログラムは満足基準を満たす必要がある。満足基準の変化は緩慢である。
② イノベーションは不満足によって動機づけられる。
③ 行為プログラムは，新しいプログラムの可能性を探究し，その結果を評価する創始過程（initiation process）を必要とする。
④ 各行為プログラムは特定の満足基準のもとに相互に複雑な因果関係をもつものではないが，組織資源に対する要求を通じて，相互に関連している。

さらにマーチ＝サイモンは，イノベーションのプロセスを「問題解決」のプロセスとして説明する。その基本的特色はつぎのように示されている。

① その結果はともかく，問題解決のプロセス自体は単純である。
② 問題解決プロセスの中で大きな比重を占めるのは，探索プロセスである。つぎに大きな比重を占めるのは，濾過（screening）のプロセス（探索によって得られた代替案を評価し集約するプロセス）である。
③ 上記の基本的過程はかなりランダムである。組織は，手続的プログラム（問題解決のステップや順序を決める）と実体的プログラム（問題解決の領域を決める）により構造化し，組織的成果が得られるようにする。
④ イノベーション・プロセスを組織化する上記の諸プログラムは，階級的体系をなしている。

（6）イノベーションの起因とタイミング

最後に，組織におけるイノベーションの起因について，マーチ＝サイモンはつぎのように説明する。すなわち，イノベーションは達成水準と満足水準とのギャップにより生ずるが，そのギャップが最適（欲求水準が達成水準をわずかに上回る状態）のとき，イノベーションは最も強く起こされる。彼らはこの状態

を,「最適ストレス」(optimum stress) と呼んでいる。

　ところで,マーチ＝サイモンは,イノベーションの計画化(制度化)の必要性を強調する。それには,第1に満足基準を業績の変化率であらわし,行為プログラムが業績変化率に達しないとき,イノベーションの起因が生ずるようにする。第2に,満足基準を革新率であらわし,革新の目標を設定して継続的にイノベーションが引き起こるようにするのである。また,通常,組織成員が時間的プレッシャーをかかえて日常的業務と革新的業務の両者に取り組んでいるときは,前者が後者を駆逐するのである(計画のグレシャムの法則)。そこで,革新の目標のみを追求する部門の設置が必要とされたり,革新的活動にも時間的圧力をかけ,そのタイミングを失わせない工夫が必要とされる。

　こうして,マーチ＝サイモンは,組織における認知的(合理的)側面を重視し,特に,組織によるプランニングとイノベーションのプロセスを,組織の行動を動態的なものとする点で重要なものとみなすのである。マーチ＝サイモン理論によって,サイモン理論が提示した意思決定論は,組織の動態的意思決定論として飛躍的に発展したといえるのである。

4 アンゾフの戦略的意思決定論

　アンゾフ (Ansoff, H. I.) は1965年に *Corporate Strategy*(広田寿亮訳『企業戦略論』産業能率大学出版部,1969年)の中で,経営戦略の概念を分析し意思決定に役立つ実際的方法を論じている。

　まず,意思決定の観点から,企業の全体的問題を「企業目標の達成を最適度に可能にするような方法で,資源の転化プロセスを方向づけること」としてとらえる。そしてこれらのプロセスの諸側面を構成する多種多様な意思決定を,つぎのように分類する。

(1) 戦略的意思決定 (strategic decisions)

　これは主として企業の外部問題との関係にかかわるものである。すなわち,

企業が外部環境に適応するために，どのように企業の目標をつくり，基本方針を設定し，企業全体の資源配分を行っていくかに関する決定である。ここで中心となる問題は，製品—市場の選択であり，具体的には，「企業の諸目標，多角化戦略，拡大戦略，財務戦略，成長方針とタイミング」の決定である。

（2） 管理的意思決定（administrative decisions）

これは最大の業績能力を生みだすように，企業の資源を組織化するという問題に関するものである。それは，権限と責任の関係，仕事の流れ，情報の流れなど，組織に関する決定と，資材源の開発，人の訓練と啓発，資金の調達など，資源の調達と開発に関する決定の二面を有する。

（3） 業務的意思決定（operating decisions）

これは企業資源の転化のプロセスにおける効率を最大化することを目的としている。主たる決定領域としては，各機能部門および製品ラインへの資源の配分（予算化），業務日程の計画化，業績の監視，コントロール・アクション等があげられる。

そして，アンゾフは，以上の3者の間には，相互依存性および相互補完的関係が存在すると主張している。

5　ゲーム論的意思決定

ゲーム理論は，ハンガリー出身の数学者ノイマン（von Neumann, J.）により提唱された意思決定の数理的手法である。数学，物理学，工学，経済学など多くの分野で活躍したノイマンは，モルゲンシュテルン（Morgenstern, O.）との共同研究により，*Theory of Games and Economic Behavior,* Princeton University, 1944.（銀林浩ほか監訳『ゲームの理論と経済行動1・2・3・4・5』東京図書，1972年）を著し，ゲーム理論を世間に認知させ，政治，経済，ビジネスなど多くの分野で注目されるようになった。

その後，1990年代に入ると，ブランデンバーガー（Brandenburger, A. M.）＝ネイルバフ（Nalebuff, B. J.）が，*Co-opetition,* Helen Rees Literary Agency,（嶋津祐一ほか訳『ゲーム理論で勝つ経営（1997年に刊行されたコーペティション経営からの改題）』日経ビジネス人文庫，2003年）を著し，ゲーム理論は意思決定や経営戦略の重要なアプローチとして一般化したといえる。本節では，ブランデンバーガー＝ネイルバフの著作『ゲーム理論で勝つ経営』をもとに，ゲーム論的意思決定について考察する。

ブランデンバーガー＝ネイルバフによれば，ビジネスは「パイ」を作り出すときには協力し，その「パイ」を分けるときには競争するものであると述べ，つぎのような説明をしている。すなわち，ビジネスは「戦争と平和」であり，戦争と平和が同時に起こり，競争すると同時に協力しなければならないという。競争（コンペティション）と協調（コーペレーション）が合わさると，それぞれの言葉が単独で意味したものよりも，ずっとダイナミックな関係を作り出していくのであり，コーペティション（Co-opetition）が重要なのである。コーペティションとは，競争（コンペティション）と協調（コーペレーション）を併せた造語で，ビジネスには両方の側面があり，両方のバランス感覚をもち合わせた方が勝負に有利なのである。コーペティションの視点に立てば，「勝つか負けるかのゲーム」が最も効果的であるケースと，「双方が勝つゲーム」が最も効果的であるケース，また，競争相手を打ち負かすことが最も良い選択である状況と，競争相手をも含めた何人かのプレイヤー（ゲームへの参加者）に利益を与えることが最善の選択である状況などがあり，これらの最善な意思決定を選択するためにはゲーム理論の考え方に頼らなければならない。

（1） ゲームの参加者

ビジネスというゲームにおいて，どのようなプレイヤーが存在し，どのような役割を担っているのかを考えてみると，ビジネスには顧客と供給元が必ず存在し，それらなしにはビジネスは成立しない。そして当然，競争相手も存在する。見落されがちだが，補完的な製品やサービス（＝補完財）を生産する企業

も存在する。すなわち，ビジネスというゲームの参加者は，顧客，生産要素の供給者（供給元，供給者），競争相手，補完的生産者（補完財を供給する者）の4つに分類することができる。

ブランデンバーガー＝ネイルバフが提示した価値相関図は，ビジネスにおけるゲームの2つの対称性を明らかにしている。垂直軸に目を向けると，顧客と供給者とが対称的な役割を演じている。水平軸では，競争相手と補完的生産者が対称性をなしている。ここで，競争相手とは，自分以外のプレイヤーの製品を顧客が所有したときに，それを所有していないときよりも自分の製品の顧客にとっての価値が下落する場合で，その自分以外のプレイヤーを競争相手と呼ぶ。一方，補完的生産者とは，自分以外のプレイヤーの製品を顧客が所有したときに，それを所有していないときよりも自分の製品の顧客にとっての価値が増加する場合で，そのプレイヤーを補完的生産者と呼ぶ。

すなわち，価値相関図では以下の2つの対称性を明示しているのである。

① 顧客と供給者は，対称的な役割を演じている。
② 競争相手と補完的生産者とは，表裏の関係にある。

顧客，供給者，補完的生産者，競争相手，このすべてとの間に「双方が勝つ」という要素と「勝つか負けるか」という要素がある。すべての関係には二重性が存在し，協調と競争の両方の側面がある。したがって，戦争と平和，そ

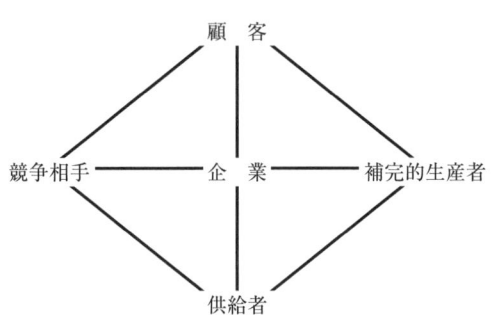

図表10-3　価値相関図（ビジネスゲームの参加者）

出所）ブランデンバーガー＝ネイルバフ，嶋津祐一
　　　ほか訳（2003）41頁。

して両方の側面をもつコーペティション（Co-opetition）を考えなければならないのである。

（2） ビジネスゲームの要素

　ブランデンバーガー＝ネイルバフによれば，大きな機会，大きな利益は，誤ったゲームから得られるものではなく，ゲームを変えることで得られるという。不適切なゲームを行っているのなら変えなければならず，適切なゲームであっても，さらに良いものにすることができる。ゲームを変えることは，ビジネス戦略の本質である。

　ゲームを変えるためには，少なくともゲームの要素を1つ変えなければならない。ブランデンバーガー＝ネイルバフは，ゲームの要素として以下の5つを提示する。

① プレイヤー（**Players**）

　プレイヤーは，高い付加価値をもっているならゲームに参加すれば良く，それほど付加価値をもっていないならゲームから利益を得ることはできない。ゲームそのものから利益を得られないとしても，ゲームを変えることで利益を得られる。なぜならば，自分の参入によって誰が利益を得られるのかを考え，自分のプレーに対して喜んで報酬を払ってくれる者がいるかもしれないからである。報酬を得られない場合には，脇に座って眺めているのがベストな戦略かもしれない。

② 付加価値（**Added　Values**）

　競争がなければ，付加価値が失われることはない。他者の付加価値をいかにして低めるかが戦略を考えるうえでのポイントとなる。ビジネスでは激しい競争がある。そこで他者の付加価値を制限することや，こちらの付加価値をいかに維持するかが問題となる。

③ ルール（**Rules**）

　ルールを変える自由は，両刃の剣となりうる。他者のルールにやみくもに従ってはいけない。しかし，こちらのルールにやみくもに従ってくれると考えてはいけない。こちらがルールを変更できるのと同様，他者もルールを変更できるのである。

④ 戦術（**Tactics**）

　他者の認識を変えることで，ゲームを変えることができる。これは戦術の領域に入る。ある意味では，すべてが戦術である。こちらがしたこと，しなかったこと，すべてがシグナルとなる。これらのシグナルが認識を形成する。人々がゲームだと認識しているものがゲームである。何がゲームかを知り，ゲームを変えることができるようにしておくために，認識を考慮に入れなければならない。

⑤ 範囲（**Scope**）

　すべてのゲームは他のゲームとつながっている。そして，どのようなゲームも，より大きなゲームの中にある。またゲームの範囲を拡大したり，変更したりすることができる。プレイヤーがゲームの範囲を小さくしているように見える時でも，大きなゲームにおけるそのプレイヤーの力が，操作を可能にしている。

（3）　ゲーム理論的思考

　ブランデンバーガー＝ネイルバフは，ゲームの参加者，ゲームの要素を理解することによって，ゲーム理論をビジネスに応用するために必要な手段は揃うという。

　ブランデンバーガー＝ネイルバフによれば，ゲーム理論を用いて考えると，ビジネスの多くの特徴が当たり前のことではなくなる。なぜならば，目の前にあるゲームを無条件に受け入れる必要はなく，ゲームは極めて自由に行えるからである。それによって，現在の制約を越えて物事を見渡せるようになり，ゲームを変えることで大きな利益を得ることができる。

すぐにも自身の利益を増加させるゲームの変更方法を突き止められるかもしれない。しかし、どんなにうまくゲームを変更したとしても、すぐに新しい状況が生まれ、ゲームを変えていかなければならなくなる。どれほどうまく現在の状況をつかんだとしても、すぐに挑戦を受け、さらなるゲームの変更を迫られる。他のプレイヤーもゲームを変えようとしている。したがって、変更が自分の利益になることもあれば損失になることもある。ゲームの変化に対して、逆にゲームを変えて対抗しなければならない場合もあり、ゲームを変えるゲームには終りはないのである。

上記のように、ブランデンバーガー＝ネイルバフのゲーム理論は、ゲームをいかに自分に有利なものに変更するかに力点が置かれている。ゲームの変更には、必ずしも他者の犠牲は必要ない。「勝つか負けるか」戦略、および「双方が勝つ」戦略すべての中から、最適な戦略を簡単に選ぶことができる。正しい戦略を見つけることは、他者との関係の中における協調と競争の要素を見分けていくことに等しく、こうすることで、自分の利益になるようにゲームを変えていくことができるのである。

参考文献

Simon, H. A. (1945) *Administrative Behavior.* 松田武彦ほか訳 (1965)『経営行動』ダイヤモンド社

Simon, H. A. with Smithburg, D. W. & Thompson, V.A. (1950) *Public Administration.* 岡本康雄ほか訳 (1977)『組織と管理の基礎理論』ダイヤモンド社

March, J. G. and Simon, H. A. (1958) *Organizations.* 土屋守章訳 (1977)『オーガニゼーションズ』ダイヤモンド社

Ansoff, H. I. (1965) *Corporate Strategy,* McGraw-Hill, Inc. 広田寿亮訳 (1969)『企業戦略論』産業能率大学出版部

Neumann, J. & Morgenstern, O. (1944) *Theory of Games and Economic Behavior,* Princeton University. 銀林浩ほか監訳 (1972)『ゲームの理論と経済行動 1・2・3・4・5』東京図書

Brandenburger, A. M. & Nalebuff, B. J. (1977) *Co-opetition,* Helen Rees Literary Agency. 嶋津祐一ほか訳 (2003)『ゲーム理論で勝つ経営』日経ビジネス人文庫

第11章 戦略論アプローチ

1 経営戦略概論

（1） 経営戦略論の系譜

　元来，軍事分野において用いられていた戦略の概念を企業経営の分野に応用し，経営戦略の用語を用い始めたのはゲーム理論の創始者であるノイマン（von Neumann, J.）＝モルゲンシュテルン（Morgenstern, O.）であるといわれている。それ以降，ドラッカー，チャンドラー（Chandler, A. D. Jr）などが経営学において用い始め，経営戦略論の研究が展開されていく。

　ドラッカー，チャンドラーらによる研究以降，経営戦略論研究は時代とともにその研究領域が変化してきた。ここでは，経営戦略論研究の変遷を時代背景とともに考察してみる。

　1950〜1960年代は，第二次世界大戦が終了し，世界経済の復興とともに多くの企業が誕生した時代である。それまでの国営企業（公企業）中心の産業から民間企業（私企業）中心の産業へ主役が移行する時期でもある。

　この時代には，軍事関連で用いられていた戦略概念の企業経営への転用が始められ，いかに自社の経営基盤を定着させ，企業活力を備えさせるかという点に主眼が置かれていた。すなわち，自社のドメイン（事業領域）を明確化させ，生存領域と成長の方向性を明示させるものこそが経営戦略であると考えられていた。したがって，この時代の経営戦略はドメイン戦略が中心であり，企業基盤を確立させるための道具として位置づけられていたといえよう。

　1960年代に自社の事業領域を明確化させた企業は，1970年代に入ると経営

のリスクをいかに低減させるかということに対して経営上の関心を移行させていった。そのような状況下で，当時の企業が好んで選択した方法が事業の多角化である。

　事業の多角化に代表される1970年代は，いわば企業成長の時代であったといえる。単一事業から多角化をはかることによって経営リスクを分散化させること，各事業の将来性とライフサイクルとが錯綜する中において既存の優良事業からの資金を今後の有望事業に対して循環的に投資すること，そして事業の淘汰を繰り返しながら企業の成長を戦略的に模索し始めた時代であった。すなわち，自社のもてる経営資源をいかに効率的に配分するかに関心が集められていたのである。したがって，この時代の経営戦略は資源展開戦略が中心であり，経営リスク低減化・分散化のための道具として位置づけられていたといえよう。

　1980年代に入ると，企業も新たな展開を迎えるにようになった。企業間における熾烈な競争の時代の幕開けである。企業にとっての「競争」が意味するものは，通常，われわれが理解する以上のものであり，いわば「生き残り」にほかならない。競争における負けは，企業の死を意味する。それにもかかわらず当時の企業は直面する競争に対して，あまり有効的な方策を講ずることができない状況であった。これらの企業にとっての特効薬としての戦略を提示したのがポーターである。すなわち，多くの企業が誕生し，飽和状態になった市場の中で，企業が生き残りをかけてライバル企業に競争で勝ち，最大の利益を獲得することに関心が寄せられたのである。したがって，この時代の経営戦略は競争戦略が中心であり，企業間競争のための道具として位置づけられていたといえよう。1980年代に頂点に達した競争戦略論は，企業間競争における利潤偏重の戦略であったともいえる。すなわち，企業がいかに最大の利益を確保するかということが論点とされてきたのである。

　しかし，利潤とはあくまでも一定の成果を意味するものであり，重要なことは，どれだけの利潤が確保されたかということではなく，ある程度の利潤を常に確保し続けることのできる仕組み，すなわちビジネス・システムを構築する

ことにある。「成果重視の経営戦略」から「成果を生み続けることのできるシステム，すなわちプロセスを重視する経営戦略」へと大きく変化したのである。したがって，この時代の経営戦略はビジネス・システム戦略が中心であり，持続的に利潤を獲得するためのシステムづくりの道具として位置づけられていたといえよう。

　2000年代に入り，経済，社会，政治，技術など企業を取り巻く経営環境が激変している。当然，企業経営も従来のようなスタイルでは行き詰まりをみせており，新たな経営スタイルが求められている。すなわち，現代は革新の時代であるといえよう。

　また，従来の企業間の関係も大きく変貌しつつある。同業他社との熾烈な競争から，必要に応じた協力関係や提携関係を結ぶといった今までにはみられなかった現象が生じてきている。これは，過度の競争による自滅を避けて，各企業が保有する強みと弱みを相互補完しようという動きであり，競争の時代を超えて共生の時代が到来したといえるであろう。これらの革新と共生というキーワードから導かれる経営戦略は，イノベーション戦略と組織間関係戦略である。革新と共生の時代において企業が存続・発展していくために，経営戦略はイノベーション戦略と組織間関係戦略を中心に，改革とネットワークづくりの道具として位置づけられていくことであろう。

（2）　成長ベクトル

　事業というものは，繁栄していても必ず衰退するときがくる。栄枯盛衰，事業においてもこれは自明の理である。企業がゴーイング・コンサーンとして存続し続けるためには，主力事業が衰退する前に新たな事業を立ち上げるか，他の事業に転換させることが必要である。すなわち，多角化戦略と事業転換戦略が企業存続の鍵となるのである。

　ところで，経営戦略と経営資源は深くかかわっている。経営戦略を実行しようとすると，当然経営資源が必要である。複数の製品，複数の事業分野で活動を行っている企業では，経営資源をいかに蓄積し，配分するかについての構想

図表11-1 製品—市場分野

	既存製品	新製品
既存市場	① 市場浸透戦略	③ 製品開発戦略
新規市場	② 市場開拓戦略	④ 多角化戦略

出所）アンゾフ，広田寿亮訳（1969）137頁。

が必要となってくる。

　企業の内部には，その日常的な経営活動を通じて未利用の経営資源が蓄積される。このような未利用資源は，企業が既存製品市場で拡大するための源泉となり，それを越えた余剰部分が新規事業進出のための源泉となる。すなわち，未利用資源の余剰分を成長の可能性がある分野への進出にまわし，新規事業を展開することで企業の存続・発展を求めるのが多角化戦略である。

　経営資源の展開を考えるにあたって，製品と市場という2つの指標を用いたものを成長ベクトルという。すなわち，企業が提供する製品とターゲットにしている市場という2つの指標を用いた経営戦略であり，アンゾフ（Ansoff, H. I.）が，*Corporate Strategy*, McGraw-Hill, Inc. 1965.（広田寿亮訳『企業戦略論』産業能率大学出版部，1969年）の中で提唱した。アンゾフは，企業が成長を目指すときに採用する戦略は，つぎの4つのタイプに分類されると考えた。

① **市場浸透戦略**

　広告や宣伝などの販売促進活動を行うことによって既存の製品の認知度を既存の市場において高めて，より多く販売することを目的とする戦略である。

② **市場開拓戦略**

　新しい市場において既存の製品をより多く販売することによって売上げの拡大を図ることを目的とする戦略である。なお，「新しい市場」のもつ意味は，新しい地域であったり，あるいは年齢層，性別，所得階層などの視点から新しいと考えられる顧客であったりもする。

③ 製品開発戦略

 既存の市場に対して，新製品を投入することによって売上の拡大を図ることを目的とする戦略である。なお，ここで「新製品」とは，既存の製品と異なるものであればよく，それが類似しているのか，あるいは全く関連性のないものであるかについては問題とされない。

④ 多角化戦略

 新市場において新製品を販売して企業が成長を図る戦略である。通常は，新規事業などのリスク（危険性）の高い戦略であるが，成功すると複数の事業により経営の安定化や新たな成長が期待できる戦略である。
 アンゾフは，製品と市場の組合せにおいて，このような4つの戦略に分類した。アンゾフによれば，多角化戦略は，今まで顧客としてターゲットにしてこなかった消費者に対し，取扱ったことのない新製品や新サービスを提供することで成長を図る戦略にほかならない。しかし，実際には製品開発戦略や市場開拓戦略の場合も多角化となる場合もあることに注意すべきであろう。

2 ポジショニング戦略

 ハーバード大学のポーター（Porter, M. E.）は，*Competitive Strategy*（The Free Press, A Division of Macmillan Publishing Co., Inc., 1980, 土岐坤・中辻萬治・服部照夫訳『競争の戦略』ダイヤモンド社，1982年）を発表し，経営学の世界にセンセーションを巻き起こした。その後，*Competitive Advantage*（The Free Press, A Division of Macmillan, Inc., U. S. A., 1985, 土岐坤・中辻萬治・小野寺武夫訳『競争優位の戦略』ダイヤモンド社，1985年）を著し，さらに詳細な競争戦略のフレームワークを確立していくのである。ポーターの理論の中心は，どのような製品をどの顧客に提供するか，すなわちドメインを明確化するものであり，企業のポジショニングを重視した戦略論である。

(1) 競争優位の源泉

ポーターによれば，競争優位（competitive advantage）は，企業がその製品を設計し，製造し，マーケティングを実施し，流通チャネルに送り出し，各種のサービスを提供するといった多くの別々の活動から生まれる。彼は，これらの活動のそれぞれが，会社の相対的コスト地位に貢献し，差別化の基礎を創造すると述べる。

このような競争優位の源泉を分析する際の基礎概念として，ポーターは，価値連鎖（value chain）を提案している。バリュー・チェイン（価値連鎖）という概念は，コストの優位および差別化の，現在存在する，あるいはこれから現れる源泉を理解するために，まず，企業の活動を戦略的に重要な活動に分解する。これら戦略的に重要な活動を，競争相手よりもより安く，またはより良く行うことによって，競争優位は入手できるのである。

彼は，会社の価値連鎖は，大きな活動群の中に潜んでいるという。すなわち，原材料供給業者の価値連鎖（川上価値）は，企業の価値連鎖に利用される仕入品を作り供給する。供給業者は，単に原材料になる製品を供給するだけではなく，企業のいろいろな活動のやり方に影響を及ぼす。さらに，企業の作る多くの製品は，買い手に届くまでの間，流通チャネルの価値連鎖（チャネル価値）を通過する。流通チャネルは，買い手に関係するとともに，企業自身の活動にも影響力をもつ付加的活動を行う。企業の製品は，最終的には買い手の価値連鎖の部分になる。差別化の本質的基礎となるものは，買い手の価値連鎖（これが買い手のニーズを決める）において，企業および企業の製品が果たす役割なのである。したがって，ポーターの考えでは，競争優位を確保し，それを持続できるかどうかは，単に自社の価値連鎖だけではなく，全体の価値連鎖に自社がどう適合しているかを理解できるかどうかで決まるのである。

(2) ファイブ・フォース

ポーターによれば，業界（互いに代替可能な製品を作っている企業の集団）内で競争激化が起こるのは，偶然そうなるのでもなければ，不運な現象でもない

という。彼によれば，競争の根は業界の経済的構造の内部にあるわけで，個々の競争しあう企業の行動が必ずしも激化の原因ではなく，競争状態を決めるのはつぎのような5つの構造要因（ファイブ・フォース）にあるという。

① 新規参入の脅威

　ある業界に新規参入が起これば，生産キャパシティーが増え，一定の市場シェアを確保したいという意欲が発生し，かなりの経営資源が新たに投入されるので，価格が低下するか，既存の業者のコストが高騰するかして，収益が低下する可能性がある。

② 既存競争業者間の敵対関係の強さ

　同業者は，お互いに相手の行動のいかんによって行動する関係にある。既存業者間に敵対関係があると，市場地位を確保しようとするため競争がますます激化することになる。

③ 代替製品からの圧力

　業界内のすべての企業は，代替製品を生産する他の業界と広い意味で競争し続けている。特に，価格に対して価値の大きい代替製品からは，強い脅威を与えられるため，つねに目を光らせておく必要がある。

④ 買い手の交渉力

　買い手は値下げを迫ったり，もっと高い品質やサービスを要求したり，売り手同士を競い合わせたりして，業界を相手に戦う。買い手の行動の変化は，企業に対して機会と脅威を与える。

⑤ 売り手の交渉力

　供給業者は，買い手に対して価格を上げたり，品質を下げるといった脅しをかけたりすることで交渉力を行使する。したがって，買い手の行動の変化同

図表11-2　5つの競争要因

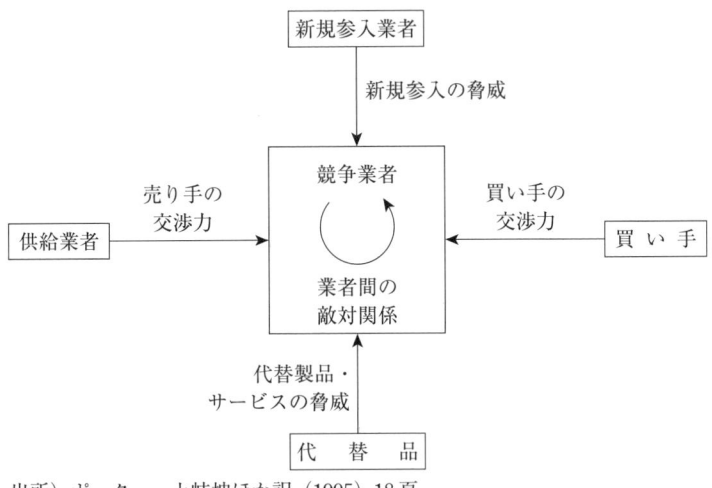

```
              ┌──────────────┐
              │  新規参入業者  │
              └──────┬───────┘
                     │ 新規参入の脅威
                     ↓
           ┌──────────────────┐
  売り手の   │    競争業者       │  買い手の
┌──────┐交渉力 │                  │交渉力 ┌──────┐
│供給業者│────→│    ◯(敵対)       │←────│買 い 手│
└──────┘     │  業者間の         │      └──────┘
             │  敵対関係         │
             └────────↑─────────┘
                      │ 代替製品・
                      │ サービスの脅威
                ┌──────────────┐
                │  代　替　品   │
                └──────────────┘
```

出所）ポーター，土岐坤ほか訳（1995）18頁。

様，売り手の行動の変化も，企業に対して機会と脅威を与えるのである。

（3）競争の基本戦略

ポーターによれば，効果的な競争戦略とは，競争相手よりも優れている点をいかして，業界内で防衛可能な地位をつくることである。それには，前述した5つの構造要因に適切な対応をはかり，投資収益を大きくするための攻撃的または防衛的アクションをとらなければならない。彼は，そのためにつぎのような3つの基本戦略を提示する。

① コスト・リーダーシップ戦略（cost leadership strategy）

競争相手となる他社よりも低いコストで生産し，業界内におけるコスト・リーダーになることによって製品を低価格で販売することを実現し，高い収益性を達成する戦略のことである。低価格での製品供給を実現できれば，市場シェアの拡大にも好影響をもたらす。換言すれば，低価格によって大量生産・大量販売が可能になるのである。

② 製品差別化戦略（differentiation strategy）

　競争相手には存在しない特異性を確立し，その特異性を武器にすることによって競争優位を実現しようとするものである。すなわち，買い手の利益になる特異性を選出し，そのニーズを満たすことによって，買い手（顧客）に唯一無二の存在として認識させ，高い収益性へとつなげる戦略のことである。一般的に買い手の利益につながる特異性としては，マーケティングで4Pといわれている製品（Product：機能や付加価値の特異性），価格（Price：もっとも基本的かつ効果的な特異性），流通経路（Place：出店立地や流通チャネル，原材料確保方法の特異性），販売促進（Promotion：広告宣伝や販売インセンティブの特異性）などがあげられる。

③ 集中戦略（concentration strategy）

　コスト・リーダーシップか差別化のいずれかを対象とした上で，さらに焦点を絞り込み，他社の排除を狙う戦略である。すなわち，顧客として考えるターゲットを狭めた上で，その顧客に対しコスト・リーダーシップ，差別化のどちらか一方の戦略，あるいはその双方の同時実現を図ろうとするものである。集中戦略は，コスト・リーダーシップ戦略や差別化戦略に比べて，対象が狭い分，成功した際の利益幅は小さいが，それだけ顧客ターゲットに密着した戦略をたてることが可能であるといえよう。

　ただし，基本戦略を追求する場合にもリスクは存在する。1つは，戦略を策定してそれを実行することに失敗するリスクであり，もう1つは，戦略によって手に入れた戦略的優位の価値が業界の進展によって破壊されるリスクである。基本戦略を選択する企業は，これらリスクを十分に認識しておく必要がある。

（4）　参入障壁

　コスト・リーダーシップ戦略，差別化戦略，集中戦略など，競争企業に真正面から挑んで競争優位を確立しようとする競争戦略の他に，障壁（barriers）を作って競争を回避する競争戦略もある。新規参入者や競争企業が市場に参入

図表 11-3　3つの基本戦略

	戦略の有利性	
	顧客から特異性が認められる	低コスト地位
業界全体	差別化	コストのリーダーシップ
特定セグメントだけ	集中	

戦略ターゲット（縦軸）

出所）ポーター，土岐坤ほか訳（1995）61頁。

するのを防ぐ障壁を参入障壁という。

ポーターは，参入障壁としてつぎのケースをあげている。

① 規模の経済（規模の経済がきいている業界では，新規参入業者ははじめから大量生産に踏み切らなければならない）。

② 垂直統合（生産または流通の各段階を一貫して経営すると経済性が高まる場合には障害となる）。

③ 製品差別化（差別化が存在すると新規参入業者は，既存の企業に対する顧客の支持に負けないために膨大な宣伝費を投入しなければならない）。

④ 巨額の投資（競争するのに巨額の投資が必要な場合は障害となる）。

⑤ 仕入先を変えるコスト（ある供給業者の製品から別の業者の製品に替えるとき，買い手に一時的に発生するコストがある）。

⑥ 流通チャネルの確保（新規参入業者は，自社製品の流通チャネルを確保しなければならない）。

⑦ 規模とは無関係なコスト面での不利（既存企業が，新規参入業者にとって応戦することができないほどのコスト面での有利さをもっている場合がある）。

⑧ 政府の政策（政府は許認可制度などで，ある種の産業への参入を制限したり，

禁止したり，素材資源への立入りを制限したりする場合がある)。

参入障壁は，戦略グループ (strategy group：各戦略次元上で同じか，あるいは類似の戦略をとっている企業のグループをいい，業界は少数の戦略グループで形成されている) への業界外からの企業参入を防ぐだけでなく，業界内の企業が1つの戦略グループから別のグループへ移動するのを防ぐ役割もある。このような市場内の戦略グループの移動を困難にする障壁は，一般に移動障壁と呼ばれている。

3 リソース・ベースト・ビュー

バーニー (Barney, J. B.) は，*Is Sustained Competitive Advantage Still Possible in the New Economy?,*（岡田正大監訳「リソース・ベースト・ビュー」ハーバード・ダイヤモンド・ビジネス・レビュー2001年5月号),*Gaining and Sustaining Competitive Advantage,* Second Edition, Pearson Education Inc., 2002.（岡田正大訳『企業戦略論〈上　基本編〉〈中　事業戦略編〉〈下　全社戦略編〉』ダイヤモンド社，2003年）を著し，経営戦略論の世界に新しいアプローチを展開した。本節では，「リソース・ベースト・ビュー」ハーバード・ダイヤモンド・ビジネス・レビュー2001年5月号をもとに，リソース・ベースト・ビューの概念について考察してみよう。

外部環境要因に適合できるポジショニングを重視するポジショニング戦略に対して，内部環境要因を重視して戦略を考えるのがバーニーの提示したリソース・ベースト・ビュー (resource based view) である。同一のポジショニングにある企業の成否が分かれるのは，企業の経営資源の優劣に起因するという考えにもとづいた戦略であり，経営資源の効果的な蓄積と配分がその根源的戦略である。

(1) ポジショニングの限界

バーニーは，企業が自らの力でコントロールできる競争優位についての核心

をなす考え方として，以下の3点を提示する。
　① 持続的競争優位を左右する要因は，所属する業界の特質ではなく，その企業が業界に提供するケイパビリティ（能力）である。
　② 稀少かつ模倣にコストのかかるケイパビリティは，他のタイプの資源よりも，持続的競争優位をもたらす要因となる可能性が高い。
　③ 企業戦略の一環としてこの種のケイパビリティの開発を目指し，そのための組織が適切に編成されている企業は，持続的競争優位を達成できる。
　経営戦略の思考を支配していたのは，ポーターが提示したポジショニング戦略であり，企業が属する業界が持続的競争優位の達成の可否を決定づけているという見方であった。
　しかし，バーニーは，業界の魅力は企業がその業界に提供するケイパビリティと切り離して評価できるものではないとして，業界の魅力を重視したポジショニング戦略の欠点を指摘する。バーニーによれば，ポジショニング戦略に従えば，マネジャーの最重要課題は「魅力ある業界」の発見，すなわち競合商品やその他の競争が少なく，参入障壁などによって競争相手の参入が阻まれている業界を発見することに他ならない。つまり，このような業界で活動する企業が持続的競争優位を実現させ，より魅力に乏しい業界で活動する企業はそれを達成できないということになる。いかに魅力のある業界であっても，自社の経営資源を活用できなければ意味がないのである。業界の特質と経営資源との適合性が重要なのである。
　ところが，莫大な経済価値を創造する1つの方法は，魅力の薄い業界で競争優位を獲得し，これを維持することであるという考え方もある。そのような業界では，一般的に企業がむずかしい環境の中で競争していると認識されていることから，株主の期待はさほど高くない。一方，この種の業界で競争優位を獲得・維持できれば，予想をはるかに超える株主価値を生み出すことが可能である。持続的競争優位を獲得するカギが魅力に乏しい業界に存在するならば，魅力が総じて低下しても，これらの業界に属する企業が持続的競争優位を追求する動きはいっそう活発化する。また，そのような企業が増えれば，たとえ魅力

が薄れているといわれる業界でも，持続的競争優位を実現しうる可能性は高まるのであり，これらの業界の魅力を決定づけているのは稀少かつ模倣にコストのかかるケイパビリティである。

（2） ケイパビリティの競争力

バーニーによれば，持続的競争優位の獲得は魅力的な業界を選択し，そこで活動することとは無関係であり，競争優位を確保するためには稀少かつ模倣にコストのかかるケイパビリティ（rare and costly to imitate capabilities）を装備し，それを通じて顧客ニーズに応える戦略を探ることが必要である。バーニーは，ケイパビリティの潜在的競争力を図表11-4のようにまとめている。

（3） コア・コンピタンス

1980年代の後半に登場し，経営戦略の世界を席巻し，ポジショニング戦略の代表的存在となったポーターの競争戦略論に続き，1994年に一冊の本が刊行され話題をさらった。それが，ハメル＝プラハラード（Hamel, G. = Prahalad, C. K.）の『コア・コンピタンス経営』である。コア・コンピタンスの概念は，バーニーの提唱したリソース・ベースト・ビューの概念に通じるものである。

ハメル＝プラハラードによれば，コア・コンピタンス（core competence）とは，「顧客に対して，他社にはまねのできない自社ならではの価値を提供する企業の中核的な力」と定義づけている。他社にはまねのできない自社ならではの価値とは，具体的にはその企業のもつ独自な技術によって生み出された製品やサービスであると考えれば，他社がこれをまねするには，時間的にも金銭的にもコストがかかりすぎる。まさにこの点においてハメル＝プラハラードとバーニーの概念には共通点があるといえよう。そして吉村孝司は，『経営戦略（ストラテジー）』学文社，2006年の中で，コア・コンピタンスを以下のように整理している。

① 企業の持続的な競争優位性はその製品にあるのではなく，彼らのもつコア・コンピタンスにある。

図表 11-4　ケイパビリティの潜在的競争力

STEP 1　自社のケイパビリティの決定的な特徴は何か

■ケイパビリティの価値：
　　「それを活用することによって，競争上のチャンスを開拓する企業戦略をどの程度実行できるか」で決まる

■ケイパビリティの稀少度：
　　「競合企業のうち，現時点でそれを有していない企業がどれくらいあるか」によって決まる

■ケイパビリティの模倣可能度：
　　あるケイパビリティを獲得するに当たり，すでにそれを持っている企業に比べ，持っていない企業がコスト面で不利になる場合，そのケイパビリティは「模倣にコストがかかる」と言える

■ケイパビリティを開発するための組織編成：
　　ケイパビリティの有する潜在的競争力を十分に引き出せるかどうかは，企業組織がどのくらい能率的・機能的に編成されているかで決まる

STEP 2　ケイパビリティは企業競争にどのような影響をもたらすか

■価値の低いケイパビリティ：
　　競争上の不利をもたらす要因となる

■価値は高いが，稀少ではないケイパビリティ：
　　競争上，他社と同等の立場をもたらす要因となる

■価値が高く，稀少なケイパビリティ：
　　短期的な競争優位をもたらす要因となる

■価値が高く，稀少で，模倣にコストのかかるケイパビリティ：
　　持続的競争優位をもたらす要因となる

■組織形態
　　調整すべき要因として機能する。持続的競争優位を実現させうるケイパビリティもそれを活用できる組織形態でなければ，その潜在能力を十分に発揮できない。逆に，競争上，他社と同等の立場を実現させうるケイパビリティが，それを活用するに適した組織に設計されていれば，さらに優れた結果をもたらす可能性がある

出所）バーニー，岡田正大監訳（2001）82頁。

② コア・コンピタンスは，複数の製品を生み出す源となり，それによって複数のビジネス・ユニットが生み出される。樹木にたとえるならば，
　　　最終製品・・・葉や花や果実　　　コア製品・・・幹や大きい枝
　　　ビジネス・ユニット・・・小枝　　コア・コンピタンス・・・根
である。

第 11 章　戦略論アプローチ

③ 組織に付随するコンピタンスの重要性もまた認識されている。
④ コア・コンピタンスの構築には集中化が必要とされる。
⑤ コア・コンピタンスという視点が示唆しているのは，大企業や複数の事業部門をもつ企業に対しては，戦略的ビジネス・ユニット（SBU）の集合体という見方だけではなく，個別のビジネス・ユニットには必ずしも納まりきれないコンピタンスの束という見方も必要である。
⑥ 企業のコア・コンピタンスの特定とその開発がうまくいくかどうかは，その企業の戦略的なアーキテクチャに依存している。

ハメル＝プラハラードがその重要性を示唆するコア・コンピタンスとは，企業活動において蓄積され形成された経営資源の中の優秀な技術力のことであり，競争優位の源泉として戦略の中心に置かれるものである。

参考文献

Ansoff, H. I.（1965）*Corporate Strategy,* McGraw-Hill, Inc. 広田寿亮訳（1969）『企業戦略論』産業能率大学出版部

Porter, M.E.（1980）*Competitive Strategy,* The Free Press, A Division of Macmillan, Inc. U. S. A. 土岐坤ほか訳（1982）『競争の戦略』ダイヤモンド社

Porter, M.E.（1985）*Competitive Advantage,* The Free Press, A Division of Macmillan, Inc., U. S. A. 土岐坤ほか訳（1995）『競争優位の戦略』ダイヤモンド社

Barney, J.B.（2001）*Is Sustained Competitive Advantage Still Possible in the New Economy?* 岡田正大監訳「リソース・ベースト・ビュー」『ハーバード・ダイヤモンド・ビジネス・レビュー』2001年5月号

Barney, J.B.（2002）*Gaining and Sustaining Competitive Advantage,* Second Edition, Pearson Education Inc. 岡田正大訳（2003）『企業戦略論上・中・下』ダイヤモンド社

吉村孝司編（2006）『経営戦略（ストラテジー）』学文社

第12章 リーダーシップ論アプローチ

1 アーウィックの「リーダーシップ論」（資質論）

　アーウィック（Urwick, L. F.）は，オックスフォード大学で歴史を学び，メーカー勤務を経て，国際管理協会理事に就任，1934年アーウィック・オール社を設立している。主要著書には *The Elements of Administration*, Pitman, 1943.（堀武雄訳『経営の法則』経林書房，1961年）がある。

　アーウィックの特徴は，リーダーシップの資質論を展開したことである。ここではリーダーシップに必要な資質（personal quality or trait）を明らかにした *Leadership in the Twentieth Century*, Sir Issac Pitman & Son Limited, 1957.（藤芳誠一・星野清訳『現代のリーダーシップ』新版，経林書房，1968年）を中心にアーウィックの経営観とリーダーシップ観について理解を深めていくことにする。

（1）　リーダーシップの位置づけ

　アーウィックによると，人間は経済的動物であると同時に社会的動物である，という。企業は経済目的を達成するための経済価値の組織である。この経済目的を達成するためには，仕事の管理を必要とする。また，企業は共通の目的のために互いに結合した人間の共同社会である。この社会目的を達成するためには，人間の管理を必要とする。つまり，企業には「仕事」と「人間」の2つの側面があるのである。

　生物学において有機体が細胞からできているのと同じように，企業は個々人

からできている社会単位である。そこで，経営者は「個人」と「集団」の2つの側面に考慮しつつ経営にあたらなければならない。

「仕事」と「人間」を縦軸に，「個人」と「集団」を横軸にとると，次の4つの管理領域ができる。

① 経営者は，個人に関係した仕事を考慮して課業（task）を研究し，決定しなければならない。

② 経営者は，集団に関係した仕事を考慮して団体の課業に個々人が貢献し，全体として1つの形になるよう個々人の課業を調整し関連（arranging and

図表12-1　アーウィックのリーダーシップ

経営管理の4つの領域			
	個人（細胞）	集団（有機体）	
仕　事 （経済的目的）	課　業	課業相互間を調整し関連づける	経営の機構
人　間 （社会的目的）	個人を課業に適応させる	集団全体を動機づけ統合する	経営の動態

↓
リーダーシップの必要性

企業リーダーの役割	リーダーシップの資質
① 企業目的遂行の代表 ② 健全なる企業成長の牽引 ③ 経営管理活動の執行 ④ 環境変化の伝導	① 勇気 ② 意思の力 ③ 心の柔軟性 ④ 知識 ⑤ 誠実

リーダーシップの資質は育成可能

出所）藤芳誠一監修（2000）『新経営基本管理』泉文堂，253頁。

correlating task）づけなければならない。
　③ 経営者は，職場の人間はひとりの個人であるという観点を考慮して，個々人を課業に適応（arranging the individual to the task）させなければならない。
　④ 経営者は，職場の人間は集団を形成するという観点を考慮して，集団全体を動機づけ，統合（motivating and integrating the group）しなければならない。

　①はテイラーによる科学的管理法によって扱われ，②は管理過程論で扱われた。アーウィックは，この①と②を経営の機構（mechanics of management）を扱う技術的問題であるとした。それに対して③と④を経営の動態（dynamics of management）を扱う問題とし，この③と④がリーダーシップに直接関係する領域であると述べている。中でも集団に刺激を与え，モラール（morale）を高め，動機づける④の領域こそリーダーシップが不可欠な存在となる。アーウィックは，企業が経済単位であることばかりに気をとられていると，社会単位としての存在を忘れ，リーダーシップが不在になることを指摘したのである。

（2）　リーダーシップの資質

　アーウィックは，リーダーシップを「他の人々が，自然にそれに引きつけられて，その人の指導を受け入れたくなるような個人のもつ行動の資質である」とし，リーダーのなすべき役割をつぎのようにあげている。
　① 企業を代表し，内部で働く人に対しても外部で働く人に対しても企業目的の遂行を率先する。
　② 競争の中で成長を維持し，かつ企業を健全化するための手段をとるよう率先する。
　③ 予測，計画，組織，命令，調整，統制といった経営管理活動を執行する（アーウィックの管理要素はファヨールとほぼ同じといえるが，アーウィックはファヨールの予測の中に予測と計画の2つが含まれるとしている）。

④ 経営にかかわらずあらゆる事態の推移，変動を同僚や部下にわからせる。

　こうした役割を果たすリーダーに求められる条件とはなんであろうか。リーダーシップの資質論は，英雄・偉人といったリーダーに共通する特徴，一般の人々と異なった優れた特徴を探ろうとする研究である。

　アーウィックは，企業における競争や葛藤が戦争におけるそれと類似していることを指摘し，企業におけるリーダーシップの資質を戦争の場面で見直そうとする。戦場において上官が部下の心を動かすものこそリーダーシップの真髄であり，ネルソン提督の資質を扱ったウィリアムス・スリム卿（Sir William Slim）を取り上げ，リーダーシップに必要な資質を示したのである。

ⓐ 勇気（courage）………人間のあらゆる力の根源で，企業や社会でその占める地位が高くなるほど，道徳的勇気（moral courage）とならなければならない。

ⓑ 意思の力（will power）………はかりしれない反対や困難にあっても，物事を成し遂げるのに，屈することのない力の発揮を必要とする。

ⓒ 心の柔軟性（flexibility of mind）………かたくなな意思の力だけではだめで，臨機応変の処置をとることのできる弾力性のある心のゆとりが必要である。

ⓓ 知識（knowledge）………断片的な知識ではなく，部下が遭遇している困難な問題に対して，それを克服してやれるような広範囲な体系的知識を必要とする。

ⓔ 誠実（integrity）………前述した以外のすべての基礎となるものは，結局のところ品性の高潔さにある。公正さと誠実さこそ，部下に信頼される基本である。

（3） リーダーシップの育成

　つまるところ資質論で問題になるのは，リーダーシップの育成が可能かどうかである。リーダーシップの資質は神秘的で偶然に生まれ，指導者は"神に選ばれし者"なのであろうか。また，親から子へと世襲されるものであろうか。

アーウィックは，産業革命以前の歴史の中にリーダーシップの資質が世襲された形跡をたどるが，これは教会による教育，訓練によるものであったと指摘している。つまりアーウィックによれば，リーダーシップの資質は環境や訓練によって育成することが可能であり，知識はもちろんのこと意思の力，心の柔軟性，誠実，さらに勇気までも仕事上の訓練で伸ばすことができるのである。

　リーダーシップの資質が育成可能か否かについて，バーナード（Barnard C. I.）は，育成可能な資質と育成困難な資質をつぎのように分けている。育成可能な資質は，体力，技能，技術，知識，記憶，想像力における個人的優越性である。これに対して，育成困難な資質は，決断力，不屈の精神，耐久力および勇気における個人的優越性である。こうしたリーダーシップの育成にこそ，リーダーシップの資質論の意義があるというのである。

２ ブレイク＝ムートンの「マネジリアル・グリッド」（形態論）

　リッカート（Likert, R.）が中心となって進めたミシガン研究の流れを受け継ぐリーダーシップの代表的研究が *The Managerial Grid*, Gulf Publishing Co., 1964.（上野一郎監訳『期待される管理者像』産業能率短期大学出版部，1965年）を著したロバート・ブレイクとジェーン・ムートン（Blake, R. R. and Mouton, J. S）のマネジリアル・グリット（managerial grid）である。また，同様の形態論者に1978年に『リーダーシップ行動の科学』（有斐閣）を著した三隅二不二がいる。ここでは両者を取り上げ，リーダーシップ形態論を詳しくみていくことにしよう。

（1）　ミシガン研究からマネジリアル・グリットへ

　リッカートを指導者として1947年から始まったミシガン研究では，どのようなリーダーシップ・スタイルが従業員のモラールを高め，結果として高い業績に結びつくかを実証研究によって明らかにしようとした。ここで問題になるのは，リーダーシップ・スタイルをどのように分類するかである。

ミシガン研究では，① 集団維持機能と，② 目標達成機能の2次元でリーダーシップ・スタイルを分類しようとした。同様に，オハイオ州立研究においても，① 配慮（consideration）と，② 構造づくり（initiating structure）の2次元でリーダーシップ・スタイルを分類している。

　① の配慮とは，部下に対する配慮，部下との相互信頼などによって特徴づけられる関係の程度であり，ほぼミシガン研究の① 集団維持機能と対応する。② の構造づくりは，目標に向かってリーダー自身と部下の役割を規定し，構造づけようとする程度であり，ほぼミシガン研究の② 目標達成機能と対応する。

　ミシガン研究の流れを受け継ぐマネジリアル・グリットもリーダーの関心を2次元で分類した。1つは人間に対する関心（concern for people）であり，もう1つは業績に対する関心（concern for production）である。

　ここで，人間に対する関心とは部下の熱意，部下の信頼に応えること，良好な作業条件の確立と維持，公正な給料制度と福利厚生制度の維持，仕事の保証を求める心，同僚との人間関係や友情などに対するリーダーの関心を指す。

　業績に対する関心とは売上高や生産高，作業能率，決定の質，新製品の開発などに対するリーダーの関心を指す。なお，ここでの"関心"とは具体的事柄を指すものではなく，管理方法の根底に存在する基本的な考え方を指すものである。

　こうしたリーダーシップ・スタイルの類型化は，従来と大きく異なっている。従来のリーダーシップ・スタイルは民主的か専制的か，従業員中心か仕事中心かといった"2分法"であった。これでは現実を説明するには不十分であり，ミシガン研究をはじめとする"2次元法"が考案されたのである。

（2）　理想のリーダーシップ・スタイル

　人間に対する関心を縦軸に1段階から9段階までとり，業績に対する関心を横軸に1段階から9段階までとる。縦軸と横軸とかけ合わせると9×9で合計81種類のリーダーシップ・スタイルが類型される。

　代表的なリーダーシップ・スタイルをつぎにあげよう。なお，組み合わせの順番は横軸・縦軸すなわち業績に対する関心・人間に対する関心である。

① 1・1型は消極型である。業績をあげる仕事の面でも，部下に満足感を与え，良好な人間関係を維持する面でも極めて消極的なリーダーシップである。いわば，"仕事も人間もダメ"という無為無謀型である。"見ざる，聞かざる，言わざる"の無関心型でもある。

② 1・9型は人間中心型である。部下に満足感を与え，良好な人間関係を維持するリーダーシップ・スタイルである。しかし，このリーダーシップ・スタイルのリーダーは，仕事の計画や進行にはあまり積極的に口を出さない。いわば"仕事はダメだが人間はいい"という型である。1・9型のリーダーのもとでは，気楽なカントリー・クラブ的なチームが形成される。

③ 9・1型は仕事中心型である。職場の業績をあげることに熱心で，仕事の計画や進行について部下にどんどん働きかけようとするリーダーシップ・スタイルである。しかし，このリーダーシップ・スタイルのリーダーは，部下に満足感を高めるという働きかけはおろそかになりがちである。いわ

図表12-2　ブレイク＝ムートンのマネジリアル・グリッド

```
人間に対する関心
9  │ 1・9型        9・9型
   │ 人間中心型    理想型
   │
   │        5・5型
   │        中庸型
   │
   │ 1・1型        9・1型
   │ 消極型        仕事中心型
1  │
   └──────────────────────
    1   業績に対する関心   9
```

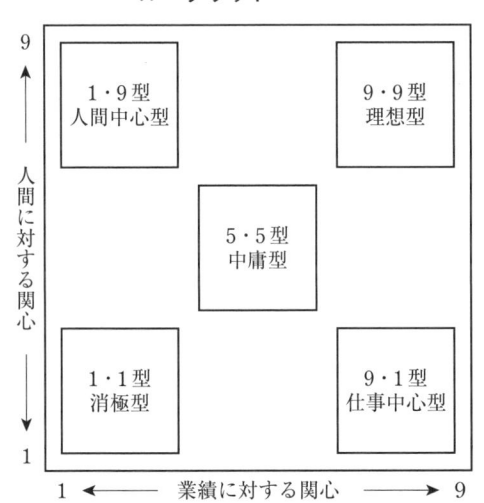

出所）ブレイク＝ムートン，上野一郎監訳（1969）14頁。

ば「仕事はできるが部下への思いやりがない」という型である。9・1型のリーダーは，権限と権威といった力で部下を統制しようとする。

④ 5・5型は中庸型である。職場の業績をあげることにも，良好な人間関係を維持することにもさほど積極的ではなく，「なんとかうまくいく，まあまあやっていく」無理をしない現状維持型のリーダーシップ・スタイルである。

⑤ 9・9型は理想型である。職場の業績をあげることに熱心で，高い目標に向けて部下を導き，同時に部下からの意見に耳を傾け，信頼と尊敬によって満足感を与え，良好な人間関係を維持するリーダーシップ・スタイルである。

ブレイク＝ムートンは，9・9型をチーム・アプローチとして重視している。9・9型のリーダーは自分（上司）と部下が一緒になって問題を理解し，目標を決め，結果についても責任をみんなで感じるようにし，部下の自主性を高めていく。業績の達成はチームワークを通じた問題解決によってなされ，部下はやりがいのある仕事に満足する。

ブレイク＝ムートンは，9・9型のリーダーシップ・スタイルが生みだすチームワークに着目し，グリッド理論による組織開発（organizational development）を考案している。

（3） PM理論

三隅二不二のPM論は，マネジリアル・グリッドと同じくミシガン研究の流れを汲む研究である。PM理論はリーダーシップをPとMの2次元で類型化し，業績との関係を明らかにしていこうとする実証研究である。

三隅二不二は，PM論の狙いを「現代に生きる指導者の新像について，客観的データをもとにしてデッサンを試みたもの」と述べている。アイディアこそミシガン・グループから受け継いだものであるが，自らのPM尺度を用いて従来のリーダーシップ類型をより「一義的に客観的に測定できるような次元に移行して新しい指導者類型論を展開した」のである。

Pとは集団の目標達成機能（performance）である。Mとは集団の維持機能（maintenance）である。三隅によれば，リーダーシップとは「集団の目標の設定を促進し，その目標に向かって集団構成員を動機づけ，構成員間の相互作用を強め，集団凝集性を高め，集団の力を有効に用いるようにする集団状況的機能である」と定義づけられている。リーダーシップは単にリーダーの行動として表現されるものではなく，集団的な社会現象であるから，集団概念として表現されなければならないという。したがって，リーダーのP機能もあれば，フォロワー（部下）のP機能もある。

　P機能は仕事の効率や生産性を向上させる機能であり，提案したり，資料を提供したりして集団の目標達成に貢献する活動である。M機能は集団内で発生した人間関係の緊張を解消させたり，自主性を刺激したり，部下を激励したりする集団の維持，強化に貢献する活動である。

　組織や集団は，個人が自分の欲求を直接ないし間接に充足させる機会として参加するものであるかぎり存続の可能性をもつ。しかし，個人の欲求は完全に

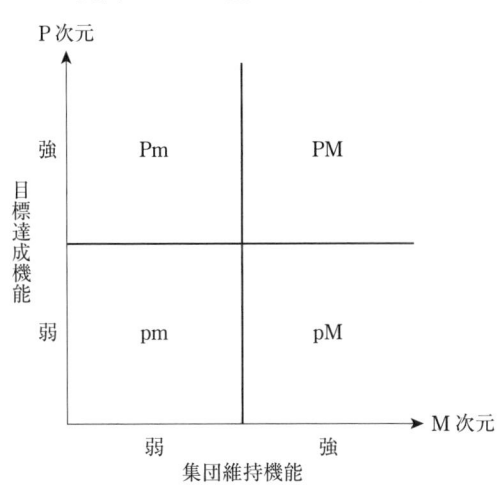

図表12-3　三隅二不二のPM理論

	集団維持機能 弱	集団維持機能 強
目標達成機能 強	Pm	PM
目標達成機能 弱	pm	pM

出所）三隅二不二（1966）『新しいリーダーシップ─集団指導の行動科学』ダイヤモンド社，128頁。

充足されるということはなく，個人間の対立あるいは組織や集団の目標と個人の目標の葛藤などにより，組織や集団は分裂・崩壊の危機をはらんでいる。M機能はこの分裂・崩壊をくい止め，結合を促進する作用なのである。M機能が機能せず集団の維持が困難になれば，いうまでもなくP機能も作用しない。

　P機能を縦軸に，M機能を横軸にとり，おのおの強・弱をつければpm, Pm, pM, PMといった4つのリーダーシップ類型ができる。大文字は機能が強いことを，小文字は機能が弱いことを示す。たとえば，Pm型はP機能がM機能より強いリーダーシップであるといえる。実験室や現場では，P機能とM機能がともに強いPM型が高い業績と結びついているという結果が得られている。この結果は，マネジリアル・グリッドと同じであるといえよう。

3 フィードラーのLPCとハーシー＝ブランチャードのSL理論（状況理論）

　行動科学や組織論の分野で研究が進められているコンティンジェンシー理論のリーダーシップ研究における代表的存在がフィードラー（Fiedler, F. E.）である。リーダーシップのコンティンジェンシー理論とは，リーダーシップの普遍的有効性を否定し，リーダーシップが有効か否かは集団状況に依存するという考え方である。フィードラーは，*A Theory of Leadership Effectiveness*, 1967.（山田雄一監訳『新しい管理者像の探求』産業能率短期大学出版部，1970年）の中で，「LPC」得点という採点方式を用いて，相互依存型集団におけるリーダーシップ・スタイルの有効性について論じている。

　ハーシー＝ブランチャード（Hersey, P. & Blanchard, K. H.）は，*Management of Organizational Behavior*, 1969.（山本成二・水野基・成田攻訳『行動科学の展開』日本生産性本部，1978年）の中で，リーダーシップ・スタイルと集団業績の関連については，フォロワーの成熟度（level of maturity）が条件となるという状況理論「SL理論」（situational leadership theory）を展開している。それは効果的リーダーシップのスタイルはフォロワーの成熟度（マチュリティ）によって

異なるというコンティンジェンシー・モデルである。

（1）相互依存型集団

フィードラーは，まず分析の対象となる集団を3種類に分類する。

① 相互依存型集団：集団が一定の成果をあげるために，その集団メンバーが情報を交換し，細部の点についてまで十分な調整をしながら維持・存続している集団。通常，われわれが「集団」と呼ぶときは，この集団を指している。

② 独立並行型集団：各メンバーが，各自の課業を他のメンバーとの意見調整なしに，独立して行う集団。

③ 対立統合型集団：対立する意見についてメンバーが交渉や取引を行う集団。

　フィードラーによれば，集団の性格が異なることによって，リーダーの役割や，メンバー間の競争の程度や目標共有の程度も異なってくると指摘されている。多くの集団はこれらすべての性格をあわせもつのが普通であるが，そのいずれの性格が強いかによって上記3種類に分類できるのである。フィードラーが対象とした集団は，「相互依存型集団」である。

　つぎにこの相互依存型集団を，①リーダーとメンバーの人間関係，②課業（タスク）構造の高低，③リーダーの権限の強弱（地位パワー）という3つの「状況要因」により，8種類の集団に分類する（図表12-4）。

　ここで「リーダーとメンバーの人間関係」というのは，リーダーの評定した「集団雰囲気」の良し悪しである。「課業構造の高低」は，その測定尺度として，①目標決定についての検証可能性，②目標の明確さ，③達成手続の多様性，④問題が発生した際，その解決策が多数あるか否かの4点によって決定される。「リーダーの権限（地位パワー）」とはリーダーの地位にともなう権限（採用・評価・昇進・昇級への影響力）である。

（2）リーダーのパーソナリティ

　つぎに，リーダーのパーソナリティを測定する。それは，LPC（least

図表12-4　フィードラーの状況要因による集団分類

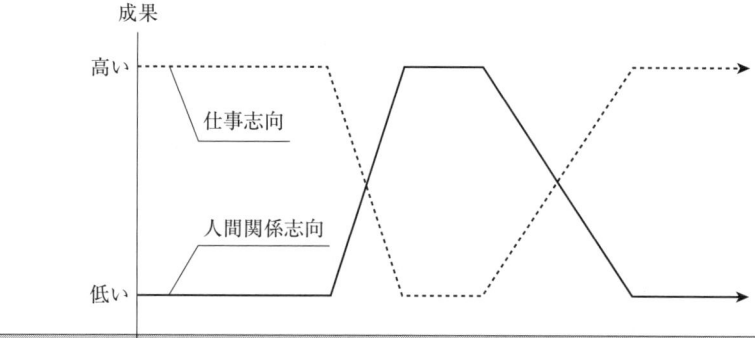

カテゴリー	Ⅰ	Ⅱ	Ⅲ	Ⅳ	Ⅴ	Ⅵ	Ⅶ	Ⅷ
リーダー＝メンバー関係	良い	良い	良い	良い	悪い	悪い	悪い	悪い
タスク構造	構造化されている		構造化されていない		構造化されている		構造化されていない	
地位パワー	強い	弱い	強い	弱い	強い	弱い	強い	弱い

出所）榊原清則（2002）「フィードラーの発見」『経営学入門』日経文庫，79頁。

preferred coworker）得点といわれるもので，これは，リーダーが過去，自分自身が一緒に仕事をした協働者の中から，最も好ましくないと思った者に対する気持や態度を下記（LPCの得点例）に示すようなセマンティック・ディファレンシャル方式のテストによって測定したものである。

　フィードラーは，この測定尺度を用いてリーダーのパーソナリティを評定するとともに，このパーソナリティによって，リーダーシップ・スタイルが決まるとする。すなわち，LPC得点の高い人は，対人関係をうまくやっていくことに主たる満足を見出す人であり，低い人は，業績をあげることに主たる満足を見出す人であることが認められた。このようにして前者を「人間関係指向的リーダー」，後者を「課業指向的リーダー」と称した。

　以上のように，一方において，3つの状況要因によって集団を分類（8種）し，他方において，LPC指標によって，リーダーシップ・スタイルを2種に分類する作業を行った。そして，最後に，多くの実験から集団ごとに，集団の目標達成にとってどのようなリーダーシップが最も適しているかを結論づけ

LPC 得点の例

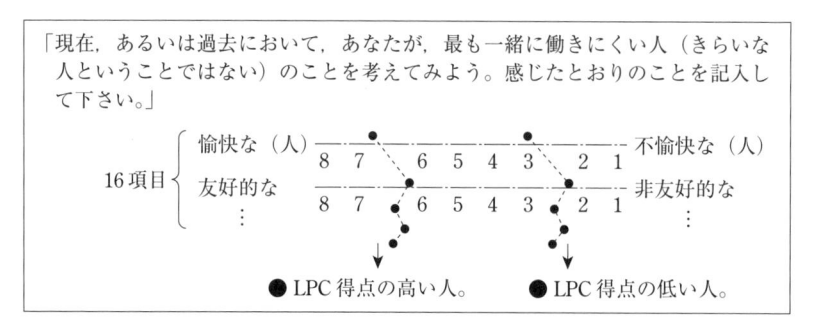

「現在，あるいは過去において，あなたが，最も一緒に働きにくい人（きらいな人ということではない）のことを考えてみよう。感じたとおりのことを記入して下さい。」

16項目 ｛ 愉快な（人） ─── 8 7 6 5 4 3 2 1 ─── 不愉快な（人）
友好的な ─── 8 7 6 5 4 3 2 1 ─── 非友好的な
⋮

● LPC 得点の高い人。　● LPC 得点の低い人。

た。リーダーが，リーダーシップを発揮するのに状況の有利な場合（集団状況Ⅰ，Ⅱ，Ⅲ）と不利な場合（集団状況Ⅷ）には，課業指向的リーダーシップ（LPC 得点の低い者）が有効であり，状況がやや有利な場合（集団状況Ⅳ，Ⅴ，Ⅵ，Ⅶ）には，人間関係指向的リーダーシップ（LPC 得点の高い者）が有効であるという結論が出された。

（3） リーダーシップ・スタイル

ハーシー＝ブランチャードが提唱した SL 理論におけるリーダーシップ・スタイルは，仕事志向の「指示的行動」と，人間関係志向の「協働的行動」の2次元でとらえ，その組合せによって4つのリーダーシップ・スタイルを設定している（図表12-5）。この考え方はすでに明らかにしたように，オハイオ・グループの「構造づくり」・「配慮」の2次元軸，ブレイク＝ムートンによる「マネジリアル・グリット理論」の「人間に対する関心」・「業績に対する関心」の2次元軸や三隅二不二の「PM 理論」の「目標達成機能」と「集団維持機能」の2次元軸の設定と類似したものである。

過去の研究においては，クオドラント2（第2象限），すなわち指示的，協働的行動の双方とも高いリーダーシップ・スタイルが最も有効であり，クオドラント4の2次元とも低いリーダーシップが最悪であるという普遍妥当性が追求されてきた。しかし SL 理論においては，フォロワーの成熟度によって有効な

図表12-5　SL理論

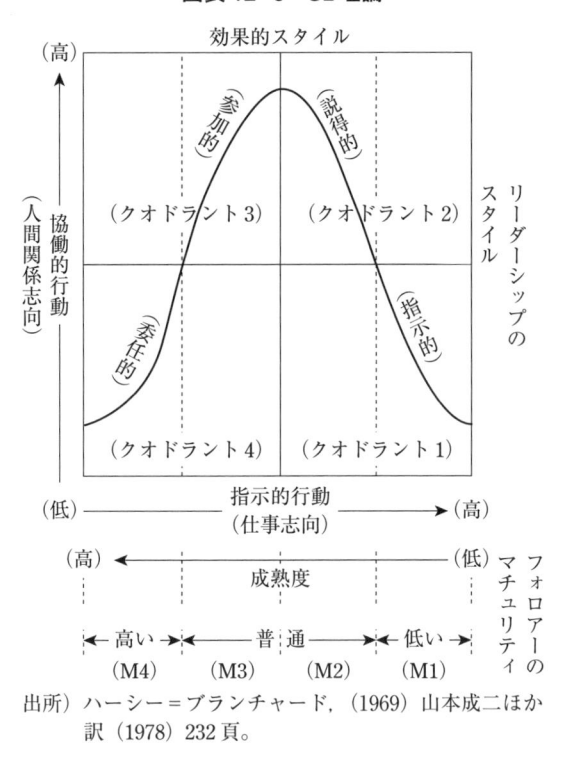

（高）効果的スタイル

（参加的）（説得的）
（クオドラント3）（クオドラント2）
（委任的）（指示的）
（クオドラント4）（クオドラント1）

協働的行動（人間関係志向）

リーダーシップのスタイル

（低）──指示的行動──（高）
　　　　（仕事志向）

（高）←────成熟度────→（低）

←高い→←普通→←低い→
（M4）（M3）（M2）（M1）

フォロアーのマチュリティ

出所）ハーシー＝ブランチャード，(1969) 山本成二ほか訳（1978）232頁。

リーダーシップ・スタイルは異なり，クオドラント2のリーダーシップ・スタイルが，いかなる状況においても良い結果をもたらすとは限らないことを示している。

コンティンジェンシーとしての成熟度には，①達成可能で，しかも高い目標を設定しようとする達成意欲，②責任を積極的に負い，また，それをまっとうできる能力があるかどうかという責任遂行能力，③教育と経験，さらに④自信と自立性などの要素が含まれている。

（4）　成熟度とリーダーシップ

この成熟度とリーダーシップ・スタイルの適合関係がSL理論の中心である。

成熟度が低い M1 のフォロワーに対してはクオドラント 1（指示的行動が高く，協働的行動が低い）のリーダーシップ・スタイルが有効である。同様に M2 にはクオドラント 2，M3 にはクオドラント 3 が対応する。成熟度が最も高い M4 のフォロワーに対しては，クオドラント 4 の指示的行動も協働的行動も低いリーダーシップが最も効果的であることを示している。各々の適合的リーダーシップ・スタイルは，指示的 (telling)，説得的 (selling)，参加的 (participating)，委任的 (delegating) リーダーシップと名づけられている。この曲線は，リーダーが最適なスタイルをとれない場合の次善のリーダーシップ・スタイルをも示している。たとえば，M1 に対しては指示的リーダーシップが最適であるが，2 番目にはクオドラント 2 が，3 番目にはクオドラント 3 のリーダーシップの成功率が高く，クオドラント 4 の成功率が最も低いことを示している。

　このように最近におけるリーダーシップ研究では，リーダーシップ・スタイルと業績，あるいはフォロワーの満足度との関連において，フォロワーの特性，あるいは課業の特性を状況変数とするコンティンジェンシー・アプローチが進められているのである。

参考文献

Urwick, L.F.（1943）*The Elements of Administration,* Pitman. 堀武雄訳（1961）『経営の法則』経林書房

Urwick, L.F.（1957）*Leadership in the Twentieth Century,* Sir Issac Pitman & Son Limited. 藤芳誠一・星野清訳（1968）『現代のリーダーシップ』（新版）経林書房

Blake, R.R. and Mouton, J.S.（1964）*The Managerial Grid,* Gulf Publishing Co. 上野一郎監訳（1969）『期待される管理者像』産業能率短期大学出版部

三隅二不二（1978）『リーダーシップ行動の科学』有斐閣

Fiedler, F.E.（1967）*A Theory of Leadership Effectiveness.* 山田雄一監訳（1970）『新しい管理者像の探求』産業能率短期大学出版部

Hersey, P. and Blanchard, K.H.（1969）*Management of Organizational Behavior.* 山本成二ほか訳（1978）『行動科学の展開』日本生産性本部

第13章 モチベーション論アプローチ

1 コンテンツ・セオリー

　モチベーションに関する理論は，主にモチベーションの内容・種類・関連性を明らかにしようとする内容理論（content theory）とモチベーションが心理的プロセスを通して人間行動に反映されるまでを明らかにしようとする過程理論（process theory）の2つに分類される。前者の代表的理論が，マズロー（Maslow, A. H.）の欲求段階説であり，後者の代表的理論がブルーム（Vroom, V. H.）の期待理論（expectancy theory）である。

　人間の行動を理解しようとするとき，動機づけ（motivation）の問題は避けては通れない。動機づけは一般的にヤル気を起させることと解釈されている。上司が部下を動機づけるとき，部下がどのような欲求をもち（欲求の内容，種類），どのようにして動機づけられるか（動機づけの過程）を理解しておかなければならない。

　そこでマズローの欲求段階説を手がかりに，人間の欲求を説明する。マズローは著書 *Motivatoin and Personality*, Harper & Row, 1954.（小口忠彦訳『人間性の心理学』産業能率大学出版部，1971年）の中で，つぎのように人間の欲求を明らかにした。

（1） マズローの欲求5段階説

　マズローは，人間の欲求には以下のような欲求が存在することを明らかにした。

生理的欲求（physiological needs）
安全の欲求（safety needs）
所属と愛の欲求（belongingness and love needs）
尊敬と自尊心の欲求（esteem and self-respect needs）
自己実現と完成の欲求（needs for self-actualization and accomplishment）
① 生理的欲求とは食物，睡眠，運動など肉体的欲求である。
② 安全の欲求とは身体的な危機から守られたいと思う欲求である。
③ 所属と愛の欲求とは友情や愛情，集団への帰属などの仲間意識や社会的関係を求める欲求で，仲間欲求や社会的欲求（social needs）ともいわれる。
④ 尊敬と自尊心の欲求とは，第1に他人から尊重，尊敬され，地位や評価を得ようとする欲求であり第2に能力に対する自信，独立と自由を求める欲求で，自我の欲求とも呼ばれる。
⑤ 自己実現と完成の欲求とは，限りなき自己啓発，能力の向上ならびに実現を望む欲求で，成長欲求とも呼ばれる。

なおマズローは，これらの欲求の他に高次元の欲求として，
⑥ 知る欲求と理解する欲求（the desires to know and to understand）
⑦ 審美欲求（aesthetic needs）
をあげている。

マズローによれば，①から⑤の欲求が階層構造をなしているという。そして低次の欲求が満たされなければ，つぎの高次な欲求が出現しないという点がマズロー理論の特徴である。すなわち生理的欲求が満たされない状況では，安全の欲求は出現しないのである。

また，たとえばAという欲求が満たされていない（欠乏している）場合，行動の動因となる（欠乏欲求という）。しかし，Aという欲求が満たされてくる（充足されてくる）とAという欲求は行動の動因としての地位を失い，つぎのBという欲求が行動の動因になってくる。

このように①から④の欲求は欠乏欲求と呼ばれるのに対して，⑤の自己実

現と完成の欲求は例外で，その欲求が満たされるとさらにその欲求の強さが増すので，成長欲求とも呼ばれている。また，物事の本質や真の美しさを理解する⑥，⑦の欲求も成長欲求に属すると考えられる。

このようなマズローの欲求分類に対して批判がないわけではない。アルダーファー（Alderfer, C. P.）は，各欲求間の区別があいまいであるとして，むしろこれを，①生存の欲求（existence needs, E），②人間関係の欲求（relatedness needs, R），③成長の欲求（growth needs, G）の３種に再構成すべきであると説いている（「ERG理論」）。たとえば，マズローの「尊敬と自尊心の欲求」は対人的側面と自己確認的側面からなっているが，ERG理論によって分類すれば，前者がアルダーファーの②へ含まれ，後者が③へ含まれることによって区分し得る。

また，「安全の欲求」における物的側面と人的側面は，それぞれ，アルダーファーの①と②へ含めることができるという。

（２）　アージリスの「未成熟─成熟」モデル

マズローの欲求段階説は，行動科学（behavior science）のアージリス（Argyris, C.）やマグレガー（McGregor, D.）の理論に影響を与えた。アージリスもマグレガーも，ともに組織と個人の統合を目指す人間観を想定しているが，彼らの人間観のベースにあるのはマズローの自己実現欲求である。

アージリスは，*Personality and Organization,* John Wiley & Sons, 1957.（伊吹山太郎・中村実訳『新訳　組織とパーソナリティ』日本能率協会，1970年）の中で健康なパーソナリティの成長傾向として未成熟─成熟モデルを示した。

未成熟─成熟モデルによると，個人は成長にともなって，
① 受動的から能動的へ
② 依存的から自立的へ
③ 限られた行動から多様な行動へ
④ 浅い関心から深い関心へ
⑤ 短期的欲望から長期的展望へ

図表13-1　モチベーションのコンテンツ・セオリー

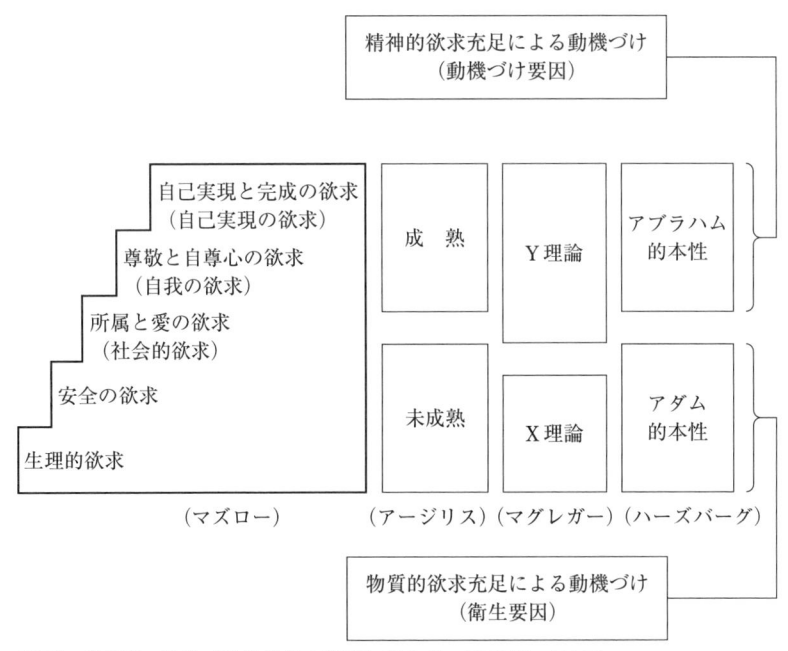

	精神的欲求充足による動機づけ（動機づけ要因）
自己実現と完成の欲求（自己実現の欲求）／尊敬と自尊心の欲求（自我の欲求）／所属と愛の欲求（社会的欲求）／安全の欲求／生理的欲求	成熟／未成熟　　Y理論／X理論　　アブラハム的本性／アダム的本性
（マズロー）	（アージリス）（マグレガー）（ハーズバーグ）
	物質的欲求充足による動機づけ（衛生要因）

出所）藤芳誠一監修『新経営基本管理』泉文堂，2000年，241頁。

⑥ 従属的地位から同等または優越的地位へ
⑦ 自我の欠如から自覚と自己統制へ

とパーソナリティを成熟させ，自己実現を求めていく。

　もし，こうしたパーソナリティの成熟がなんらかの形で阻害されるならば，個人は攻撃，拒否，抑圧，合理化，優柔不断，失言などの防衛メカニズムを用いてしまう。

　公式組織は専門化の原則，階層の原則，命令統一の原則，監督範囲適正化の原則が支配する世界である。したがってアージリスによれば，個人は公式組織のもとで未成熟段階の行動が求められ，その結果健康なパーソナリティの成熟がはばまれ，公式組織の中，防衛メカニズムを働かせるようになるという。

　公式組織でみられる防衛メカニズムは組織的怠業，（対抗的）非公式組織の

形成，無関心，無気力，金銭的報酬の重視である。これらは上記の組織原則をさらに強化することとなり，悪循環が生れる。こうした悪循環を断ち切り，組織と個人を統合する方法としてアージリスは職務拡大（job enlargement）と現実中心的リーダーシップ（real centerd leadership）をあげている。

第1は，担当する仕事の幅や数量を増やす「職務拡大」を導入することである。そして，従業員の自己実現の度合は，管理者への依存・従属・服従の度合が減少するにつれて，また彼らの仕事に対して自分自身で管理する度合が多くなるにつれて増大する。したがって「職務拡大」は単に仕事を拡大するばかりではなく，自分の職務の作業環境に影響を与える自由裁量権を増大させるべく，責任と権限を拡大させなければならないと彼はいう。すなわち，「職務拡大」が現実的に効果を発揮するためには，後述する「職務充実」（job enrichnent）的側面が不可欠なのである。

第2は，アージリスは，のちに触れるミシガン・グループなどの調査研究をふまえながら，「強権的リーダーシップ」に対峙する「民主的（参加的・従業員中心的）リーダーシップ」の意義を強調する。しかしながら，彼はいかなる状況にも唯一のリーダーシップの型が最善のものとはならないという。なぜならば効果的リーダーシップは多くの条件に依存しているからである。したがって，リーダーはまず何が現実であるかを診断し，それにもとづいてリーダーシップ・パターンを選択しなければならない。アージリスは「現実中心的リーダーシップ」をこのように説明するが，そこには今日の「コンティンジェンシー理論」（continjency theory）のアイデアの起源が認められるのである。

（3）　マグレガーのX理論・Y理論

マグレガーは，*The Human Side of Enterprise*, McGraw-Hill, 1960.（高橋達男訳『新版　企業の人間的側面』産業能率短期大学出版部，1970年）でX理論とY理論という2つの人間観を示した。

X理論は，

① 普通の人間は生まれつき仕事嫌いで，できるだけ避けようとするもので

ある，
② 彼らに努力させるには，強制・統制・命令・処罰を加えなければならない，
③ 普通の人間は命令される方が好きで，自分から責任をとろうとしたりせず，野心ももたず，何よりも安全を望んでいる，

という内容である。こうしたX理論は，マズローの生理的欲求や安全の欲求にもとづいた人間観である。

これに対してY理論は，
① 仕事で心身を使うことは人間の本性であり，人間は本来仕事を嫌うものではない，
② 外からの脅迫や統制だけが目的達成に向けて努力させる手段ではなく，人間は自分から掲げた目的に対しては，自ら努力するものである，
③ 献身的に努力するかどうかは報酬次第であり，最大の報酬は自我の欲求や自己現実の欲求を充足させることにある，
④ 人間は条件次第では自ら進んで責任をとろうとする，
⑤ 問題解決のための創意工夫の能力を多くの人々がもっている，
⑥ 現代の組織では従業員の知的能力の一部しかいかされていない，

という内容である。Y理論はマズローの欲求段階説の所属と愛の欲求，尊敬と自尊心の欲求，自己実現と完成の欲求にもとづいた人間観であるといえよう。

彼はマズローの欲求理論を全面的に承認し，つぎのようにいう（以下の欲求の呼称はマグレガーによるものである）。すなわち，伝統的マネジメントが有効なのは，①「生理的欲求」と②「安全の欲求」が充足されていない場合に限られ，それらが充足された段階では，伝統的マネジメント方式はもはや，③「社会的欲求」はおろか，④「自我の欲求」や⑤「自己実現の欲求」に対して全く無力とならざるを得ない。現代においては，「生理的欲求」と「安全の欲求」はある程度充足されているとみることができる。したがって経営者はより高次の欲求を充足させなければならないのに，たとえば「社会的欲求」はむしろ組織を乱すものと認識され，企業が満たしてやるのは「生理的欲求」と「安全の欲求」に限られるとみなされている。労働者が金銭的報酬に執着する事態に対

し，経営者は自らの「X理論」を正当化するが，実は労働者は金銭で他の欲求を満足させることはできないことを知りながらも，それが不可能なことを知るに及んで金銭にのみ執着せざるを得ないのである。マグレガーは「X理論」の限界をこのように述べた上で，これに対峙する科学的理念としての「Y理論」を提示したのである。

マグレガーによれば，X理論とY理論では有効な組織原則が違うという。人間観が異なれば管理の仕方も違ってくるのである。X理論に立脚した管理は「階層原則」（scalar principle）にもとづき，階層原則は権限の行使による命令と統制の原則である。それに対し，Y理論に立脚した管理は「統合原則」（pinciple of integration）によるものであり，管理者には，従業員個々人が自己実現などの欲求を充足させると同時に，組織目的も達成できるような適切な状況を整えることが求められる。

（4） ハーズバーグの「動機づけ＝衛生理論」

マズローがあげた欲求と職務満足・職務不満の関係を明らかにしたのが *Work and the Nature of Man*（World Publishing, 1966, 北野利信訳『仕事と人間性』東洋経済新報社，1968年）の著者，ハーズバーグ（Herzberg, F.）である。

① 職務満足の仮説

ハーズバーグは，「人々を仕事の上で幸せにする要因と，人々を仕事の上で不幸にする要因とは，互いに独立した別個の要因である」という「職務満足」に関する極めて興味深い主張を展開した。この理論は，これまでの職務満足の研究を取り扱われてきた多くの組織上の変数を，大胆にも2つのカテゴリーに分類してその機能を明らかにした点に最大の特色があるが，その内容も衝撃的なものであった。

すなわち，ハーズバーグによれば，人間の基本的欲求には，性格を異にする2組の欲求がある。それは，

ⓐ "動物としての" 人間の欲求（不快を回避したいという欲求）——アダム的

本性
ⓑ "人間としての"人間の欲求（精神的成長により潜在能力を実現したいという欲求）——アブラハム的本性

である。そして，アダム的本性は職務不満に関連し，アブラハム的本性は職務満足に関連するとし，さらにつぎのような仮説を立てた。

ⓐ アダム的本性にもとづく欲求の欠乏は職務不満に結びつく。この欲求を充足すると，職務不満の減少とはなるが，必ずしも職務満足の増大にはならない。
ⓑ アブラハム的本性にもとづく欲求の充足は職務満足に結びつく。この欲求が欠乏すると，職務満足の減少とはなるが，必ずしも職務不満の増大にはならない。

つまり，アダム的欲求を充足させる要因は，不満足感の増減にのみ関連し，アブラハム的欲求を充足させる要因は，満足感の増減にのみ関連する，ということになる。この2種の欲求を充足させる2種の要因は，全く異なる種類の要因であると考えられた。従来，「満足と不満足とを決める要因は同一次元上での充足と欠如にある」と考えられていただけに，この着想は確かにユニークなものであった。ハーズバーグによれば，この2種の要因は満足・不満足の点で相互に対立しないのである。

② 動機づけと要因と衛生要因

ハーズバーグによれば，職務満足と職務不満にそれぞれ関連する要因はつぎのようである。

ⓐ 職務満足へ導く要因：達成，承認，仕事そのもの，責任，昇進，成長，など職務内容に関連する要因。
ⓑ 職務不満へ導く要因：組織の政策と管理，作業条件，対人関係（上司，部下，同僚），給与，監督技術，など職務環境に関連する要因。

職務満足へ導く要因は，職務を通して精神的成長と自己実現を可能にする性格をもち，真に人間を動機づけるものであるとして，これを「動機づけ要因」

図表 13-2　ハーズバーグの 2 要因論

	欲　　求	誘　　因	2 要因	欲求充足	欲求不充足
従来の仮説	物的・精神的欲求	物的・精神的誘因	区別なし	満足増加	不満足増加
「動機づけ＝衛生理論」	アダム的本性にもとづく欲求	政策と管理，作業条件対人関係，監督技術，給与	衛生要因	不満足減少（満足の増減に関係ない）	不満足増加
	アブラハム的本性にもとづく欲求	達成，承認，責任，仕事自体，昇進，etc.	動機づけ要因	満足増加	満足減少（不満足の増減に関係ない）

出所）藤芳誠一（1998）『経営基本管理』泉文堂，236 頁。

(motivator) と呼んだ。そして，職務不満へ導く要因は，真に人間を動機づける要因とはならないが，職場から不快な状況を取り除き，良好な環境を維持する可能性をもつものであるとして，これを「衛生要因」(hygiene factor) と呼んだ。こうして彼は自らの理論を，「動機づけ＝衛生理論」(movivation-hygiene theory) と名づけたのである。

③ 職務充実

　ハーズバーグは，「動機づけ＝衛生理論」を基礎として，マネジメントの問題にどのような提言を行ったのであろうか。

　ハーズバーグは，「職務充実」（ジョブ・エンリッチメント）を提唱するのである。彼の理論からは，「衛生要因」を重視しても積極的なマネジメント問題の提言とはならない。「動機づけ要因」，すなわち，職務内容に関する要因こそが重視されなければならないとしたのである。なお，アージリスの職務拡大が職務内容を水平的に拡大（単純な同程度の仕事の拡大）するものであるのに対し，職務充実は職務の内容を垂直的に拡大・充実（たとえば流れ作業的単純業務だけではなく判断業務の追加など）させるものである。この点で両者は区別されなければならない。

　このように，「自己実現の欲求」を重視する系譜として，マズロー，アージ

リス，マグレガー，そしてハーズバーグの流れをみることができる。

2 プロセス・セオリー

プロセス・セオリーの代表的理論が，ブルームの期待理論である。

期待理論は，心理学者レヴィン（Lewin, K.）やトールマン（Tolman, E. C.）の認知過程論（cognitive process theory）を手がかりに，アトキンソン（Atkinson, J. W.）などの研究に受け継がれ，ブルーム（Vroom, V. H.）によって体系化されたといわれている。そして，そのブルームの理論をさらに精緻化したのが，ポーター（Poter, L. W.）とローラー（Lawler Ⅲ, E. E.）であり，「計算高い（打算的な）人間」を前提としているという批判もあるが，彼らが著した，*Managerial Attitudes and Performance*, Richard D. Irwin, Inc., 1968. により，期待理論は一応の完成をみたのである。

ポーターがその後，スティアーズ（Steers, R. M.）らとともに著した*Motivation and Work Behavior*, McGraw-Hill/Irwin 7th edition, 2002. は，モチベーション論の名著として極めて評価が高い。

（1） ブルームの期待理論モデル

人間の行動を解釈する上で，今日注目を集め，有効なアプローチとして広く受け入れられているモチベーションの期待理論は，トールマンやレヴィンの認知過程論を手がかりにブルームによって著された，*Some Personality Determinants of effect of Participation*, Prentice-Hall, 1960. ではじめて体系化されたといえる。ポーター＝ローラーの期待理論もブルームの期待理論に依拠している。

ブルームは，一般的に人間は行動を起す前に，その行動がもたらす諸結果を予測し，どのような結果がどの程度の確率で起るかを検討することができるとしている。そして，いかなる結果が自分にとって最も魅力的かつ有効的であるかを判断し，行動を決定するのである。彼は以上の観点をふまえて，「期待」，「誘意性」，「道具性」という3つの概念を用いて行動へのモチベーションを説

明しようとしたのである。

① 期待（expectancy）

　期待とは，努力することによってある行為水準に達成できるという本人の確信度を意味する。たとえば，努力すればするほど業績があがると信ずる度合のように極めて主観的な確率である。

② 誘意性（valence）

　個人がとった行動によってもたらされる結果に対する魅力の度合を示す。したがって，個人が獲得を望んでいる結果は正の誘意性（最高値はプラス1まで）となり，反対に望まない結果は負の誘意性（最低値はマイナス1まで）となり，どちらでもなく無関心であればゼロになる。

③ 道具性（instrumentality）

　第1次レベルのある結果を獲得することによって，第2次レベルの諸結果を獲得することが，どの程度可能であるかを示すのであり，第1次結果の第2次結果に対する手段価値を意味する。

　そして彼の理論によれば，モチベーションは期待，誘意性，道具性の積和によって示されるという。したがって，努力をしていても達成の可能性がない場合（期待＝ゼロ）や，業績をあげても報酬などの第2次結果に魅力を感じなかったり，獲得できなかったりする場合には，モチベーションは生まれてこないか，あっても極めて弱いことを指摘している。

（2）　動因理論と期待理論

　ポーター＝ローラーは，はじめに，期待理論とハル（Hull, C. L.）の提唱した動因理論（drive theory：モチベーションの過程理論）との比較を行っている。彼らは，両理論とも快楽主義の要因を含んでおり，行動と結果の間になんらかの適切な結びつきがあるという共通点はあるが，両理論には，つぎのような相違

点があると主張している。

　動因理論は目的の大きさそのものが結果に対する刺激の影響力となっているのに対し，期待理論は，結果の予期が行動に対して影響を与える。

　習慣を強調する動因理論は過去の学習に重きを置いているのに対し，結果の予期を強調する期待理論は未来の予期に重きを置いている。

　彼らは，このように動因理論と期待理論を比較し，ブルームにより体系化された期待理論こそが，経営上の動機づけに最も適した理論であることを主張している。

（3）　期待理論モデルの変数

　ポーター＝ローラーは，期待理論のモデル構築のため，そのモデルで用いる9つの変数をつぎのように提示している。

① 報酬の価値（value of reward）

　報酬（同僚の友情，昇進，昇給など）の価値が魅力的であるか，望ましいものであるかによって，個人における行動可能性（誘意性）は大きく左右される。

② 努力→報酬可能性（effort → reward probability）

　報酬の量がどの程度期待できるかは，個人の努力の量に依存するのであり，個人の期待に関係する。

③ 努力（effort）

　努力をすればエネルギーは費やされるが，努力すれば必ず仕事が実行・達成されるわけではない。

④ 能力と資質（abilities and traits）

　能力と資質は，短期間で変更されるものではなく，比較的長期にわたる要因を考慮に入れなくてはならない。

⑤ 役割認識（role perceptions）
　効率的な仕事の遂行のためには，役割を認識することは欠かせない。

⑥ 業績（performance）
　仕事上の業績は，人間の評価につながる。それは，能力と特徴と役割認識によって修正される努力の所産であり，客観的法則および信用度のような主観的法則によって評価される。

⑦ 報酬（rewaeds）
　報酬は好ましい結果へと導く。過去の業績の認められた大きさとそれに対する報酬の大きさを知ることで，未来の業績を予期する。報酬は，友情・尊敬・自己実現などの本質的報酬（内発的報酬）と賃金・昇給・昇進などの付随的な報酬（外発的報酬）に区分される。

⑧ 認知された公正な報酬（perceived equitable rewards）
　報酬の量が，与えられた仕事とバランスがとれているとき，認知された公正な報酬と定義される。

⑨ 満足（satisfaction）
　実際に受け取る金銭が適当か，あるいは認知される報酬が期待以上のレベルの場合，満足が得られる。

（4）ポーター＝ローラーの期待理論モデル

　ポーター＝ローラーは，9つの変数が図表13-3「期待理論モデル図」のようなプロセスを経るというモチベーションモデルを展開した。ここでは，「期待理論モデル図」に関連する若干の検討を加えてみよう。
　彼らのモデルでは，最初に報酬に対してどの程度価値を見出しているかということと，努力に対してどの程度報酬が期待できるかということが実際の努力

図表 13-3　期待理論モデル

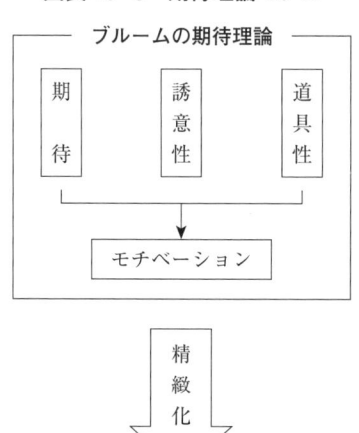

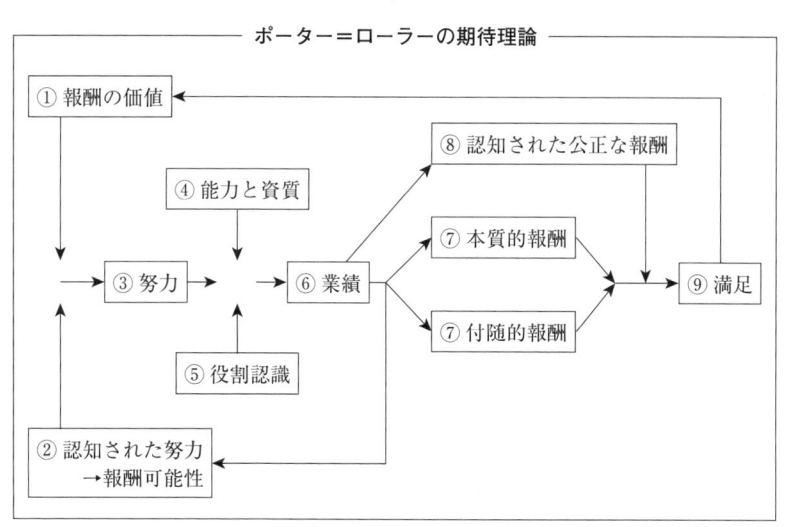

― ブルームの期待理論 ―
　期待　　誘意性　　道具性
　　　　　↓
　　　モチベーション

↓ 精緻化

― ポーター＝ローラーの期待理論 ―

① 報酬の価値
④ 能力と資質
③ 努力 → ⑥ 業績
⑤ 役割認識
② 認知された努力→報酬可能性
⑧ 認知された公正な報酬
⑦ 本質的報酬
⑦ 付随的報酬
⑨ 満足

出所）藤芳誠一監修（2000）『新経営基本管理』泉文堂，247頁。

第13章　モチベーション論アプローチ

の度合に影響を与える。しかし，必ずしも努力がそのまま業績の向上という結果に結びつくわけではない。努力に加え，能力や資質，役割認識が関係し，業績となって現れるのである。

すなわち，報酬に対する価値観が高く，努力に対する報酬の期待が高いほど，努力するのであり，その努力と能力や資質の優劣，役割認識の正確性が相互に作用し，業績へとつながっていくのである。さらに，ここでの業績が再び努力に対する報酬への期待にフィードバックされ影響を与える。そして，業績に対する報酬（本質的な報酬と付随的な報酬）が与えられる（しかし，業績と報酬の間は結びつかない場合もあることに注意する必要がある）。一方，実際に与えられた報酬と適正な報酬であると考える額との差の評価が行われ，満足感を得られるか否かが判断され，そこから報酬に対する価値へとフィードバックされるのである（満足が大きければ，報酬の価値，すなわち報酬の誘意性は高まる）。彼らは，このようにモチベーション変数を人間行動に結びつけながら期待理論を展開したのである。

参考文献

Maslaw, A. H. (1954) *Motivation and Personality,* Harper & Row. 小口忠彦訳（1971）『人間性の心理学』産業能率大学出版部

Argyris, C. (1957) *Personality and Organization,* John Wiley & Sons. 伊吹山太郎・中村実訳（1970）『新訳　組織とパーソナリティ』日本能率協会

Macgregor, D. (1960) *The Human Side of Enterprise,* McGraw-Hill. 高橋達男訳（1970）『新版　企業の人間的側面』産業能率短期大学出版部

Herzberg, F. (1966) *Work and the Nature of Man,* World Publishing. 北野利信訳（1968）『仕事と人間性』東洋経済新報社

Porter, L.W. and Lawler Ⅲ, E. E. (1968) *Managerial Attitudes and Performance,* Richard D. Irwin, Inc.

Porter, L. W. and Steers, R. M. (2002) *Motivation and Work Behavior,* McGraw-Hill/Irwin 7th edition.

Vroom, V. H. (1960) *Some Personality Determinants of Effect of Participation,* Prentice-Hall.

第14章 最近の新しいアプローチ

1 文化論アプローチ

(1) シャインの「組織文化」

　シャイン (Schein, E. H.) はシカゴ大学で学び，社会心理学を専攻してスタンフォード大学で修士号，そしてハーバード大学で博士号を得た後に MIT スローンスクールで教授となった。シャインは組織心理学の分野における権威のひとりであり，*Organizational Psychology*, Prentice-Hall, 1965.（松井賚夫訳『組織心理学』岩波書店，1966 年）において，有名な複雑人モデル（complex man）を示した。その他にもキャリアについて論じるなどシャインはつねに組織の先端の議論に心理学の視点から取り組んでいる。そして，心理学の視点から組織文化を論じたのが，*Organization Culture and Leadership*, Jossey-Bass, 1985（清水紀彦・浜田幸雄訳『組織文化とリーダーシップ』，ダイヤモンド社，1989 年）であり，ここでは，この著書にもとづいてシャインの組織文化論を概観する。

　シャインは文化がどのようにして形成されるかを観察し，その形成過程から文化を定義した。人々が集まって社会単位（組織）を形成すると，外部への適応問題や内部での統合の問題に直面することとなるが，問題解決の過程で人々は共通の経験をもつことになる。数多くの経験を共有していくことで，周囲の環境について，あるいは自分たちのことについて，共通した見解をもつようになる。こうした共通した見解は次第に当然のこととみなされ，無意識のうちに社会の中で機能するようになる。そこでシャインは文化を「ある特定のグループが外部への適応や内部統合の問題に対処する際に学習した，グループ自身に

よって，創られ，発見され，または発展させられた基本的仮定のパターン——それはよく機能して有効と認められ，したがって，新しいメンバーに，そうした問題に関しての知覚，思考，感覚の正しい方法として教え込まれる」というように定義づけている。

　シャインの定義において留意すべきことは，われわれ外部者が通常文化として観察する組織メンバーの行動パターンが含まれていないことである。シャインによれば，行動パターンは文化的要因だけではなく，外部的要因によって偶発的に生じることもあり，行動パターンだけを観察しても文化に肉薄することはできない，という。それではなにを観察すれば文化が理解できるのであろうか。

（2）　組織文化のレベル

　シャインは組織文化には表層から深層へと3つの層があるとしている。まず表層には人工物（artifacts）があり，具体的には組織で利用される技術，話されたり，書かれたりする言葉，あるいは従業員の行動パターンなどの視聴覚可能な組織文化を指す。しかし，前述したように，人工物は観察するには簡単だが，人工物が意味するもの，いろいろな人工物がどのような関係で結びついているのかといったことは理解しにくい。

　人工物より深層に位置するのは価値（espoused value）である。ここでの価値とは「どうあるべきか」という感覚であり，多くは創業者の信念や指導原理である。こうした創業者によってつくられた価値は解決策のヒントを組織に与えてくれる。シャインが例示しているように「むつかしい状況に陥ったら，広告宣伝費を増やすべきだ」といった解決策が功を奏すれば，「広告宣伝はつねに売上げを伸ばす」という価値は信奉され，当然のものとなり，やがて習慣のように意識にあがらなくなる。また，シャインが「従業員は大切である」と例示しているように，価値の中には道徳的，審美的で検証不可能なものもあるが，このような価値であっても組織や組織構成員に対して多少不確実さと不安を減少させることができよう。

図表14-1 シャインの組織文化論

組織文化のレベル

```
┌─────────────┐
│   人工物     │   意識されている
│ ●技術 ●言葉 │   外部的要因と文化
│ ●行動パターン│   的要因の影響
└──────┬──────┘
       ⇅            ↕
┌─────────────┐
│   価 値      │
│ ●創立者の信念│
│  や指導原理  │
│ ●信奉されて  │
│  る価値      │
└──────┬──────┘
       ⇅
┌─────────────┐   あたり前と思われ
│  基本的仮定  │   ている
│ 自然と人間の │   意識されない
│    関係      │   対立もなく議論も
│ ●現実の本質  │   されない
│ ●時間と空間の│
│  本質        │
│ ●人間性の本質│
└─────────────┘
```

組織文化が解決する課題

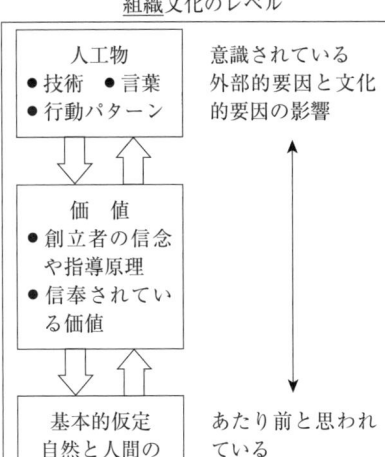

```
外部適応の問題        内部統合の問題
①使命と戦略          ①共通言語と概念分類
②目的                ②組織の境界線
③手段                ③権限の配分パターン
④測定                ④同僚の関係
⑤修正                ⑤報酬と制裁
                     ⑥宗教とイデオロギー
```

※これらの問題を解決することで組織文化は形成される

　　　↓

ひとたび組織文化が形成されると……

※組織文化はこれらの問題を解決することに機能する

組織の発展段階と組織文化の変革

第1世代の特徴……………………組織変革の方法
　創業者による文化の植えつけと伝達　●自然進化　●コンサルタントによる
　組織文化は一時的安定と情緒的元気づけ　組織療法　●混成種による進化　●外部者による革命

第2世代の特徴……………………組織変革の方法
　組織文化は制度化され，沈殿化される　●コンサルタントによる組織開発　●
　多様な下位文化が生まれる　　　　　技術的誘導　●スキャンダルによる変革　●漸進的変革

第3世代の特徴……………………組織変革の方法
　組織文化は機能障害を起す　　　　●強制的説得　●方向転換　●古い文
　組織の解凍が必要　　　　　　　　化の担い手の破壊

出所）シャイン，E. H.（1985）清水紀彦ほか訳（1989）19頁に加筆修正。

価値とは，その価値が支持する解決策が繰り返し成功を収めるうちに，当然のものとなり，意識にあがらなくなる。これが最も深層にある基本的仮定（basic assumptions）である。基本的仮定は，あまりにも当然のこととみなされるため，対立もなく，議論の余地のないものとなる。

基本的仮定の具体的内容は，自然に対する人間の関係，なにが現実であり，なにが現実でないか，時間の本質，空間の本質とはなにか，人間についてどのように考えるか，人間にとってなにをすることが正しいのか，あるいは人間関係はどうあるべきかなどである。シャインは人工物や価値を注意深く調べれば，出来事を1つに束ねている根底に流れる仮定を推論できるとしている。

（3） 組織文化の機能

はじめは創業者の信念であった価値は外部適応の問題に直面し，かつ内部統合の問題に直面し，機能していくことで仮定となって文化を形成していく。ひとたび文化が共有され，仮定が生まれると，仮定は環境をどのように知覚するかに影響を及ぼすようになる。したがって，シャインのいう仮定とは信念から導き出された教えや経営理念に近いものと考えてよいであろう。そして，組織文化を形成していく上で解決しなければならない外部適応の問題と内部統合の問題について組織文化がよく機能するようになると，組織文化は沈殿化し，あたりまえとなり，意識されなくなってくる。

外部適応の問題は，①使命と戦略（組織の使命や存在意義，アイデンティティ）についての合意，②目的（使命から導き出される目標）についての合意，③手段（目標を達成するための組織構造，各種制度，あるいは具体的な仕事の手順）についての合意，④測定（業績をどう評価するか）についての合意，⑤修正（目標が達成されない場合，戦略などをどのように修正するか）についての合意である。①〜⑤の課題に対処していくことで，学習を通じて組織文化が形成され，そして組織文化が機能するかどうか試されていくのである。

内部統合の問題は，①共通言語や概念分類の確立，②組織の境界線，組織の入退会の基準についての合意，③権限の配分パターンについての合意，④同僚

間の関係（親密さ，友情，愛情）についての合意，⑤報酬と制裁（どのような行為が報酬を得たり，制裁を受けるのか，どのような報酬もしくは制裁があるのか）についての合意，⑥宗教とイデオロギー（管理不可能なものをどう管理するか，説明不可能なものをどう説明するか）についての合意である。組織はこうした①〜⑥の課題を解決しなければならない。そのときに組織文化は学習され，機能するのである。

（4） 組織文化の形成と変革

　新しい組織文化の形成は，新しい共有経験によって始まる。しかし，共有経験によって文化は生まれるとはいえ，いしずえになるのは創業者の仮定である。前にも述べたように，創業者の仮定が問題解決の中で試され，処方箋となったものだけが文化として生き残る。うまく問題解決できたとしても創業者は，他の従業員との衝突，交渉，妥協に直面するかもしれない。組織が生まれたばかりのときには，創業者は自分の仮定のために闘い，仮定が実行されるために文化を植えつけ，伝達していかなければならない。

　組織文化の変革についてシャインはまず組織の発展段階をつぎの3つに分けて説明する。創業者によって経営されている段階（第1世代），支配権をもつ同族によって経営されている段階（第2世代），専門経営者によって経営されている段階（第3世代）である。

　第1世代では，創業者による文化の植えつけや伝達がなされる。第1世代の文化は人々の不安を閉じ込め，一時的安定と情緒的元気づけを与える。組織文化は沈殿していくが，創業者の後継問題で組織文化が前面に出たり，時にはトラブルに発展する場合もある。したがって，この段階ではコンサルタントによる組織療法や主流者と非主流者の混成，もしくは外部者による変革が必要であろう。

　第2世代では，第1世代で形成された組織文化は制度化され，日常のありきたりの業務の中に深く植えつけられるため，解読したり，気づくことがむつかしくなる。また，新製品開発や新市場開拓だけではなく，地理的拡大や合併・

買収，あるいは事業部制組織によって下位文化がいくつも生まれ，組織文化が分散化する場合が多い。この段階では，コンサルタントによる組織開発，新しい管理技術の導入，スキャンダルによる変革もしくは変革と気づかれないゆっくりとした漸進的変革が望まれる。

　第3世代では，激しい競争状態のもとで組織文化が機能障害を起こしていることがあり得る。コンサルタントが声高に新しい戦略案を提案したとしても，古い文化と適合しない場合は理解さえされない，もしくは抵抗を受ける。第3世代の変革のキー概念は組織の解凍（unfreezing）である。組織の解凍とは，人々が自らの過去の考え方，感じ方，仕事の仕方が部分的に全く陳腐化していることを認識することである。すなわち，組織の解凍とは古い仮定を否認することにほかならないが，シャインは必ず古い仮定を否認する不安に耐えられるような安全弁を作ることが大切だという。

2　社会責任論アプローチ

　第二次世界大戦終了後，戦後復興と高度経済成長を目指して企業が営利性を追及した結果，1960年代には公害問題が顕在化することになった。そして深刻な社会問題となった公害問題を契機として，新たに社会貢献も併せて企業に本格的に求め始められたのが社会責任であり，経営学，経営管理の一分野として社会責任論が台頭したのである。

（1）　社会責任論の系譜

　社会的責任論は，時代の流れとともに追求するものが変化している。本項では，堀越芳昭「日本における企業の社会的責任論の生成と展開」（『「企業の社会的責任論」の形成と展開』ミネルヴァ書房，2006年）をもとに，社会責任論の変遷について概観する。

　堀越芳昭によれば，今日の社会責任論は直接的には戦後における経済復興・経済成長の中で生成し展開してきたのであり，今日までの推移は以下の4期

(6小期)に区分できる。

① 第1期：1948〜62年初頭：「経営者の社会的責任」の提唱
  1) 1956年まで：経営学研究者らによる問題提起
  2) 1957〜62年：経済同友会の問題提起と議論
 (「社会的責任論」の停滞期：1960年代)

② 第2期：1970〜83年：「企業の社会的責任論」の隆盛
 (「社会的責任論」の停滞期：1980年代)

③ 第3期：1991〜94年：「社会貢献論」の展開
 (「社会的責任論」の停滞期：1995年)

④ 第4期：1996〜2004年
  1) 1996〜2001年「社会的責任」再興・「企業倫理」展開の時期
  2) 2002〜2004年「社会的責任」「社会貢献」「企業倫理」の同時隆盛の時期，(新動向)国際標準化，基準化

堀越芳昭は，4期(6小期)の間にも「社会的責任」の停滞期(1960年代，1980年代，1995年)があり，浮き沈みの激しいことも特徴であると指摘する。

(2) 社会責任論の概念

前項で考察したように社会責任論の中心的課題は，時代とともに変遷している。本項では，社会責任論における日本の代表的研究である丹下博文『企業経営の社会性研究』中央経済社，2001年，森本三男『企業社会責任の経営学的研究』白桃書房，1994年をもとに，社会責任論の基礎及び概念構造について

図表14-2　社会的責任の構図

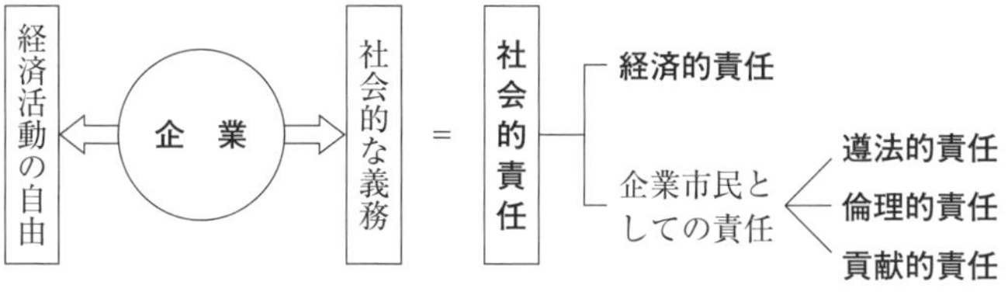

出所) 丹下博文(2001) 125頁。

考察しよう。

丹下博文は，社会責任を経済主体として企業本来の機能を遂行する伝統的な「経済的責任」と新しい「企業市民としての責任」とに二分し，さらに後者を遵法的責任，倫理的責任，貢献的責任の3つに分類した。

森本三男によれば，企業の社会責任の範囲は次第に拡大しつつある。図表14-3は，森本三男が社会責任の階層構造を示したものである。すなわち，企業の社会責任は，法的責任を最低限の責任として，経済的責任，制度的責任，社会貢献へと順次拡大する。

企業の社会責任の中で，法的責任を遵守することは，企業存続のための最低限の要件であることはいうまでもない。また，法的責任を遵守しつつ，営利原則にもとづいて経済的責任を果たすことも企業存続にとって不可欠の要件であるといえよう。

問題は，制度的責任と社会貢献の2つである。法的責任を遵守しつつ，図表14-3の矢印に沿って，法的要件と相互に関連性を有する制度的責任（障害者などの社会的少数派の雇用，登用，環境基準に準拠した製品開発など）を遵守することが期待されている。さらに，同じく矢印に沿って，文化・芸術・学術支援（メセナ），慈善事業（フィランソロピー），インキュベーションなどの社会貢献をすることも大企業にとって要請されている。

企業の社会責任は今後，企業の社会責任が多元化し拡大する過程で，さまざ

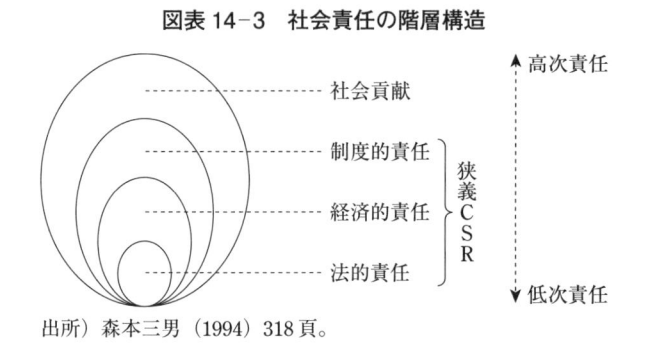

図表14-3　社会責任の階層構造

↑高次責任
- 社会貢献
- 制度的責任 ⎫
- 経済的責任 ⎬ 狭義CSR
- 法的責任 ⎭
↓低次責任

出所）森本三男（1994）318頁。

まな諸施策が必要とされる。

　ところで，企業の社会責任について，今後，理論的には，社会的業績すなわち企業の社会責任の達成度と企業の収益性との関連性や法則性の解明が最も重要な課題であるといえよう。そのためには，社会的業績の測定方法をさらに洗練化するなど，実証的な研究が望まれる。

　丹下博文や森本三男を始めとして，社会責任に関する代表的定義を概観すると以下のことを抽出することができる。

① 企業は「企業市民」として，社会に対しても責任を負わねばならない。
② 経済的責任，遵法的責任，倫理的責任，社会貢献も社会に対する責任である。

　社会責任論が台頭した当初の理由は，企業の利潤追求がもたらす弊害にあったといえる。そして，利潤追求によってもたらされた独占問題，公害問題などのマイナスの側面が副作用として顕在化したことにより社会責任論の必要性が高まったのである。このことからも企業の社会責任は経済的責任よりも，むしろ遵法的責任，倫理的責任，社会貢献等に強い期待が寄せられていると理解することができる。

(3) 企業倫理の概念

　近年の社会責任論の潮流は，遵法的責任・倫理的責任，すなわち企業倫理の側面を重視する傾向にある。数年来，食品会社を中心に偽装事件が続発したことにより，企業倫理の重視が求められている。本項では，水谷雅一の『経営倫理学のすすめ』丸善，1998年，『経営倫理学の実践と課題』白桃書房，1995年を中心に企業倫理の基礎について考察しよう。

　企業は経営理念を達成するために何をしても良いというわけではない。企業は常に倫理観をもって経営を行っていかなければならない。この企業の倫理観のことを企業倫理と呼ぶ。昨今起きている企業の不祥事は，企業倫理が欠如したからにほかならない。

　企業倫理の問題は，突き詰めて考えれば企業と社会との関係，企業と利害関

係者との関係ととらえることができる。従来の企業のような利潤極大化の追求は，利害関係者に対する貢献という意味では一般的に反比例する。企業が利潤を追求するためには，利害関係者の利益を損なう場合が多々存在するからである。近年多発している企業不祥事の事例を見れば明らかであろう。企業単独での利潤極大化ではなく，企業と利害関係者双方の利益につながる行動が求められる。すなわち，企業と企業を取り巻く利害関係者集団であるステーク・ホルダーとの共生が望まれている。

　現在，社会や利害関係者の利益を目的として，社徳をつむ行動が注目されている。水谷雅一は，優れた人を意味する"人徳のある人"を企業に当てはめて社徳を説明している。水谷によれば，人徳のある人とは，社会のためになることを積極的に取り上げて実行するばかりか，敬愛に値する人間的な魅力をもった人である。水谷は，この人徳を企業の徳に当てはめることによって，"社徳のある企業"を「社会や人間という観点からみて，好ましい行動のとれる企業」と定義した。

　企業が社徳をつむということは，利害関係者や社会との間で，摩擦や軋轢，迷惑と無縁な存在であるという意味と積極的に徳をつみ，社会の中でなくてはならない存在になるという意味が含まれている。企業は社徳をつむことにより，企業倫理と社会貢献の双方を実現できるといえよう。

3　ナレッジ論アプローチ

　近年，経営学の世界で注目を集めているのが知識創造の理論である。知識創造の理論は，野中郁次郎・竹内弘高が『知識創造企業』東洋経済新報社，1996年の中で著したものであり，その後，野中郁次郎＝紺野登の『知識経営のすすめ』などにより，ナレッジ・マネジメントとして一般化していった。本節では，上記2冊を概観し，ナレッジ・マネジメントについて考察するが，ナレッジ・マネジメントは，今後さらに発展していく可能性がある。

(1) 形式知と暗黙知

21世紀は，知識創造社会であるといわれる。資本価値から知識価値へ価値の本質が変化しつつある。野中郁次郎・紺野登は，ナレッジ・マネジメントが台頭してきた背景に関し，つぎの2つの大きな力が働いていると述べた。

① 企業の内部資源への注目：企業が従来の戦略中心の経営に限界を感じ，外向きの戦略立案に力を注ぐ前に，立ち止まり，自身の内側に目を向けた。そこへ目を向けたことが，結局，知識を重視する下地を作った。

② 知識・デジタル経済への注目：アジルな競争（時間や俊敏さが勝敗を決める競争）とは本質的に，知識を刻々変化する市場機会と俊敏に結びつけて価値を生み出すことである。企業の知識資産と知識経済の結合が，成長力の源泉として認識されるようになった。そして従来とは異なる市場経済のメカニズムが認識されるようになった。

ナレッジ・マネジメントを学ぶ手始めとして，知識の概念について理解を深めなければならない。知識についてより深く理解するためには，知識の特性について考察する必要がある。データや情報は，ほとんどが目に見える形で表現される。しかし，データや情報が知識や知恵に転換されると，目に見える形のものではなく，個人の中に潜在化し，目に見えない形になるものが存在する。データから情報，情報から知識，知識から知恵に昇華（ある状態から，さらに高度な状態へ飛躍すること）されるに従って，知識は潜在化する傾向にある。ここに知識の特性が存在しているのであり，この特性ゆえに，知識には2つのタイプが存在する。

第1に，文章やデータで表すことのできる知識である。著書やマニュアルなど目に見える形で表現される知識であり，一般に形式知（explicit knowledge）と呼ばれる。形式知は，データや情報がそのまま知識として利用されているといえる。

しかし，知識は目に見える形で表現されるものばかりではない。知識はもともと個人の中に備わっているものであり，顕在化せずに潜在化している知識も多々存在している。一般にこのような知識は，暗黙知（tacit knowledge）と呼

ばれる。

　野中郁次郎（1999）によれば，暗黙知には，技術的側面（ノウハウ，技能，技巧など）と認知的側面（スキーマ，メンタル，モデル，思い，視点など）が存在する。すなわち，暗黙知には経験により培われるノウハウや技芸と個人的な主観にもとづく精神性や思考，あるいは価値観などが根底に備わっている。

　文章化される知識である形式知と，言語への変換が困難である暗黙知の2つの知識を経営学に応用したものが知識創造理論である。

（2）　知識創造のプロセス

　知識創造論者によれば，知識創造は企業経営の鍵となっている。知識を創造するということは，暗黙知の共有，暗黙知から形式知への転換，また形式知から暗黙知への転換による潜在化などすべてを含んだプロセスである。このような知識創造のプロセスは，組織的に行われる特性がある。野中郁次郎・紺野登（1999）によれば，組織的知識創造とは，組織が個人・集団・組織全体の各レベルで，企業の環境から知りうる以上の知識を，新たに創造（生産）することである。

　知識創造のプロセスは，暗黙知と形式知の相互作用で説明できるという。知識創造のプロセスとは，経験的，主観的で言語化・文章化困難な暗黙知と，言語または文章で表現される客観的な形式知の相互変換であり，その循環的プロセスを通じた，知識の質および量の連続的発展なのである。

　企業内に存在する知識の多くは暗黙知である。文章化，マニュアル化されて企業内で共有している形式知よりも，従業員個々人の中に存在する経験や主観をもとにした暗黙知の方がはるかに多い。その暗黙知をどのように表出化させ，企業内で目に見える形式知に変換し，活用していくかのプロセスこそが知識創造の重要なプロセスなのである。

　そして，野中郁次郎・紺野登（1999）は知識創造のプロセスをつぎのように提示した。「暗黙知と形式知は性質的には異なっているが，これらは実は知識の異なる，補完し合う「極」でもある。知識にはこの二極があるために，ダイ

図表14-4　SECIプロセス

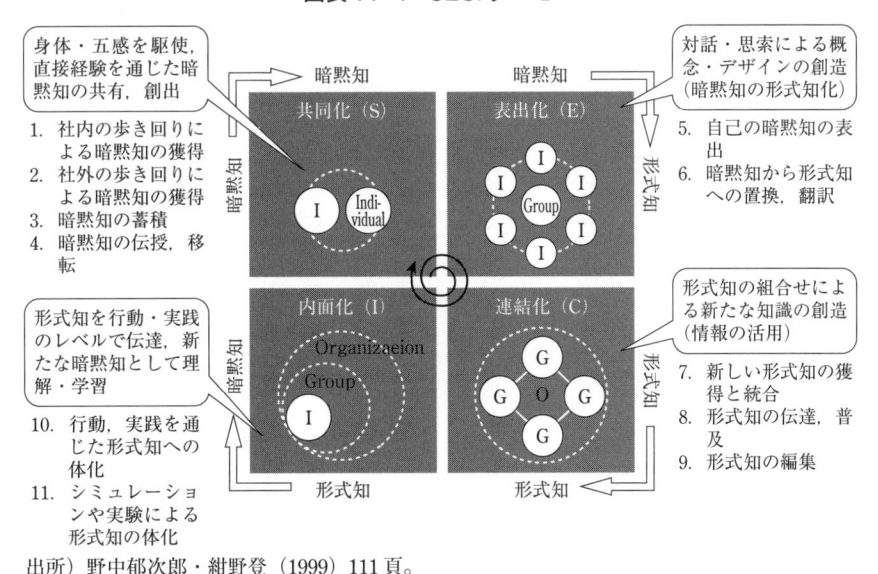

身体・五感を駆使，直接経験を通じた暗黙知の共有，創出			対話・思索による概念・デザインの創造（暗黙知の形式知化）
1. 社内の歩き回りによる暗黙知の獲得 2. 社外の歩き回りによる暗黙知の獲得 3. 暗黙知の蓄積 4. 暗黙知の伝授，移転	共同化（S） Individual	表出化（E） Group	5. 自己の暗黙知の表出 6. 暗黙知から形式知への置換，翻訳
形式知を行動・実践のレベルで伝達，新たな暗黙知として理解・学習	内面化（I） Organizaeion Group I	連結化（C） G O G G	形式知の組合せによる新たな知識の創造（情報の活用）
10. 行動，実践を通じた形式知への体化 11. シミュレーションや実験による形式知の体化			7. 新しい形式知の獲得と統合 8. 形式知の伝達，普及 9. 形式知の編集

出所）野中郁次郎・紺野登（1999）111頁。

ナミックな増殖（知識創造）が可能となる。暗黙知が形式知化され，それが他者の行動を促進し，その暗黙知が豊かになる。さらに，それがフィードバックされて，新たな発見や概念につながる。暗黙知と形式知の組合せによって4つの知識変換パターンを想定することができる」。

① 共同化（Socialization）：暗黙知から新たに暗黙知を得るプロセス
② 表出化（Externalization）：暗黙知から新たに形式知を得るプロセス
③ 結合化（Combination）：形式知から新たに形式知を得るプロセス
④ 内面化（Internalization）：形式知から新たに暗黙知を得るプロセス

この知識変換プロセスのことを，野中郁次郎らは，それぞれの頭文字をとってSECIプロセスと呼んでいる。

共同化とは，個人の暗黙知を組織内の個々人の暗黙知へと転換するプロセスである。個人の中にある目に見えない暗黙知を，多数の個々人の目に見えない暗黙知へ転換するプロセスであることから想像以上の困難がともなう作業であ

る。それは，個人の暗黙知を組織内の文化へと転換させるプロセスともいえる。

　表出化とは，個人の暗黙知を会話や聞き込みなどにより表面化させ，それを文章化，マニュアル化することによって，組織内のメンバーが共有可能な形式知へと転換するプロセスである。

　結合化とは，すでに文章化，マニュアル化されて形式知として共有されている知識のいくつかを結合したり，整理したり，または体系化することによって新たな形式知を生み出すプロセスである。

　内面化とは，共有されている形式知が，深く理解されることによって個人の経験や主観と相まって，新たな暗黙知が個人の中に形成されるプロセスである。

　このように暗黙知から暗黙知，暗黙知から形式知，形式知から形式知，形式知から暗黙知という相互作用によって新たな知識が創造されるプロセスが知識創造のプロセスである。個人の中に帰属している知識を組織の中にさらけ出し，組織のメンバーに学習され，理解され，体系化された知識として整理されて，いずれ知恵となって新しい価値を生み出すプロセスである。

　このような知識創造は，一回だけで終わるのではなく，企業内で何度となくスパイラル状に繰り返されることによって，知識が創造され，蓄積されていくのである。しかも，それは日常的に行われなければならない，とされている。野中郁次郎らは継続的知識創造が行われる原動力と慣性の維持が重要であると指摘している。

参考文献

Schein, E. H.（1965）*Organizational Psychology,* Prentice-Hall. 松井賚夫訳（1966）『組織心理学』岩波書店

Schein, E. H.（1985）*Organizational Culture and Leadership,* Jossey-Bass. 清水紀彦・浜田幸雄訳（1989）『組織文化とリーダーシップ』ダイヤモンド社

堀越芳昭（2006）『「企業の社会的責任論」の形成と展開』ミネルヴァ書房

丹下博文（2001）『企業経営の社会性研究』中央経済社

森本三男（1994）『企業社会責任の経営学的研究』白桃書房
水谷雅一（1995）『経営倫理学の実践と課題』白桃書房
水谷雅一（1998）『経営倫理学のすすめ』丸善
野中郁次郎・竹内弘高（1996）『知識創造企業』東洋経済新報社
野中郁次郎・紺野登（1999）『知識経営のすすめ』筑摩書房

● 索　引 ●

あ 行

アーウィック，L. F.　26, 221
アージリス，C.　238
安部實　88
アライアンス戦略　104
アルダーファー，C. P.　238
アンゾフ，H. I.　209
暗黙知　261
ERG 理論　238
意思決定前提　190
伊丹敬之　137, 83
一流の行員　3
イノベーション　8, 13, 197
イノベーション・ブロック　106
ウェーバー，M.　173
SBU　65
X 理論と Y 理論　240

か 行

カイゼン　88
課業管理　143
学習する組織　134
革新型管理者　77
かけ橋　155
化石燃料　120
株式会社　69
監督範囲適正化の原則　43
管理　9, 150
経営管理イノベーション　91
管理学理　16
管理過程　24, 151
管理機能　31
管理原則　24, 153
管理者的経営者　19, 99
管理手法　154
管理職能　23, 31, 35, 38
「管理人」モデル　190
秀性　176
官僚制の技術的優秀性　176
官僚制の逆機能　176
管理要素　34, 35, 38, 151
企画力　78
企業家型経営者　99
企業家的機能　19, 85
企業ライフサイクル　96
企業倫理　259
期待理論　245
競争優位　211
協働システム　181
清成忠男　105
近代経営管理の原理　46
グリーン IT　120
クーンツ，H.　38
経営　9, 150
経営管理学　19
経営職能の垂直的分化　53
経営職能の水平的文化　52
経営戦略　208
計画のグレシャムの法則　199
計画部職長　4, 146
経済人　165
形式知　261
結果責任留保の原則　42
ゲーム理論　204
ゲーム論的意思決定　200
権限委譲の原則　42
権限受容説　51
権限と責任照応の原則　42
権限と責任の原則　41
権限能力説　52
権限配分説　52
権限法定説　51
コア・コンピタンス　102, 218
公式組織　169
合法的支配　174
個人主義　179
個人人格　180

267

コスト・リーダーシップ戦略　211
ゴーン社長　117
コンティンジェンシー理論　230
コンテンツ・セオリー　236
コンプライアンス経営　44

さ 行

サイモン，H. A.　189
作業現場職長　5, 147
佐々木利廣　104
差別出来高旧制度　144
参入障壁　214
CEO　15
GM　111, 114
事業転換のシステム　28, 103
事業ドメイン戦略　100
事業部制組織　58
市場開拓戦略　209
市場浸透戦略　209
システム　168
自然エネルギー　120
下川浩一　113
シャイン，E. H.　251
社会人　167
社会責任論　257
社会的技能　164
集合主義　179
集団維持機能　226
集団指導制　71
集中戦略　214
シュレー，E. C.　245
シュンペーター，J. A.　81
常務会制度　71
照明実験　159
職能部門別組織　58
職能別職長制度　4, 146
職務拡大　240
職務権限　50
職務充実　244
スパン・オブ・コントロール　43
制限された合理性　192
精神革命　6, 147
精神革命論　147
製品開発戦略　210
製品系イノベーション　86

製品差別戦略　214
蛻変の経営哲学　22, 88
ゼネラル・スタッフ　72
選択と集中戦略　102
戦略の意思決定　199
戦略の経営　89
創出型イノベーション　91
創造の破壊　82
組織　21
　——の能率　182
　——の有効性　182
　——への忠誠心　193
組織影響力の理論　192
組織間コラボレーション　104
組織人格　180
組織成立要件　181
組織存続の条件　182
組織的怠業　143
組織文化　251

た 行

多角化戦略　102, 210
丹下博文　258
知識創造　262, 125
チャンドラー，A. D. Jr.　206
提携（アライアンス）　68
テイラー，F. W.　2. 142
適応的社会　164
寺本義也　126, 129
電気自動車（EV）　117
伝統的管理論　23, 157
動機づけ　236
「動機づけ＝衛生理論」　242
トップ・マネジメント　54, 68
ドメイン　206
トヨタ自動車　112, 116
ドラッカー，P. F.　84, 206
取締役会　69
トールな組織　44

な 行

内部請負制度と組織的怠業　143
成り行き管理　2
ナレッジ・マネジメント　129, 260
日産自動車　116

人間関係論　164, 167
ネットワーク組織　67
能率の基準　193
能率の経営　89
野中郁次郎　128, 139, 260

は 行

ハイブリッド車　116
ハーシー，P.＝ブランチャード，K. H.　230
ハーズバーグ，F.　242
バーナード，C. I.　179
「場」のマネジメント　139
「場」の概念　135
場の変態存続　27
ハメル，G.　38, 46, 91
バリュー・チェイン（価値連鎖）　211
PM 理論　228
非公式組織　169, 183
ファヨール，H.　7, 149
ファヨールの法則　13, 151
ファンクショナル組織　56
フィードラー，F. E.　230
フォーディズム　148
フォード　111
フォード・システム　148
藤芳誠一　34, 88, 221
フラットな原則　44
プラハラード，C. K.　218
ブルーム，V. H.　245
ブレーク＝ムートン　225
プロジェクト・チーム　64
プロセス・セオリー　245
ベンチマーキング　124
方法系イノベーション　87
ポジショニング戦略　210
ホーソン効果　161
ホーソン・リサーチ　160
ポーター，M. E.　210, 246
堀越芳昭　256

ま 行

マグレガー　240

マズロー，A. H.　27
　——の欲求 5 段階説　236
マッシー　38
マーチ＝サイモン　194
マトリックス組織　66
マートン，R. K.　173
マネジメント　20
マネジメント・サイクル　37
マネジメント・プロセス学派　157
マネジリアル・グリッド　226
水谷雅一　260
三隅二不二　228
ミドル・アップダウン　78
ミドル・マネジメント　54, 75
メイヨー　164
命令統一の原則　42
命令一途の原理　13
命令一元化の法則　13
目標達成機能　226
目標による管理　29
持株会社　62
摸倣イノベーション　87, 88
森本三男　258

や 行

山本安次郎　2, 151
誘因と貢献の効用バランス　196
誘因と説得の方法　184
吉村孝司　97, 218

ら 行

ライン組織　55
ライン・アンド・スタッフ組織　57
リソース・ベースト・ビュー　216
リーダーシップの資質　223
リーダーシップ　187, 223
リッカート，R.　225
レスリスバーガー，F. J.　167
ローラー　246
ロワー・マネジメント　54

著者紹介

藤芳　明人（ふじよし　あきひと）

現　職	高千穂大学経営学部教授
1957年	東京生まれ
1980年	慶應義塾大学経済学部卒業
1982年	青山学院大学大学院修了（経営学修士）
1985年	成蹊大学大学院経営学研究科博士課程単位取得 千葉経済短期大学（現千葉経済大学短期大学部）専任講師， 東京経営短期大学助教授，中京学院大学教授を経て， 2011年より現職
著　書	『解説　企業経営学』（単著）学文社，2008年 『ビジョナリー経営学』（共著）学文社，2003年 『日本の経営革命』（共著）泉文堂，2001年 『新経営基本管理』（共著）泉文堂，2000年 『ビジュアル基本経営学』（共著）学文社，1999年

解説　経営管理学

2010年4月24日　第一版第一刷発行
2013年3月30日　第一版第二刷発行

著　者　藤芳　明人
発行所　株式会社　学文社
発行者　田中千津子

〒153-0064　東京都目黒区下目黒3-6-1
電話(03)3715-1501（代表）　振替00130-9-98842
http://www.gakubunsha.com

乱丁・落丁本は，本社にてお取り替え致します。　　印刷／㈱シナノ
定価は，売上カード，カバーに表示してあります。　　〈検印省略〉

ISBN978-4-7620-2084-1
ⓒ2010　FUJIYOSHI Akihito Printed in Japan